Radwanderführer

Hohenlohe · Tauber

Die 50 schönsten Rad-Touren

- **Rund- und Streckentouren**
- **Jugendherberge-Rundfahrt**

Herausgegeben für den
Bund Deutscher Radfahrer e. V.

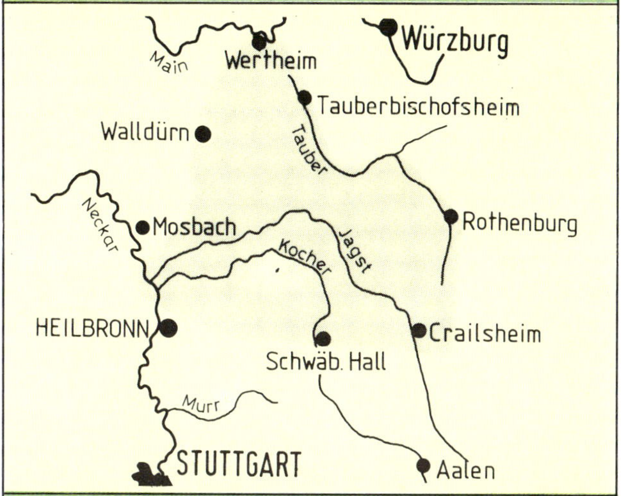

In Zusammenarbeit mit dem
Deutschen Jugendherbergswerk

Kompass Radwanderführer

Radwanderführer Hohenlohe Taubergrund

und Bauland

Ausgewählt, abgeradelt
und beschrieben
von Bernhard Widmann

Deutscher Wanderverlag
Dr. Mair & Schnabel & Co. Stuttgart

wandern + radwandern

Die große Wanderbuch-Reihe
für grenzenloses Wandern

Gesamte Kartographie:
Ing.-Büro Adolf Benjes

Umschlagbild:
Im Schloßpark von Weikersheim
(Foto: Ulrich Schnabel, Archiv DWV)
Bild auf Seite 2:
Zu Tour 1
Möckmühl, Götzenturm und Hexenturm
(Foto: Bürgermeisteramt Möckmühl)

ISBN 3-8134-0125-1

2. Auflage 1991

Satz: Fotosatz Hermann Weyhing GmbH, Stuttgart
Druck: Siegfried Roth, D-7311 Owen/Teck
Printed in Germany.

INHALT

Orts- und Sachverzeichnis 10
Bilderverzeichnis 16
Übersichtskarte 24
Radwandern im Nordosten Baden-Württembergs 17
Die Landschaft 17
Bevölkerung und Geschichte 18
Fahrrad am Bahnhof 19
Zur Handhabung des Radwanderführers 20
Vorbereitung einer Tour 20
Fahrzeiten 20
Karten 21
Jugendherbergstouren 22
Einige praktische Tips (Dachträger, Reifenflicken, Regenschutz, Gepäck, Waldwege, Rücksichtnahme) 22
Wie radeln Sie richtig? 23
Anschriftenverzeichnis (Jugendherbergen, Naturfreundehäuser) ... 201
10 Regeln beim Radfahren 205
Weitere Wanderführer 206

Rundfahrten

Hohenlohe

1 Möckmühl – Ruchsen – Korb – Leibenstadt – Dörnishof – Marienhöhe – Wemmershof – Möckmühl 26
2 Widdern – Rossach – Aschhausen – Krautheim – Altkrautheim – Gommersdorf – Marlach – Sershof – Hohe Straße – Neuhof – Edelmannshof – Pfitzhof – Trautenhof – Olnhausen – Widdern . 28
3 Ohrnberg – Unterohrn – Möhrig – Untermaßholderbach – Cappel – Neuenstein – Untereppach – Lohe – Tannen – Mangoldsall – Langensall – Kirchensall – Mainhardtsall – Metzdorf – Tiefensall – Friedrichsruhe – Ohrnberg 31
4 Sindringen – Ernsbach – Neu-Wülfingen – Forchtenberg – Weißbach – Niedernhall – Ingelfingen – Künzelsau – Garnberg – Steinbach – Hermuthausen – Hohe Straße – Neuhof – Edelmannshof – Sindringen 34
5 Forchtenberg – Hermersberg – Waldzimmern – Kemmeten – Gaisbach – Haag – Künsbach – Morsbach – Amrichshausen – Ohrenbach – Hermuthausen – Hohe Straße – Diebach – Crispenhofen – Weißbach – Forchtenberg 39
6 Öhringen – Möhrig – Unterohrn – Schwöllbronn – Weißlensburg – Bretzfeld – Windischenbach – Pfedelbach – Oberohrn – Michelbach – Obersöllbach – Eschelbach – Kesselfeld – Westernach – Kupferzell – Mangoldsall – Hirschbach – Weinsbach – Untermaßholderbach – Öhringen 42

7 Willsbach – Waldbach – Schwabbach – Siebeneich – Langenbeutingen – Baumerlenbach – Ohrnberg – Friedrichsruhe – Steinsfürtle – Hirschbach – Neuenstein – Cappel – Öhringen – Verrenberg – Bretzfeld – Scheppach – Eschenau – Affaltrach – Willsbach 47
8 Vellberg – Talheim – Großaltdorf – Unteraspach – Steinbächle – Wolpertshausen – Hohenberg – Hergershof – Geislingen – Enslingen – Münkheim – Gottwollshausen – Schwäbisch Hall – Steinbach – Hessental – Sulzdorf – Vellberg 52
9 Schwäbisch Hall – Gottwollshausen – Gailenkirchen – Wittighausen – Kupfer – Beltersrot – Löcherholz – Untermühle – Waldenburg – Neumühle – Rinnen – Heimbach – Schwäbisch Hall . 57
10 Schwäbisch Hall – Gottwollshausen – Gailenkirchen – Wittighausen – Kupfer – Westernach – Belzhag – Mangoldsall – Löschenhirschbach – Großhirschbach – Kleinhirschbach – Weinsbach – Untermaßholderbach – Öhringen – Oberohrn – Baierbach – Harsberg – Renzen – Untersteinbach – Schuppach – Neunkirchen – Kiesberg – Schwäbisch Hall 60
11 Ilshofen – Dörrmenz – Leofels – Elpershofen – Großforst – Hürden – Bächlingen – Oberregenbach – Unterregenbach – Laßbach – Zottishofen – Orlach – Brachbach – Haßfelden – Wolpertshausen – Ilshofen 66
12 Kirchberg/Jagst – Weckelweiler – Beimbach – Gerabronn – Ludwigsruhe – Billingsbach – Herrentierbach – Hirschbronn – Mäusberg – Ochsental – Mulfingen – Heimhausen – Berndshofen – Buchenbach – Eberbach – Regenbach – Bächlingen – Elpershofen – Hessenau – Diembot – Eichenau – Kirchberg 69
13 Crailsheim – Altenmünster – Jagstheim – Alexandersreut – Schüttberg – Großenhub – Wäldershub – Neustädtlein – Veitswend – Weidelbach – Marktlustenau – Mariäkappel – Birkelbach – Satteldorf – Crailsheim 74
14 Crailsheim – Hagenhof – Maulach – Ölhaus – Eckartshausen – Großallmerspann – Lendsiedel – Kirchberg – Mistlau – Lobenhausen – Wollmershausen – Tiefenbach – Crailsheim 76
15 Crailsheim – Beuerlbach – Ellrichshausen – Schleehardshof – Hengstfeld – Asbach – Roßbürg – Limbach – Musdorf – Niederwinden – Gaggstatt – Mistlau – Lobenhausen – Wollmershausen – Tiefenbach – Crailsheim 79
16 Rothenburg ob der Tauber – Vorbach – Heiligenbronn – Spielbach – Hachtel – Schrozberg – Blaufelden – Blaubach – Brettenfeld – Reubach – Insingen – Rothenburg 83
17 Rothenburg ob der Tauber – Bettenfeld – Buch – Kleinansbach – Reubach – Michelbach – Gailroth – Wildenholz – Waldhausen – Wörnitz – Schillingsfürst – Stilzendorf – Gastenfelden – Oberndorf – Reinswinden – Aidenau – Neusitz – Rothenburg .. 88
18 Rothenburg ob der Tauber – Neusitz – Wachsenberg – Linden – Nordenberg – Burgbernheim – Mörlbach – Habelsee – Ohrenbach – Gickelhausen – Adelshofen – Bettwar – Detwang – Rothenburg 92

19 Schrozberg – Zell – Riedbach – Bartenstein – Zaisenhausen – Mulfingen – Heimhausen – Berndshofen – Buchenbach – Eberbach – Brüchlingen – Billingsbach – Raboldshausen – Wittenweiler – Blaubach – Schuckhof – Herbertshausen – Großbärenweiler – Schrozberg 95
20 Gerabronn – Rechenhausen – Raboldshausen – Herrentierbach – Ettenhausen – Bartenstein – Eichswiesen – Oberstetten – Reutalmühle – Krailshausen – Schrozberg – Sigisweiler – Blaufelden – Unterweiler – Gerabronn 99
21 Mulfingen – Jagstberg – Hohenrot – Büttelbronn – Berndshausen – Nitzenhausen – Laßbach – Nesselbach – Dünsbach – Leofels – Hessenau – Liebesdorf – Michelbach – Rechenhausen – Raboldshausen – Billingsbach – Mittelbach – Simprechtshausen – Mulfingen 102
22 Hohebach – Wendischenhof – Stachenhausen – Weldingsfelden – Büttelbronn – Berndshausen – Nitzenhausen – Laßbach – Hürden – Elpershofen – Binselberg – Michelbach – Brüchlingen – Eberbach – Buchenbach – Mulfingen – Ailringen – Hohebach 106
23 Dörzbach – Hohebach – Heßlachshof – Seidelklingen – Weldingsfelden – Eschenhof – Hochholzhöfe – Eberstal – Altkrautheim – Dörzbach 110
24 Dörzbach – Ailringen – Assamstadt – Laibach – Dörzbach 112
25 Krautheim – Altkrautheim – Gommersdorf – Marlach – Sindeldorf – Eberstal – Dörrenzimmern – Stachenhausen – Weldingsfelden – Hohebach – Dörzbach – Klepsau – Krautheim 114
26 Krautheim – Assamstadt – Rengershausen – Laibach – Klepsau – Krautheim 117
27 Krautheim – Klepsau – Dörzbach – Hohebach – Ailringen – Hollenbach – Hachtel – Assamstadt – Krautheim 118

Taubergrund

28 Creglingen – Münster – Schmerbach – Blumweiler – Schwarzenbronn – Detwang – Bettwar – Tauberscheckenbach – Tauberzell – Archshofen – Creglingen 122
29 Weikersheim – Tauberrettersheim – Röttingen – Riedenheim – Stalldorf – Nassau – Elpersheim – Weikersheim 125
30 Weikersheim – Queckbronn – Neubronn – Rinderfeld – Wildentierbach – Wolkersfelden – Spielbach – Leuzenbronn – Detwang – Bettwar – Tauberscheckenbach – Tauberzell – Archshofen – Creglingen – Niederrimbach – Neubronn – Queckbronn – Weikersheim 127
31 Bad Mergentheim – Edelfingen – Unterbalbach – Lauda – Oberlauda – Oberschüpf – Unterschüpf – Schweigern – Bobstadt – Althausen – Neunkirchen – Bad Mergentheim 131
32 Bad Mergentheim – Löffelstelzen – Reckerstal – Neubronn – Oesfeld – Bowiesen – Vilchband – Marstadt – Deubach – Unterbalbach – Edelfingen – Bad Mergentheim 135

33 Bad Mergentheim – Markelsheim – Elpersheim – Weikersheim – Tauberrettersheim – Röttingen – Bieberehren – Creglingen – Standorf – Streichental – Rinderfeld – Wermutshausen – Niederstetten – Eichhof – Adolzhausen – Schönbühl – Apfelbach – Markelsheim – Bad Mergentheim 137
34 Boxberg – Schweigern – Unterschüpf – Beckstein – Dittwar – Gissigheim – Pülfringen – Schwarzenbrunn – Buch – Gräffingen – Uiffingen – Wölchingen – Boxberg 141
35 Unterschüpf – Schweigern – Boxberg – Windischbuch – Oberwittstadt – Uiffingen – Unterschüpf 145
36 Tauberbischofsheim – Hochhausen – Werbach – Werbachhausen – Wenkheim – Steinbach – Altertheim – Gerchsheim – Schönfeld – Ilmspan – Paimar – Grünsfeld – Dittigheim 148
37 Tauberbischofsheim – Dittigheim – Lauda – Königshofen – Balbach – Oesfeld – Vilchband – Zimmern – Krensheim – Paimar – Großrinderfeld – Tauberbischofsheim 151
38 Tauberbischofsheim – Königheim – Külsheim – Gamburg – Hochhausen – Tauberbischofsheim 154
39 Tauberbischofsheim – Dittwar – Esselbrunn – Brehmen – Schwarzenbrunn – Buch – Gräffingen – Uiffingen – Wölchingen – Schweigern – Unterschüpf – Lauda – Dittigheim 157
40 Wertheim – Waldenhausen – Reicholzheim – Bronnbach – Gamburg – Niklashausen – Wertheim 160
41 Wertheim – Waldenhausen – Hundheim – Vorderer Meßhof – Külsheim – Reicholzheim – Waldenhausen – Wertheim 163
42 Wertheim – Höhefeld – Gamburg – Uissigheim – Külsheim – Hundheim – Sachsenhausen – Vockenrot – Wertheim 165

Zu Tour 4 **Gänse**
(Foto: Fremdenverkehrsgemeinschaft Hohenlohe, Künzelsau)

Bauland

43 Ravenstein-Merchingen – Bronnacker – Rosenberg – Sindolsheim – Neidelsbach – Eubigheim – Schillingstadt – Hüngheim – Merchingen 167
44 Osterburken – Bofsheim – Götzingen – Rinschheim – Dörntal – Kudach – Sindolsheim – Rosenberg – Osterburken 170
45 Walldürn – Hettingen – Eberstadt – Bofsheim – Sindolsheim – Walldürn 173

Streckenfahrten

Jugendherbergsfahrten

46 Bad Wimpfen – Heinsheim – Neckarmühlbach – Haßmersheim – Obrigheim – Diedesheim – Lohrbach – Sattelbach – Fahrenbach – Trienz – Limbach – Scheringen – Einbach – Oberneudorf – Buchen – Hainstadt – Walldürn 177
47 Walldürn – Höpfingen – Schlempertshof – Vollmersdorf – Guggenberg – Riedern – Richelbach – Neunkirchen – Nassig – Wertheim – Waldenhausen – Bronnbach – Gamburg – Hochhausen – Tauberbischofsheim 183
48 Tauberbischofsheim – Dittigheim – Lauda – Königshofen – Unterbalbach – Edelfingen – Bad Mergentheim – Markelsheim – Elpersheim – Weikersheim – Tauberrettersheim – Röttingen – Bieberehren – Creglingen – Craintal – Archshofen – Tauberzell – Tauberscheckenbach – Bettwar – Detwang – Rothenburg ob der Tauber 187
49 Rothenburg ob der Tauber – Leuzendorf – Gammesfeld – Wiesenbach – Rot am See – Lenkerstetten – Weckelweiler – Kirchberg/Jagst – Eichenau – Dörrmenz – Leofels – Dünsbach – Hörlebach – Rudelsdorf – Reinsberg – Unterscheffach – Tüngental – Schwäbisch Hall 192
50 Schwäbisch Hall – Raibach – Bibersfeld – Wielandsweiler – Hütten – Mainhardt – Brettach – Geddelsbach – Adolzfurt – Bretzfeld – Bitzfeld – Weißlensburg – Langenbeutingen – Brettach – Cleversulzbach – Neuenstadt am Kocher – Kochertürn – Stein am Kocher – Oedheim – Heuchlingen – Duttenberg – Bad Wimpfen 196

Orts- und Sachverzeichnis

Mit Nummern-Angaben der betreffenden Wanderungen; *schräg*-gedruckte Zahlen weisen auf Kurzbeschreibung im Text hin.

Adelshofen 18
Adolzfurt 50
Adolzhausen 33
Äußerer Pfitzhof 1
Affaltrach 7
Aidenau 17
Ailringen 17, 22, 24
Alexandersreut 13
Altdorf 25
Altenhausen 49
Altenmünster 13
Altertheim 36
Altes Schloß in Ingelfingen *4*
Althausen 31
Altkrautheim 2, 23, 25
Amrichshausen 5
Apfelbach 33
Archshofen 28, 30, 48
Asbach 15
Aschhausen 24, 26, 27

Bad Mergentheim *31*, 32, 33, 48
Bad Wimpfen *46*, 50
Bächlingen 11, 12
Baierbach 10
Bartenstein *19*, 20
Baumerlenbach 7
Beckstein 34
Beltersrot 9
Belzhag 10
Benediktinerinnenkloster Bischofsheim *36*
Benediktinerkloster Comburg *8*, *10*
Berndshausen 21, 22
Berndshofen 12, 19
Bernhardsmühle 3, 7
Bersbronn 17
Bettenfeld 16, 17
Bettwar 18, 28, 30, 48
Beuerlbach 15
Bibersfeld 50
Bieberehren 33, 48
Billingsbach 12, 19, 21
Binselberg 22
Birkelbach 13
Bitzfeld 50
Blaubach 16, 19
Blaufelden 16, 20
Blumweiler 28
Böhmweiler 16
Bobstadt 31
Bofsheim 44, 45
Bowiesen 32, 37
Boxberg *34*
Brehmen 39
Brettach 50
Brettachtal 12
Brettenfeld 16, 49
Bretzfeld 6, 7, 50
Bronnacker 43
Bronnbach 40, 47
Brachbach 11
Brüchlingen 19, 22
Buch 8, 34, 39
Buchen *46*
Buchenbach 12, 19, 22
Bühl 10
Bürkhof 10
Büttelbronn 21, 22
Burg Gamburg *38*
Burg Wertheim *40*
Burgbergsiedlung 13
Burgbernheim 18
Burgruine *34*

Cappel 3, 7
Cleversulzbach 50
Comburg *8*
Crailsheim *13*, 14, 15
Craintal 30, 49
Creglingen *28*, 30, 33, 48
Criesbach 4
Crispenhofen 5

Degenbachsee 13
Detwang *18,* 28, 30, 48
Deubach 32
Deutschordensschloß *31*
Diebach 4, 5
Diedesheim 46
Diembot 12
Distelhausen 37
Dittigheim *36,* 37, 39, 48
Dittwar 34, 39
Dörlesberg 41
Dörnishof 1
Dörntal 44
Dörrenzimmern 25
Dörrmenz 11, 49
Dörzbach 23, 24, 25, 27
Dünsbach 21, 49
Duttenberg 50

Eberbach 12, 19, 22
Eberstadt 45
Eberstadter Tropfsteinhöhle 45
Eberstal 23, 25
Eckartshausen 14
Edelfingen 31, 32
Edelmannshof 2, 4
Eichel 40, 42
Eichenau 12, 49
Eichgrundsiedlung 40
Eichhof 33
Eichswiesen 20
Einbach 46
Elfenbeinmuseum in Walldürn 47
Ellrichshausen 15
Elpersheim 29, 33, 48
Elpershofen 11, 12, 22
Emmertshof 6, 10
Engelhardshausen 49
Enslingen 8
Ernsbach 4
Eschelbach 6
Eschenau 7
Eschenhof 23
Esselbrunn 39
Eselsbachtal 15
Ettenhausen 20
Eubigheim 43
Eulschirbenmühle *38*

Fahrenbach 46
Falkenhof 11
Floßholz 10
Forchtenberg *4,* 5
Forstmuseum *29*
Fränkisch-Hohenlohesches Heimatmuseum in Crailsheim *13*
Friedrichsruhe 3, 7

Gaggstatt *15*
Gailenkirchen 9, 10
Gailroth 14
Gaisbach 5
Gamburg *38,* 40, 42, 47
Gammesfeld 49
Garnberg 4
Gastenfelden 17
Geddelsbach 50
Geislingen 8
Gemmhagen 49
Gerabronn *12,* 20
Gerchsheim 36
Gickelhausen 18
Gissigheim 34
Glasmuseum in Wertheim *40*
Götz von Berlichingen *2, 4, 46*
Götzingen 44
Gommersdorf 2, 25
Gottwollshausen 8, 9, 10
Gräffingen 34, 39
Großallmerspann 14
Großaltdorf 8
Großbärenweiler 19
Großenhub 13
Großforst 11, 12, 22
Großhirschbach 6, 7, 10
Großrinderfeld 37
Grünsfeld *36*
Grünsfeldhausen *36*
Guggenberg 47

Haag 5
Haagen 8
Habelsee 18
Hachtel 16, 27
Hagenhof 14
Hagenmühle 18
Haigergrund 38

Hainstadt 46
Harsberg 10
Haßfelden 11
Haßmersheim 46
Hautschenmühle 30
Heiligenbronn 16
Heimatmuseum im »Steinernen Bau« in Buchen *46*
Heimbach 9
Heimberg 16
Heimhausen 12, 19, 22
Heinsheim 46
Heldenmühle 13
Hemmendorf 16, 30
Hengstfeld 15, 16
Herbertshausen 19
Hergershof 8
Hermuthausen 4, 5
Herrentierbach 12, 20
Hertensteiner Mühle 12
Hessenau 12, 21
Hessental 8
Heßlachshof 23
Hettingen 35
Heuchlingen 50
Hilpertshof 18
Hirschbach 6, 7
Hirschbronn 12
Historisches Museum in Wertheim *40*
Hochhausen 36, 48
Hochholzhöfe 4, 23
Hohe Straße 2, 4, 5
Hohebach 22, 23, 25, 27
Hohenberg 8
Hohenloher Ebene 4
Hohenrot 21
Höfstetter Mühle 17
Höhefeld 42
Höpfingen 47
Hörlebach 49
Hollenbach 27
Hüngheim 43
Hürden 11, 12, 22
Hütten 50
Hummertsweiler 30
Hundheim 41, 42
Ilmspan 36
Ilshofen *11*
Insingen 16
Ingelfingen *4*
Ingelfinger Heimatmuseum *4*

Jagdschloß Hermersberg 5
Jagstberg 21
Jagstheim 13
Jagsttal 11, 12, 26
Johanniterhaus (Museum) in Krautheim *2*

Karlsberg *29,* 30
Kastell und Römisches Bad in Walldürn *45*
Kemmeten 5
Keltische Volksburg bei Finsterlohr *28*
Kesselfeld 6
Kiesberg 10
Kirchberg/Jagst *12,* 14, 49
Kirchensall 3
Kirnautal 43
Kleinansbach 16, 17
Klein-Comburg *8*
Kleinhirschbach 6, 7, 10
Klepsau 25, 26, 27
Klinglesmühle 13
Klopfhof 19
Kloster Bronnbach 47
Kloster Schöntal *4*
Kochertal 4
Kochertürn 50
Königheim 38
Königshofen 48
Koppelinshof 10
Korb 1
Krailshausen 16, 20
Krautheim *2,* 26, 27
Kudach 44
Kühnhard 16
Külsheim *38,* 41, 42
Künsbach 5
Künzelsau *4*
Kupfer 9, 10
Kupferzell 6

Laibach 24, 26
Landschaftsmuseum im Kurmainzischen Schloß in Tauberbischofsheim *36*
Landturm 30, 49
Langenbeutingen 7, 50
Langenburg 17
Laßbach 11, 21, 22
Lauda *31*, 37, 39, 48
Leibenstadt 1
Lendsiedel 14
Lenkerstetten 49
Leofels *11*, 21, 49
Lerchenmühle 8
Leuzenbronn 30
Leuzendorf 49
Liebesdorf 21
Limbach 15, 46
Limes *44*, 45
Limes-Kastelle *6*
Lindelberg 6
Linden 18
Lobenhausen 14, 15
Löcherholz 9
Löffelstelzen 32
Löschenhirschbach 6, 10
Lohe 3
Lohrbach 16, 46
Ludwigsruhe 12

Mäusberg 12
Mainhardt 50
Mainhardtsall 3
Mangoldsall 3, 6, 10
Mariäkappel 13
Marienhöhe 1
Markelsheim 33, 48
Marktlustenau 13
Marlach 2, 25
Marstadt 32
Marstadter See 32
Maulach 14
Merchingen 43
Metzdorf 3
Michaelskirche *10*
Michelbach 6, 17, 21, 22
Mittelbach 21
Mittlerer Pfitzhof 2
Mistlau 14, 15
Möckmühl 1
Möhrig 3, 6
Mörlbach 18
Morlitzwinden 17
Morsbach 5
Münkheim 8
Münster 28
Mulfingen 12, 19, 21, 22
Musdorf 15, 16

Nagelsberg 4
Nassau 29
Nassig 47
Naturpark Frankenhöhe 17
Naturschutzgebiet Baierlesstein 14, 15
Neckarmühlbach 46
Neidelsbach 43
Nesselbach 21
Nestleinsberg 13
Neu-Wülfingen 4
Neubronn 30, 32
Neuenstadt/Kocher *50*
Neuenstein *3*
Neuhof 2, 4
Neumühle 9
Neumühlesee 9
Neunkirchen 10, 31, 47
Neusitz 17, 18
Neustädtlein 13
Niedernhall *4*
Niederrimbach 30
Niedersteinbach 11
Niederstetten 33
Niederwinden 15
Niklashausen *40*
Nitzenhausen 21, 22
Nordenberg 18

Ochsental 12
Oberaltertheim 36
Oberbalbach 37
Oberlauda 31
Obermünkheim 8
Oberndorf 46
Oberohrn 6, 10
Oberregenbach 11, 12
Oberschüpf *31*
Obersöllbach 6

Oberstetten 20
Oberwittstadt 35
Obrigheim 46
Oedheim 50
Öhringen 3, *6,* 7
Ohrntal 10
Ölhaus 14
Oesfeld 32, 37
Ohrenbach 5, 18
Ohrnberg 3, 7
Olnhausen 2
Orlach 11
Osterburken *44*
Otterbach 49

Paimar 36
Pfaffenweiler 3
Pfedelbach *6,* 10
Pfitzhof 2
Pülfringen 34

Queckbronn 30

Raboldshausen 19, 20, 21
Radwanderweg Liebliches Taubertal 29, 30, 31, 33, 39, 40, 41
Raibach 50
Rappoldsweiler Hof 21
Ravenstein-Merchingen *43*
Rechenhausen 20, 21
Rechental 31
Reicholzheim 40, 41, 47
Reckerstal 32
Regenbach 12
Reinsberg 49
Reinsbürg 16
Reinswinden 17
Renaissanceschloß in Neuenstein *3*
Renaissanceschloß in Oberschüpf *31*
Rengershausen 26
Renzen 10
Residenzschloß der Fürsten zu Hohenlohe-Bartenstein *19*
Residenzschloß Öhringen *6*
Reubach 16, 17
Reutalmühle 20
Reutsachsen 28
Richelbach 47
Riedbach 19
Riedenheim 29
Riedern 47
Rimbachtal 30
Rinderfeld 30, 33
Rinnen 9
Rinschheim 44
Röttingen 29, 33, 48
Rosenberg 43, 44
Rossach 2
Roßbürg 15
Rot am See 49
Rothenburg ob der Tauber *16,* 48, 49
Rotwildgehege *3*
Ruchsen 1
Ruckertshofen 18
Rudelsdorf 49

Sachsenflur 34, 39
Sachsenhausen 42
Sandelsbronn 49
Sattelbach 47
Satteldorf 13
Scheppach 7
Scheringen 47
Schillingsfürst *17*
Schillingstadt 43
Schleehardshof 15
Schlempertshof 48
Schloß Bartenstein *19*
Schloß Friedrichsruhe *3*
Schloß Krautheim *2*
Schloß Weikersheim *29*
Schmerbach 28
Schönbühl 33
Schönfeld 36
Schollhof 35
Schrozberg 16, 19, 20
Schuckhof 16, 19
Schuppach 10
Schüttberg 13
Schummhof 13
Schwabbach 7
Schwäbisch Hall 8, 9, *10,* 49, 50
Schwarzenbronn 28
Schwarzenbrunn 34, 39

Schweigern 31, 34, 35, 39
Schwöllbronn 6
Seidelklingen 23
Sershof 2
Siebeneich 7
Sigisweiler 16, 20
Simprechtshausen 21
Sindeldorf 25
Sindolsheim 43, 44, 45
Sindringen *4*
Spielbach 16, 30
Stachenhausen 22, 25
Stalldorf 29
Standorf 30
Stein am Kocher 50
Steinbach 4, 8, *10,* 36, 49
Steinbächle 8
Steinhaus *46*
Steinsfürtle 7
Stilzendorf 17
Stöckenburgkirche *8*
Streichental 33
Sülz 8
Sulzdorf 8

Talheim 8
Tannen 3
Tauberbischofsheim *36,* 37, 38, 39, 47, 48
Tauberländer Dorfmuseum in Weikersheim *29*
Tauberrettersheim 29, 33, 48
Taubertal *28*
Taubertalradweg 38
Tauberscheckenbach 28, 30, 48
Tauberzell 28, 30
Tiefenbach 14, 15
Tiefensall 3
Trautenhof 2
Trienz 46
Tüngental 49

Uhlberg 37
Uiffingen 34, 35, 39
Uissigheim 42
Unteraltertheim 35
Unteraspach 8
Unterbalbach 31, 32, 37, 48
Untereppach 3
Unterer Railhof 21
Untermaßholderbach 3, 6, 10
Untermühle 9
Untermünkheim 8
Unterohrn 3, 6
Unterregenbach *11*
Unterscheffach 49
Unterschüpf *31,* 34, 35, 39
Untersteinbach 10
Unterweiler 20

Veitswend 13
Vellberg *8*
Verrenberg 7
Vilchband 32
Vockenrot 41
Vollmersdorf 47
Vorbach 16, 30
Vorbachtal 30
Vorderer Meßhof 41

Wachsenberg 18
Wäldershub 13
Waldbach 7
Waldenburg *9*
Waldenhausen 40, 41
Waldhausen 17
Walldürn *45,* 46, 47
Waldzimmern 5
Wasserschloß in Pfedelbach *6*
Weckelweiler 12, 49
Weidelbach 13
Weikersheim *29,* 30, 33, 48
Weikersholz 17
Weinsbach 6, 10
Weißbach 4, 5
Weißlensburg 6, 50
Weldingsfelden 22, 23, 25
Wemmershof 1
Wendischenhof 21
Wenkheim 36
Werbach 36
Werbachhausen 36
Wermutshausen 33
Wertheim *40,* 41, 42, 47
Westernach 6, 10
Weygang-Museum in Öhringen *6*
Widdern 2

Wielandsweiler 50
Wiesenbach 49
Wieslensdorf 7
Wildenholz 17
Wildentierbach 30
Wilhelmsmühle 16
Willsbach 7
Wimpfen im Tal *46*
Windischenbach 6, 35
Wittenweiler 19
Wittighausen 9, 10
Wölchingen 34, 39
Wörnitz 17
Wolkersfelden 16, 30
Wollmershausen 14, 15
Wolpertshausen 8, 11

Zaisenhausen 19
Zell 19
Zimmern 37
Zisterzienserkloster Bronnbach *40*
Zottishofen 11

Bilderverzeichnis

mit Seitenangaben

Möckmühl, Götzen- und Hexenturm 2
Gänse 8
Künzelsau, Schloß Stetten 19
Räder auf Autodach 21
Kloster Schöntal 37
Forchtenberg 46
Vellberg 54
Untermünkheim, Rößlerhaus 56
Schwäbisch Hall 59
Ilshofen, Torturm 65
Kirchberg/Jagst 69
Kirchberg/Jagst, Brücke 77
Bei der Albvereinshütte/Blaubach 83
Langenburg, Schloß 89
Schrozberg, Schloß Bartenstein 97
Schloß Schrozberg 101
Wandergebiet Blaubachtal 105
Billingsbacher See 114
Waldspielplatz »Hegenest« 116
Birkenwald im Herbst 119
Esel und Schafe 121
Im Taubertal 124
Weikersheim, Schloß 130
Bad Mergentheim, Deutschordensschloß 133
Wasserschloß Waldmannshofen 134
Schafe 147
Tauberbischofsheim, Blick von Stadtkirche 152
Räder-Gruppe 156
Blick auf Taubertal am Kittsteintor 163
Herbstwald 172
Schloß-Ruine Ehrenberg 176
Wertheim, Blick zur Burg 182
Radwandergruppe 186
Creglingen, Ulrichskapelle 190
Mainhardt 200
Klosterburg Groß Comburg 201
Rothenburg/Tauber 203
Schloß Braunsbach 204

Radwandern im Nordosten Baden-Württembergs

Die Landschaft

Das Gebiet der Hohenloher Ebene bildet im Vergleich zu den stark bewaldeten Keuperhöhen im Süden und Osten die nächsttiefere Stufe des schwäbisch-fränkischen Schichtstufenlandes. Die relativ waldarme Muschelkalkebene ist teilweise lößbedeckt und trägt im allgemeinen gutes Ackerland. Auf der nur durch die tiefen Taleinschnitte von Kocher und Jagst (mit Seitentälern) unterbrochenen Ebene liegen behäbige Dörfer und große Bauernhöfe. An den Talhängen betreibt man vielerorts Weinbau, dessen Resultat edle Tropfen sind. Von großer Bedeutung ist der Weinbau auch im Taubergrund. Mit dem kleinräumigen Wechsel, durch den sich beispielsweise der Schwäbische Wald auszeichnet, kann die etwas herbe Hochfläche des Hohenloher Landes naturgemäß nicht aufwarten. Dafür hat Hohenlohe Reichtümer in historischer und kultureller Hinsicht im Übermaß. Auf Schritt und Tritt – oder besser: von einer Pedalumdrehung zur anderen – trifft man auf Burgen und Schlösser, alte Städtchen und Residenzen. Sollte der Radwanderer auf der Hohenloher Ebene die vielen Steigungen »vermissen«, die er zum Beispiel im Schwäbischen Wald in Fülle »genießen« kann, braucht er nicht zu verzweifeln: der Wind hat auf der Ebene stets freie Bahn und bläst dort zuweilen recht hemmungslos, was man bei der Einplanung der Fahrzeit berücksichtigen sollte (bei Rückenwind ist der Effekt natürlich positiv)!

In Hohenlohe und im Taubergrund (also im Gebiet zwischen der A 6 im Süden, der A 81 im Westen und der Tauber im Norden und Osten) gibt es nur kleinere Städte, allerdings in beträchtlicher Zahl (nicht wenige davon waren Residenzen): Öhringen, Künzelsau, Neuenstein, Waldenburg, Ingelfingen, Niedernhall, Forchtenberg, Krautheim, Boxberg, Tauberbischofsheim, Bad Mergentheim, Weikersheim, Creglingen, Niederstetten, Bartenstein (jetzt zu Schrozberg gehörig), Langenburg, Gerabronn, Kirchberg/Jagst und Crailsheim.

Die verkehrsmäßige Erschließung durch die A 6 (Heilbronn – Crailsheim) und die A 81 (Heilbronn – Tauberbischofsheim) am Rande des Gebiets ist recht gut. Außerdem durchschneiden die Bundesstraßen 19 (Schwäbisch Hall – Künzelsau – Bad Mergentheim) und 290 (Crailsheim – Bad Mergentheim – Tauberbischofsheim) das Hohenloher Land und den Taubergrund. Eisenbahnlinien führen von Heilbronn über Öhringen nach Schwäbisch Hall und Crailsheim, von Crailsheim über Blaufelden nach Bad Mergentheim und vom Neckartal über Möckmühl und Osterburken nach Tauberbischofsheim.

Bevölkerung und Geschichte

Unser Radwandergebiet wird vom Volksstamm der Franken bewohnt. Man sagt ihnen im Gegensatz zu ihren südlichen Nachbarn, den Schwaben, etwas mehr Gewandtheit und Weltoffenheit, aber auch – besonders was die Hohenloher betrifft – Schlitzohrigkeit nach. Inwieweit dies richtig ist, mag dahingestellt sein; wer es genauer wissen will, der muß das östliche Hohenlohe um Gerabronn und Langenburg besuchen, vielleicht erfährt er dann in einem der vielen bodenständigen Gasthöfe – oder auch durch die lokale Presse – gerade eine brandneue »Hohenloher Geschichte«.

Die Grenze zwischen schwäbischer und fränkischer Mundart hat sich im Laufe der letzten hundert oder hundertfünfzig Jahre ständig nach Norden verschoben. Dies dürfte am »Stuttgarter Zentralismus« liegen, der seit der Zugehörigkeit von Hohenlohe und dem Taubergrund zu Württemberg beziehungsweise Baden-Württemberg ursächlich ist für den »Export« eines beträchtlichen Teils von Beamten aus schwäbischen Kernlanden in den Nordosten. Heute hört man in Heilbronn, Öhringen, Schwäbisch Hall oder Crailsheim – also weit nördlich der alten Stammes- und Mundartgrenze – schwäbische Laute mindestens genauso häufig wie fränkische, wenn nicht noch häufiger.

Bis zum Ende des Heiligen Römischen Reiches vor hundertachtzig Jahren bot die politisch-territoriale Landkarte im Hohenlohe-Tauber-Gebiet ein überaus buntscheckiges Bild: Zu Württemberg gehörte nur die Region westlich von Öhringen, um Neuenstadt am Kocher und Möckmühl. Die Gebiete der Grafen von Hohenlohe erstreckten sich um ihre Residenzen in Öhringen, Ingelfingen, Neuenstein, Waldenburg, Langenburg, Kirchberg, Bartenstein, Weikersheim und Schillingsfürst. Auch Wertheim, am Zusammenfluß von Tauber und Main, gehörte zur fränkischen Grafenbank. Die Gebiete um Crailsheim, Gerabronn und Creglingen waren als Teile der Markgrafschaft Brandenburg-Ansbach im Besitz Preußens. Boxberg gehörte zur Kurpfalz. An großen reichsstädtischen Territorien sind Hall und Rothenburg zu nennen, dessen letzteres Gebiet sich bis ins Vorbachtal erstreckte. Im Norden gab es kirchliche Fürstentümer: Kurfürstentum Mainz (mit Krautheim, Tauberbischofsheim, Külsheim, Walldürn, Buchen, Osterburken), Hochstift Würzburg (mit Röttingen, Lauda, Grünsfeld), Deutschordensbesitz um Mergentheim und die Abtei Schöntal an der Jagst. Nach der napoleonischen »Flurbereinigung« gab es im Hohenlohe-Tauber-Gebiet nur noch zwei Staaten: Württemberg und Baden. Der östlichste Teil der Hohenloher Ebene (südlich von Rothenburg ob der Tauber) wurde allerdings Bayern zugeschlagen.

Fahrrad am Bahnhof

An rund 260 Bahnhöfen im Bundesgebiet können Radwanderer von Anfang April bis Ende Oktober (bei einigen Bahnhöfen sogar ganzjährig) ein Stahlroß besteigen, das die Bundesbahn leihweise gegen eine Gebühr zur Verfügung stellt. Die Vermietgebühren betragen zur Zeit fünf Mark pro Tag für Bahnreisende, für alle übrigen Mieter zehn Mark. In den Mietpreisen ist eine Versicherung gegen Diebstahl und Beschädigung durch Dritte sowie gegen Schäden durch Unfall und höhere Gewalt bis zu zweihundert Mark je Schadensfall inbegriffen. Um auch wirklich ein Leihrad zu bekommen, sollte man sich vorher rechtzeitig beim Verleihbahnhof anmelden. Für Gruppen stellt die Bahn auf Wunsch (gegen eine geringe Zuführungsgebühr) sogar mehr Räder bereit als üblicherweise am Ort zur Verfügung stehen. Die Rückgabe der Räder ist auch an jedem anderen als dem Verleihbahnhof möglich. Selbst-

Zu Tour 4 **Künzelsau, Schloß Stetten**
(Foto: Bürgermeisteramt Künzelsau)

verständlich können Bahnreisende auch ihr eigenes Fahrrad mit der Bahn befördern lassen. Dies kostet mit Fahrradkarte sechs Mark, dabei muß man das Rad zum Gepäckwagen bringen, nötigenfalls selbst umladen und am Ziel in Empfang nehmen. Wer sich allerdings unterwegs nicht um sein Stahlroß kümmern will, kann es als Reisegepäck aufgeben, der Beförderungspreis beträgt dann neun Mark (alle Angaben: Stand 1983). Für die Mitnahme von Fahrrädern sind nur die Züge geeignet, die in den Kursbüchern durch das Symbol eines Koffers gekennzeichnet sind. Die Broschüre »Fahrrad am Bahnhof« ist kostenlos erhältlich und enthält außer der Aufstellung sämtlicher Vermietbahnhöfe mit Telefonnummern zu jedem Bahnhof drei Tourenvorschläge. Im Bereich des in diesem Radwanderführer beschriebenen Gebiets gibt es (1983) die folgenden Vermietbahnhöfe: Schwäbisch Hall, Crailsheim, Rothenburg ob der Tauber, Weikersheim, Bad Mergentheim, Tauberbischofsheim, Wertheim, Möckmühl, Öhringen.

Zur Handhabung des Radwanderführers

Vorbereitung einer Tour

Es wäre sicherlich sehr unpraktisch, den Ausgangsort einer hier vorgeschlagenen Radwanderung anzufahren, sich dann auf das Stahlroß zu schwingen und in jeder Ortschaft, an jeder Abzweigung oder Kreuzung das Buch aufzuschlagen, um den Weiterweg zu erkunden. Der versierte Radwanderer wird sich *vor* Antritt der Fahrt die wichtigsten Ortsnamen, Abzweigungen und so weiter im Gedächtnis oder auf einem kleinen Zettel notieren, den er dann bei Bedarf aus der Hemdtasche zieht und mit kurzem Blick über den Weiterweg Bescheid weiß. Wer *während* der Fahrt einen Blick auf die Landkarte werfen will – man sollte dabei jedoch die Straße und den Verkehr nicht allzusehr aus dem Auge verlieren – kann dies mit Hilfe eines speziellen Fahrradkartenhalters tun (im Fahrradzubehörhandel erhältlich), der an der Lenkstange befestigt wird.

Fahrzeiten

Die hier erwähnten Fahrzeiten zu Beginn jeder Tourenbeschreibung sind »reine Fahrzeiten«, das heißt, es ist ausschließlich die Zeit angegeben, die man bei mittlerem Fahrtempo im Sattel beziehungsweise schiebend verbringt. Man darf sich daher nicht täuschen lassen und beispielsweise davon ausgehen, es handle sich um eine bequeme Halbtagestour, wenn eine Fahrzeit von fünf Stunden angegeben ist. Niemand wird eine längere Tour ohne Essens- oder Ruhepausen in »Tour de France-Manier« absolvieren wollen. Außerdem gibt es bei vielen Touren interessante Sehenswürdigkeiten, an denen man nicht vorbeihasten sollte. Somit kann die Angabe »Fahrzeit: 5 Stunden« durchaus bedeuten, daß man ein tagesfüllendes Radwanderprogramm vor sich hat!

Übrigens ergibt sich die »gesamte Steigung« aus sämtlichen Einzelsteigungen einer Tour.

Und noch etwas: Wer sich untrainiert auf den Fahrradsattel schwingt und gleich eine Vierzig-Kilometer-Tour (oder womöglich noch mehr) bewältigen will, wird keine Freude haben an der Radwanderung. Es empfiehlt sich, mit kleinen Touren (maximal 10 Kilometer, am besten »vor der Haustür«) anzufangen und sich *kontinuierlich* zu steigern!

Karten

Bis zur Fertigstellung dieses Buches standen als spezielle Radwanderkarten die der Landkreise Schwäbisch Hall, Hohenlohe und Main-Tauber zur Verfügung.

Die Topographischen Karten 1:50000 (L) des Landesvermessungsamtes decken zwar einen kleineren Bereich ab als die Radwanderkarten der Landkreise, sind dafür aber handlicher, weil kleiner.

Jugendherbergstouren

Die fünftägige Jugendherbergsfahrt (die letzten 5 Tourenvorschläge in diesem Buch) kann beliebig verlängert werden, da es noch weitere zusätzliche Jugendherbergen gibt, und zwar in Mosbach (Am Sonnenrain 60), Wertheim (Alte Steige 16), Igersheim bei Bad Mergentheim (Erlenbachtalstraße 44), Krautheim/Jagst (Brunnengasse 13), Kirchberg/Jagst (Alte Gaggstatter Straße 35), Landturm bei Hörlebach (zwischen Kirchberg/Jagst und Schwäbisch Hall) und in Heilbronn (Schirrmannstraße 9).

Einige praktische Tips

Ein stabiler und gut montierter **Dachträger** auf dem Pkw sorgt für sachgerechten Fahrradtransport. Solide Befestigung, richtige Trägermontage schützen vor unliebsamen Überraschungen!

Das **Reifenflicken** sollte *vor* Antritt der Fahrt geübt werden. Es gibt nichts Ärgerlicheres, als vor einem platten Reifen zu stehen und rätseln zu müssen, welche Handgriffe erforderlich sind, um das Übel zu beseitigen.

Regenschutz: Regenmäntel sind ungeeignet für Radwanderungen. Es gibt bequeme und vor allem praktische Umhänge, die besser schützen und nicht in die Speichen geraten können.

Gepäck: Lose Beutel, Rucksäcke und ähnliches gehören nicht aufs Fahrrad. Einzig und allein passende Packtaschen (»Satteltaschen«) eignen sich für gefahrlosen Gepäcktransport.

Das Befahren von geschotterten **Waldwegen** ist vor allem in Kurven und bei abschüssigem Gelände nicht ungefährlich. Lenk- und Bremsverhalten nehmen sich dann etwa so aus wie bei winterlichen Straßenverhältnissen! Daß bei der Familienradwanderung die Eltern kleinere Kinder »in die Mitte nehmen« und das Tempo bestimmen, sollte selbstverständlich sein.

Rücksichtnahme gegenüber Fußgängern ist für echte Radwanderer eine ausgemachte Sache. Etliche Streckenabschnitte der in diesem Buch vorgeschlagenen Touren verlaufen auf markierten (Fuß-)Wanderwegen. Die Wandervereine brachten diese Markierungen für Fußwanderer an, man sollte sich als Radwanderer – besonders auf diesen Wegen – nicht »auf hohem Stahlroß« fühlen! Absteigen auf schmalen Wegen wird vom Fußwanderer allemal eher mit Dank honoriert als eifriges Betätigen der Fahrradklingel.

Wenn dieses Buch dazu beitragen kann, den schönen Nordosten Baden-Württembergs einigen (radelnden) Mitmenschen näherzubringen, hat es Erfreuliches bewirkt und sein Erscheinen damit gerechtfertigt.

Und nun viel Spaß beim Erkunden neuer Wege und gute Fahrt!

Bernhard Widmann

Wie radeln Sie richtig?

Wer längere Zeit nicht mehr auf dem Fahrradsattel saß, sollte sich langsam an die Belastung gewöhnen. Empfehlenswert ist eine Anfangsstrecke zwischen 4 und 6 Kilometer, die zwei- bis dreimal pro Woche in mäßigem Tempo gefahren wird. Nach 6 Wochen kann das tägliche Kilometerpensum auf bis zu 20 Kilometer gesteigert werden; das Tempo bleibt jedoch mäßig. Eine Verteilung der Trainingskilometer auf mindestens zwei bis drei Tage bringt einen wesentlich größeren Effekt.

Für die sportlichen Radfahrer gibt es zwei Trainingsarten: »Ausdauerfahren« und das »Fahrtspiel«. Beim Ausdauerfahren wird eine Strecke von mindestens 20 Kilometern in möglichst gleichmäßigem Tempo zurückgelegt. Auf alle Fälle ist ein hohes Anfangstempo zu vermeiden. Wem das Ausdauerfahren zu langweilig ist, der kann zwischendurch auch ein sogenanntes Fahrtspiel per Rad machen. Dabei wird eine kürzere Strecke als bei Ausdauerfahren gewählt. »Ausreißversuche« und »Bergwertungen« wechseln – und damit auch das Tempo. Eine Trainingsform, die sich nur für gut Trainierte eignet.

Die Kontrolle

Ein einfaches Mittel, um das Wochentraining zu testen, ist die Punktzählung.

Für 2 Kilometer Radfahren erhalten Sie »1 Punkt«.

Anstatt in Kilometer kann auch in Zeiteinheiten gerechnet werden:

Für 7 Minuten Radfahren erhalten Sie »1 Punkt«.

Pro Woche sollten Sie zusammen mit anderen Sportarten auf mindestens 12 Punkte kommen.

Das Ergebnis

Ein bißchen trainiert, macht das Radeln noch mehr Freude. Es fällt nämlich leichter, und man selbst wird fit. Richtig dosiert ist regelmäßiges Radfahren ein wichtiger Beitrag zur Gesunderhaltung.

Bund Deutscher Radfahrer eV.

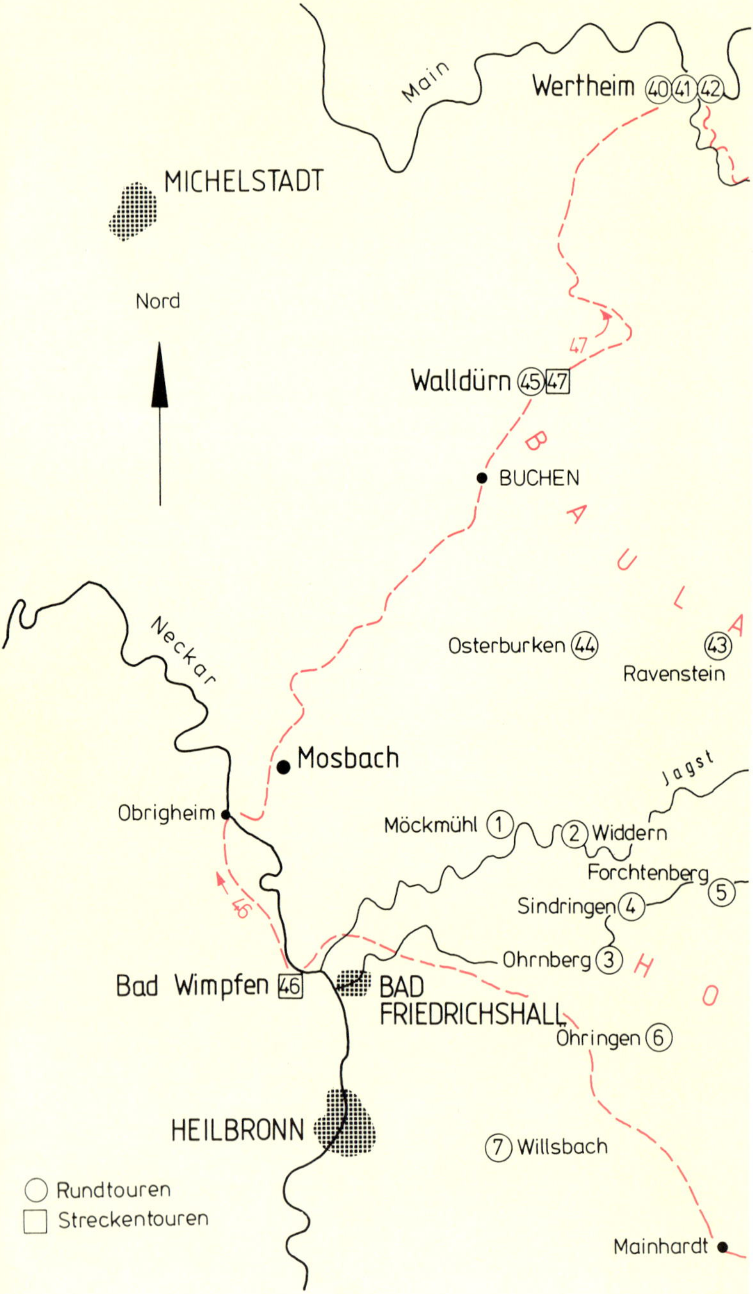
Main
Wertheim 40 41 42
MICHELSTADT
Nord
47
Walldürn 45 47
BUCHEN
BAULAND
Neckar
Osterburken 44
43 Ravenstein
Mosbach
Jagst
Obrigheim
Möckmühl 1
2 Widdern
Forchtenberg
5
Sindringen 4
46
Ohrnberg 3
HO
Bad Wimpfen 46
BAD FRIEDRICHSHALL
Öhringen 6
HEILBRONN
7 Willsbach
Rundtouren
Streckentouren
Mainhardt

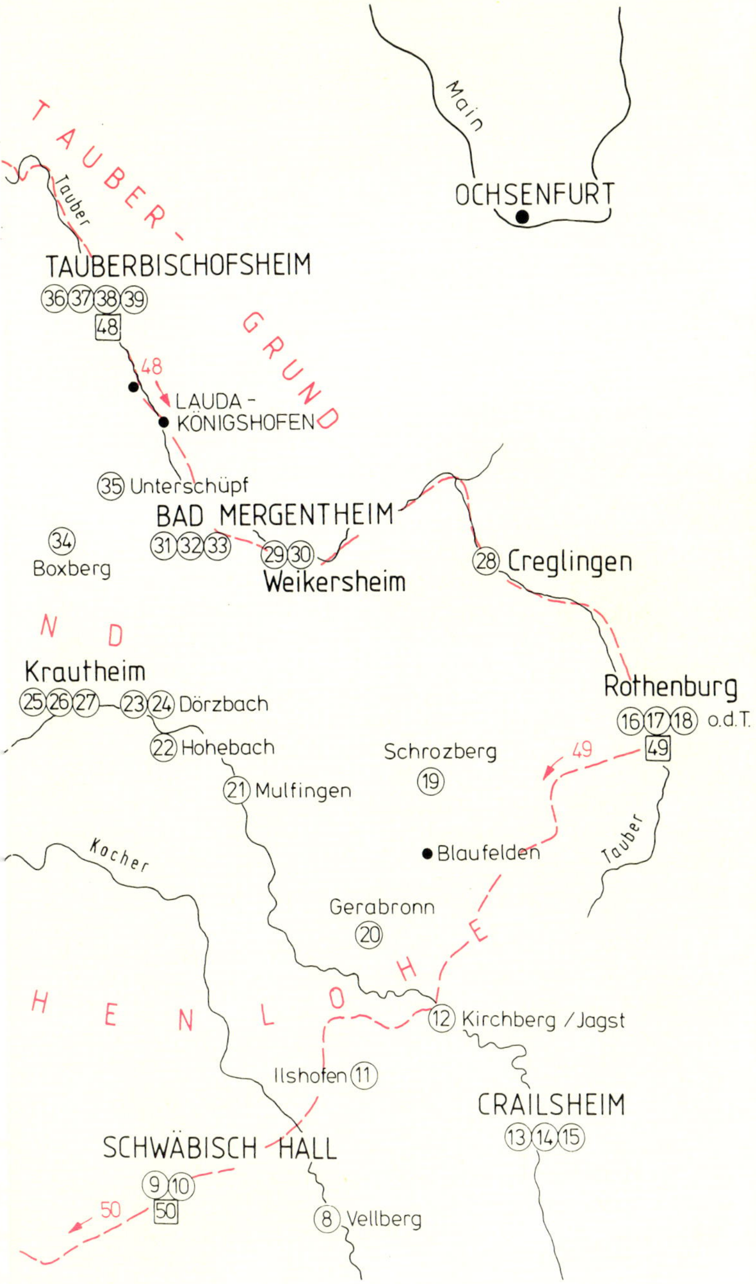
Main
OCHSENFURT
TAUBER-GRUND
Tauber
TAUBERBISCHOFSHEIM
36 37 38 39
48
48
LAUDA-
KÖNIGSHOFEN
35 Unterschüpf
BAD MERGENTHEIM
31 32 33
29 30
Weikersheim
34
Boxberg
28 Creglingen
Krautheim
25 26 27
23 24 Dörzbach
22 Hohebach
21 Mulfingen
Schrozberg
19
Rothenburg
16 17 18 o.d.T.
49
49
Tauber
Kocher
Blaufelden
Gerabronn
20
HOHENLOHE
12 Kirchberg / Jagst
Ilshofen 11
CRAILSHEIM
13 14 15
SCHWÄBISCH HALL
9 10
50
50
8 Vellberg

1 Möckmühl – Ruchsen – Korb – Leibenstadt – Dörnishof – Wemmershof – Möckmühl

Tourenlänge 31 km.
Fahrzeit $2^1/_2$ bis 3 Stunden.
Gesamte Steigung 290 m.
Wanderkarten Radwanderkarte Hohenlohekreis (1:50000) oder 1:50000 Blatt L 6722 Öhringen und L 6522 Walldürn.
Anmerkung Fahrradverleih der Deutschen Bundesbahn am Bahnhof von Möckmühl.
Tourenbeschreibung Von Möckmühl geht es in Richtung Widdern jagstaufwärts. Nach 2 Kilometern verlassen wir in *Ruchsen* das Jagsttal und folgen der Straße in Richtung Leibenstadt nach links. Über *Korb* gelangen wir nach *Leibenstadt;* hier auf der »Baulandstraße« nach links, dann nach rechts am Friedhof vorbei. Wo das Kraftfahrzeug-Sträßchen nach Hergenstadt links aufwärts führt, halten wir uns geradeaus (!) und bleiben die folgenden 3 Kilometer auf dem im Tal verlaufenden Landwirtschaftsweg.

Unterhalb des Weilers Hopfengarten hält man sich kurz nach links (der Talweg hört hier auf), dann wieder nach rechts. Wieder am Bächlein angelangt, folgen wir dem mit rotem Balken markierten Weg noch ein Stück talaufwärts, dann links aufwärts am Waldrand entlang. Wir durchradeln den *Dörnishof* und folgen der Vorfahrtstraße nach links.

Nach knapp 1 Kilometer muß man nochmals die Vorfahrt beachten: Auch hier wenden wir uns nach links (Richtung Osterburken) und biegen nach 700 Metern nochmals nach links ab. Am Gehöft *Marienhöhe* vorbei gelangen wir durch ein Waldstück hinunter nach *Wemmershof;* hier geradeaus (!) fahren, dann halblinks aufwärts Richtung Hergenstadt.

Oben auf der Hochfläche nach rechts, kurz darauf queren wir ein Vorfahrtsträßchen. Bei den folgenden Wegegabeln halten wir uns geradeaus beziehungsweise halbrechts, queren eine weitere Straße und treffen nach knapp 1 Kilometer auf die dritte vorfahrtberechtigte Straße, der wir nach links aufwärts folgen bis zur nächsten Kurve: Hier halten wir uns geradeaus! Oben auf der Höhe geht es rechts weiter.

Man läßt den Roßbrunnerhof links liegen und radelt auf dem mit rotem Balken markierten Höhenweg geradeaus in den Wald hinein. Es geht jetzt nur noch geradeaus (schon bald führt die Wegmarkierung nach rechts weg von unserer Strecke); bald erreicht man eine breitere Straße. Nach $3^1/_2$ Kilometern (gegen Ende starkes Gefälle!) ist man wieder in Möckmühl.

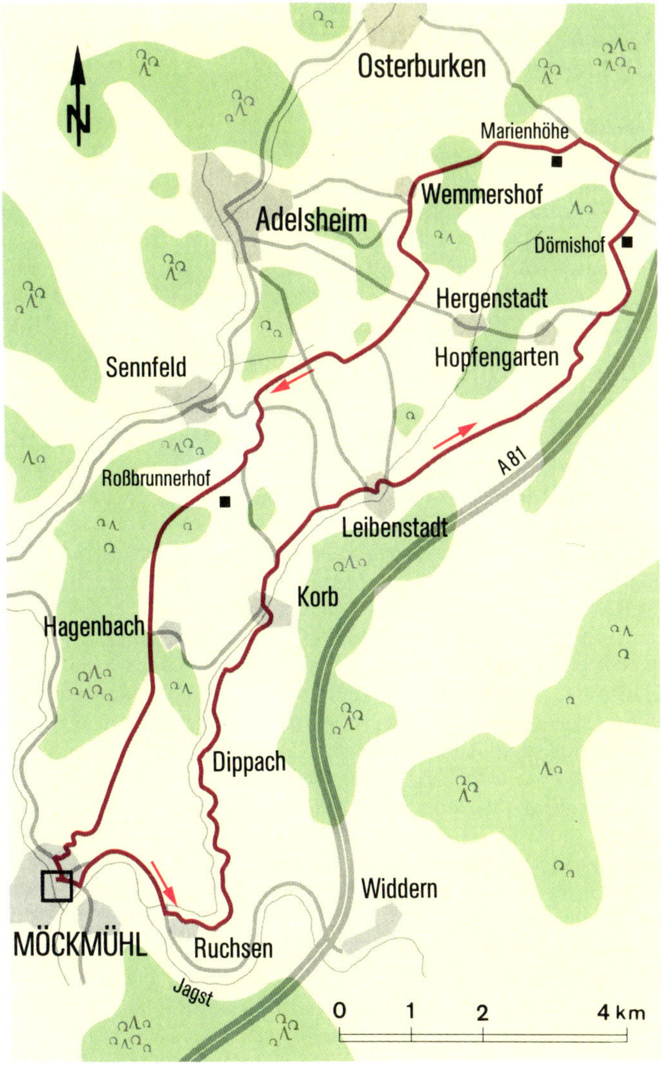

Osterburken
Marienhöhe
Wemmershof
Adelsheim
Dörnishof
Hergenstadt
Hopfengarten
Sennfeld
A 81
Roßbrunnerhof
Leibenstadt
Korb
Hagenbach
Dippach
Widdern
MÖCKMÜHL
Ruchsen
Jagst
0
1
2
4 km

2 Widdern – Rossach – Aschhausen – Krautheim – Altkrautheim – Gommersdorf – Marlach – Sershof – Hohe Straße – Neuhof – Edelmannshof – Pfitzhof – Trautenhof – Olnhausen – Widdern

Tourenlänge 45 km.
Fahrzeit $4^1/_2$ bis 5 Stunden.
Gesamte Steigung 500 m.
Wanderkarten Radwanderkarte Hohenlohekreis (1:50000) oder 1:50000 Blatt L 6722 Öhringen und L 6724 Künzelsau.
Wissenswertes Krautheim bekam im 14. Jahrhundert die Stadtrechte; 1525–28 Aberkennung des Stadtrechts wegen Teilnahme am Bauernkrieg auf der Seite der Bauern. Bevor die Stadt 1806 badisch wurde, war sie jahrhundertelang im Besitz von Kurmainz. Die mittelalterliche Stadtanlage auf einem Bergsporn hoch über der Jagst wird überragt vom Stadtturm aus dem 18. Jahrhundert. Das alte Rathaus sowie das Johanniterhaus (Museum und historischer Ratskeller) stammen aus dem 16. Jahrhundert, das kurmainzische Amtshaus aus dem Jahr 1802. Die vor wenigen Jahren gründlich erneuerte katholische Stadtpfarrkirche hat im frühen 16. Jahrhundert ihre Ursprünge. Aus staufischer Zeit stammt die Burganlage, die sich im Süden an die Altstadt anschließt. Die Burg wurde um 1200 von Wolfrat I. von Krautheim erbaut. 1239 erwarb sie Gottfried von Hohenlohe: Es entstand das herrliche frühgotische Palasportal mit den schönen Blattkapitellen, umlaufender Blattranke und dem in drei Fenster gegliederten Tympanon, außerdem die eindrucksvolle Burgkapelle mit Herrschaftsempore. Das Schloß stammt aus dem frühen 17. Jahrhundert. In Krautheim soll Götz von Berlichingen, der »Ritter mit der eisernen Hand«, dem Mainzer Amtmann gegenüber sein berühmtes Zitat geäußert haben.
Anmerkung Diese Radwanderung verläuft stellenweise über schlechtere Wege, man muß deshalb bereit sein, das Rad hin und wieder zu schieben!
Tourenbeschreibung Das Städtchen Widdern liegt an der Jagst im Landkreis Heilbronn. Es ist zu erreichen über die A 81, Ausfahrt Möckmühl. Man parkt im Zentrum beim Rathaus oder beim Sportplatz südlich der Jagst. Wir folgen zunächst der Straße in Richtung Merchingen, halten uns jedoch gegen Ortsende beim Haus Nummer 49 beziehungsweise 51 nach rechts aufwärts. Immer geradeaus geht es auf der Höhe an Aussiedlerhöfen vorbei. An der Kreuzung am Waldrand fährt man zunächst noch geradeaus, an der

Erlenbach
Oberkessach
Aschhausen
Unterkessach
Krautheim
Rossach
Altkrautheim
Gommersdorf
Jagst
Winzenhofen
Bieringen
Marlach
Altdorf
WIDDERN
Olnhausen
Berlichingen
Kloster
Schöntal
Westernhausen
Sershof
Sindeldorf
Neusaß
P
Hohe
Straße
Jagsthausen
Neuhof
0
1
2
4 km
Mittlerer Pfitzhof
Edelmannshof
Schleierhof
Trautenhof
Äußerer Pfitzhof

folgenden Gabelung nach 200 Metern folgt man jedoch dem Weg links in den Wald hinein.

Nach 1 Kilometer lichtet sich der Wald: Einige hundert Meter weit verläuft unser »Weg« jetzt als unbefestigte Piste am Waldrand entlang abwärts. Wo man wieder Asphalt erreicht, radelt man geradeaus (nicht nach rechts!) weiter und erreicht das 2½ Kilometer entfernte Dörfchen *Rossach;* hier nach links halten, nach 500 Metern – bei dem Kruzifix – wieder rechts.

Nach 1½ Kilometern folgen wir der Landstraße wenige hundert Meter nach links und halten uns dann nach rechts (Schild »Aschhausen«). In *Aschhausen* fährt man zunächst in Richtung Bieringen, dann Richtung Erlenbach, anschließend nach rechts (Schild »Schloß«), jedoch beim Gasthaus »Hirsch« geradeaus aufwärts (nicht nach rechts zum Schloß!). Die »Alte Steige« hinauf folgen wir dem nach Marlach führenden Sträßchen.

Nach 2½ Kilometern geht es auf breiter Straße ½ Kilometer nach links, dann – vor dem Birnbaum – rechts ab! Man hält sich ab jetzt (ungeachtet der Wegqualität!) strikt geradeaus und gelangt – leicht aufwärts – in den Wald hinein. Nach einigen hundert Metern »Piste« wird der Weg wieder besser; weiterhin: geradeaus!

Nach gut 1½ Kilometern ist das Ende des Waldes erreicht; man radelt zwar noch eine Zeitlang am linksseitigen Waldrand entlang, hält sich dann aber auf dem Querweg nach rechts. Nach 500 Metern queren wir eine Autostraße und radeln auf dem Vicinalsträßchen geradeaus weiter. Nach den *Aussiedlerhöfen* biegt man nach rechts ab und erreicht nach 1 Kilometer das alte Städtchen *Krautheim* hoch über der Jagst.

Wir setzen die Fahrt fort nach Krautheim im Tal, queren die Vorfahrtsstraße und radeln weiter nach *Altkrautheim* auf dem anderen Jagstufer. Zunächst folgt man der Straße nach Eberstal, fährt jedoch nach den letzten Häusern von Altkrautheim in der großen Linkskurve geradeaus! Auf dem *Feldsträßchen* erreicht man nach 2 Kilometern über die *Jagstbrücke* nach rechts den Ort *Gommersdorf.* Hier halten wir uns wieder nach links.

Nach 1½ Kilometern queren wir abermals den Fluß und radeln nach *Marlach* hinein. Am südlichen Ortsrand folgt man – wo die Hauptstraße nach links führt – dem beschilderten Sträßchen zum Sershof geradeaus bergauf.

Auf der Hochfläche durchradeln wir zunächst den *Sershof,* später den Weiler *Hohe Straße* und treffen dann auf eine Autostraße, der wir nach rechts über die Kreuzung (hier geradeaus) folgen, in Richtung Forchtenberg. Schon nach knapp 300 Metern radelt man auf dem für Kraftfahrzeuge gesperrten *Flurweg* (blauer Balken) rechts weiter.

Zunächst geht es am Waldrand entlang, dann gelangt man in den Wald hinein und fährt ständig geradeaus. Auf dem höchsten Geländepunkt im Wald trifft man auf eine breite *Autostraße,* der man 700 Meter weit nach rechts folgt, dann hält man sich links (Richtung Berlichingen).

Beim *Neuhof* nach links (Richtung Sindringen). Nach 2 Kilometern passiert man den *Edelmannshof* und radelt immer geradeaus – am Mittleren und Äußeren *Pfitzhof* vorbei – bis zum *Trautenhof:* Hier folgt man dem mit blauem Kreuz markierten *Feldweg* nach rechts.

Nach 1 Kilometer kommen wir an einer Rasthütte mit Feuerstelle vorbei. Unser Weg folgt dem Waldrand, das heißt, nach wenigen hundert Metern ändert sich die Fahrtrichtung nach Norden. Nun geht es hinunter nach *Olnhausen* im Jagsttal. Auf der Hauptstraße hält man sich nach links und erreicht nach 2 1/2 Kilometern wieder den Ausgangsort Widdern.

3 Ohrnberg – Unterohrn – Möhrig – Untermaßholderbach – Cappel – Neuenstein – Untereppach – Lohe – Tannen – Mangoldsall – Langensall – Kirchensall – Mainhardtsall – Metzdorf – Tiefensall – Friedrichsruhe – Ohrnberg

Tourenlänge 36 km.
Fahrzeit 3 Stunden.
Gesamte Steigung 300 m.
Wanderkarten Radwanderkarte Hohenlohekreis (1:50000) oder 1:50000 Blatt L 6722 Öhringen und L 6922 Sulzbach.

Wissenswertes Schloß Friedrichsruhe wurde im frühen 18. Jahrhundert von den Hohenloher Fürsten als Jagdschloß erbaut. In der Nähe des Schlosses ist ein Rotwildgehege und die Anlage einer Miniatur-Dampfeisenbahn. – Das Stadtbild von Neuenstein ist noch gut erhalten. 1351 bekam der Ort die Stadtrechte. Die herausragenden Bauten dieser ehemaligen hohenlohischen Residenzstadt sind das aus dem 16. Jahrhundert stammende Renaissanceschloß, ein Vierflügelbau um einen rechteckigen Innenhof mit kräftigen Rundtürmen, sowie die evangelische Pfarrkirche mit gotischem Chor, Renaissanceschiff und sehenswerter Innenausstattung. Das Schloß, dessen Vorläufer eine mittelalterliche Wasserburg war, beherbergt ein sehenswertes Museum: Kunstschätze, Waffen, Bilder, Möbel, Jagdtrophäen, Schloßküche.

Tourenbeschreibung Das Dorf Ohrnberg, Teilort von Öhringen, liegt im Kochertal, knapp 10 Kilometer nordwestlich von Öhringen. Am Bahnhof oder bei den Sportplätzen (am rechten Kocherufer) wird man sicher einen Parkplatz finden. Wir beginnen die Tour in Richtung Süden und radeln auf der nach Öhringen führenden Straße das stille *Ohrntal* aufwärts.

Nach 6 Kilometern hält man sich in *Unterohrn* nach links (Wegweiser »Möhrig«). Im Dorf *Möhrig* geht es weiter in Richtung Öhringen, 500 Meter nach dem Ortsende jedoch geradeaus (!) in Richtung Büttelbronn. Kurz vor Büttelbronn auf dem 1,5-t-Weg rechts ab. Auf der Höhe geradeaus und hinunter nach *Untermaßholderbach,* wo wir weiter geradeaus, also nach Osten fahren.

Nach 1 Kilometer folgt man der Vorfahrtstraße (beziehungsweise dem Parallelweg) 400 Meter nach rechts und biegt unmittelbar nach Überquerung der Autobahn links ab. Auf gutem Flursträßchen erreicht man das nahe Dorf *Cappel.* Hier folgt man der vorfahrtberechtigten Hauptstraße nur wenige hundert Meter und hält sich dann nach links (»Cappelbergweg«) aufwärts. Der Weiterweg über die *Bernhardtsmühle* nach Neuenstein ist mit den grünen Täfelchen des Landesradwegs markiert.

In *Neuenstein* hält man sich an die Beschilderung nach Waldenburg. Am Bahnhof vorbei erreicht man immer geradeaus nach Osten kurz darauf *Untereppach;* hier folgt man zunächst dem Wegweiser »Hohrain«, anschließend geht es »Am Mühlberg« links hoch. Wir queren die *Bahnlinie* und folgen dann dem Schild »Obereppach« nach rechts.

Die folgenden 2½ Kilometer radeln wir wieder geradeaus nach Osten. 600 Meter nach Pfaffenweiler geht es nach links unter der *Autobahn* hindurch; auf der Vorfahrtstraße 300 Meter nach links, dann rechts ab nach *Lohe.* Hier geht es halblinks weiter, auch im Gehöft *Tannen* hält man sich links. Nach der Hochspannungsleitung fahren wir rechts hinunter nach *Mangoldsall.*

In Mangoldsall hält man sich nach links und radelt über *Langensall* und *Kirchensall* nach *Mainhardtsall.* In der Ortsmitte von Mainhardtsall zeigt uns das Schild mit der Aufschrift »Metzdorf« den Weiterweg nach Westen.

In *Metzdorf* biegt man nach rechts ab und erreicht über *Tiefensall* die Siedlung *Friedrichsruhe.* Hier verläßt man die Autostraße in der Rechtskurve und folgt der »Kärcherstraße« nach links. Nach 300 Metern halbrechts am *Waldrand* entlang, dann ständig geradeaus. Nach 5 Kilometern Fahrt auf verkehrsarmem Sträßchen befinden wir uns wieder in *Ohrnberg.*

Wohlmuthausen
N
Zweiflingen
Pfahlbach
OHRNBERG
Tiefensall
P
P
Friedrichsruhe
Metzdorf
Mainhardtsall
Kirchensall
Langensall
Mangoldsall
Obermaßholderbach
Untermaßholderbach
Unterohrn
Möhrig
A 6
Tannen
Lohe
Obereppach
Neuenstein
Eckarts-
weiler
Untereppach
Eichhof
Öhringen
Cappel
Bernhardsmühle
Untersöllbach
0
1
2
4 km

4 Sindringen – Ernsbach – Neu-Wülfingen – Forchtenberg – Weißbach – Niedernhall – Ingelfingen – Künzelsau – Garnberg – Steinbach – Hermuthausen – Hohe Straße – Neuhof – Edelmannshof – Sindringen

Tourenlänge 45 km.
Fahrzeit 4 Stunden.
Gesamte Steigung 390 m.
Wanderkarten Radwanderkarte Hohenlohekreis (1:50000) oder 1:50000 Blatt L 6722 Öhringen und L 6724 Künzelsau.
Wissenswertes Sindringen, das jetzt zur Gemeinde Forchtenberg gehört, hatte in früheren Zeiten das Stadtrecht; Teile der Stadtmauer sind noch erhalten. – Forchtenberg hat ein überaus reizvolles mittelalterliches Stadtbild. Das Würzburger Tor (1604) beherbergt ein Heimatmuseum. Die Stadtmauer – von der Schloßruine ausgehend – ist bestens erhalten. 1298 wird Forchtenberg erstmals als Stadt erwähnt, wenig später kam es an die Hohenloher Grafen. Von 1511–1623 war sogar eine hohenlohische Münzprägestätte in der Stadt. – Das erstmals 1037 urkundlich erwähnte Niedernhall erhielt 1356 die Stadtrechte und wurde befestigt. Noch heute ist die Mauer fast ganz erhalten (700 Meter mit 3 Türmen). Ihre Entstehung verdankt die Stadt den örtlichen Salzquellen, die jedoch Anfang des 19. Jahrhunderts wegen mangelnder Rentabilität zugeschüttet wurden. Bevor Niedernhall in napoleonischer Zeit an Württemberg kam, war es fast ein halbes Jahrtausend gleichzeitig im Besitz von Mainz und Hohenlohe. Besondere Sehenswürdigkeiten: Evangelische Pfarrkirche St. Laurentius, eine im 15./16. Jahrhundert veränderte, ursprünglich romanische Pfeilerbasilika mit sehenswertem Inneren. Gotisches Rathaus von 1477. Das »Götzenhaus« (16. Jahrhundert), in dem Götz von Berlichingen während seiner Niedernhaller Schulzeit wohnte. Kelter des Klosters Schöntal von 1713. – Ingelfingen, im Jahr 1080 erstmals urkundlich genannt, erhielt um 1330 Stadtrechte. Ehemalige hohenlohische Residenzstadt mit Blüte im 18. Jahrhundert. Besonders sehenswert: Neues Schloß (1703–13: das ehemalige Residenzschloß mit Brunnen und Schloßgarten, der heute als Kurpark dient), Altes Schloß (ehemaliges Amtshaus), Amtshaus von 1743 (früher Spital), Schwarzer Hof (einst Rentamt, frühes 17. Jahrhundert), Apotheke (1784) und die Jubiläumssäule von 1793. Das Ingelfinger Heimatmuseum befindet sich im Neuen Schloß. – Künzelsau, Verwaltungssitz des Hohenlohekreises, wird kurz vor 1100 erstmals erwähnt. 1413 Marktrecht. Erst 1767/68 als Stadt bezeichnet.

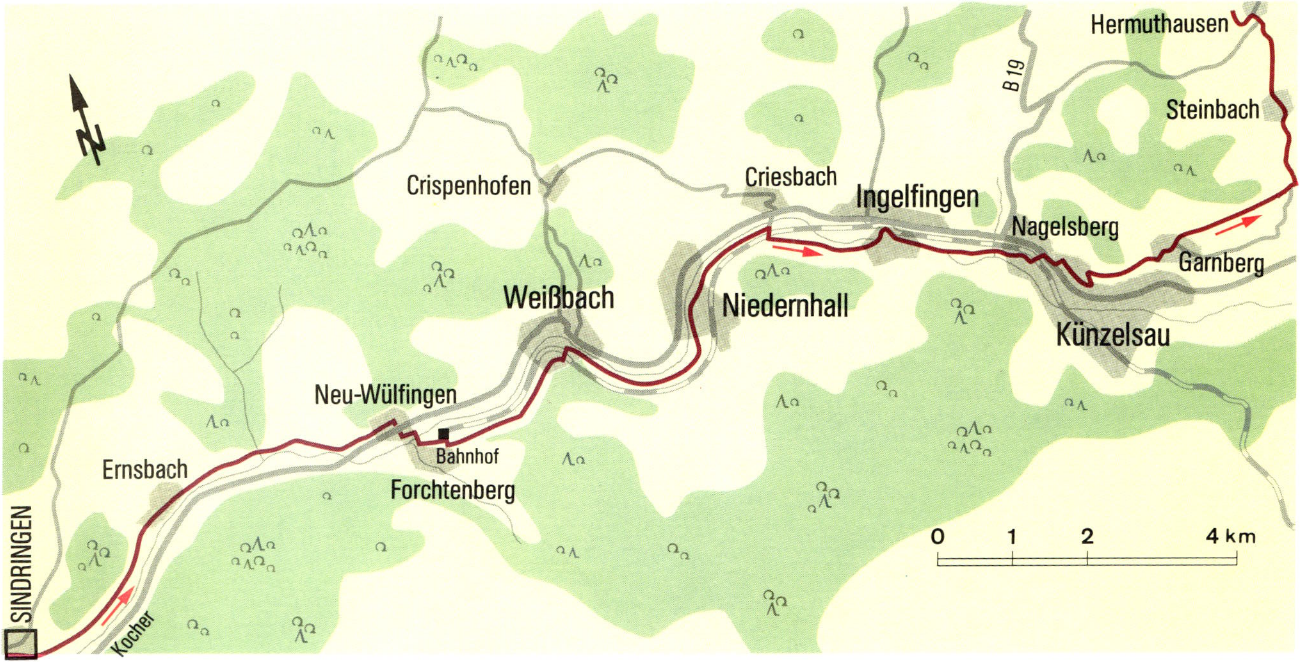
Hermuthausen
B 19
Steinbach
Crispenhofen
Criesbach
Ingelfingen
Nagelsberg
Garnberg
Weißbach
Niedernhall
Künzelsau
Neu-Wülfingen
Bahnhof
Ernsbach
Forchtenberg
0
1
2
4 km
SINDRINGEN
Kocher

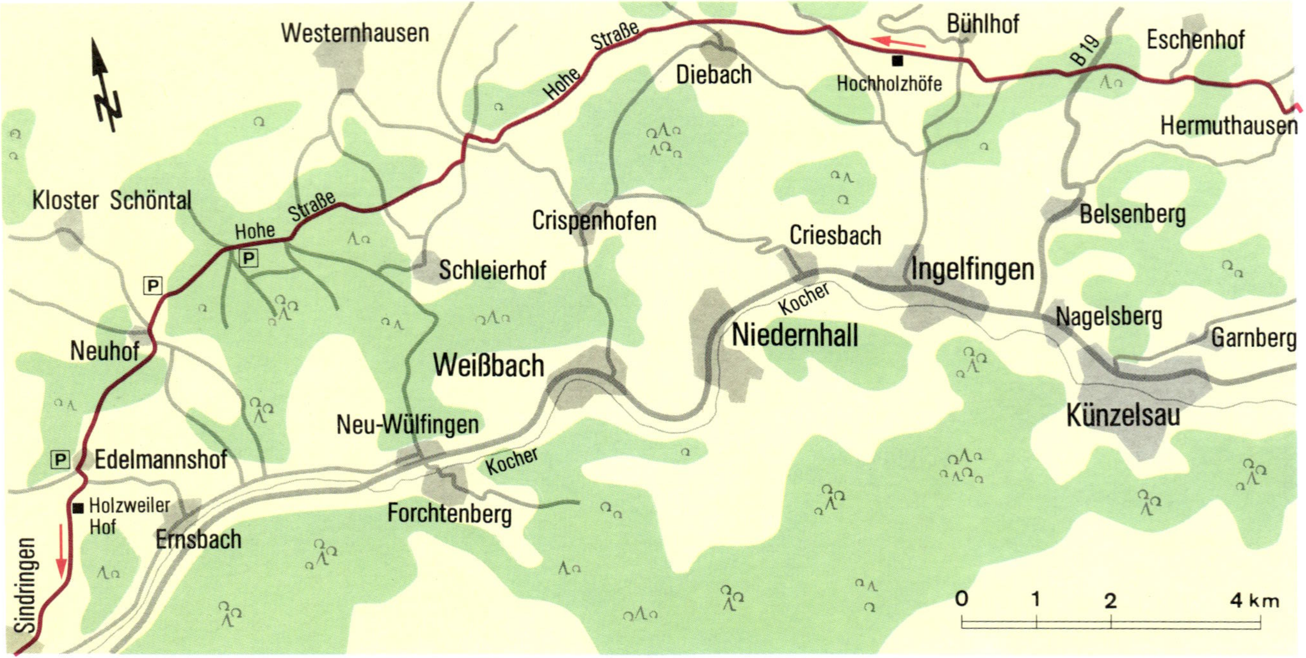
N
Westernhausen
Hohe
Straße
Diebach
Bühlhof
Hochholzhöfe
B 19
Eschenhof
Hermuthausen
Kloster Schöntal
Hohe
Straße
P
Crispenhofen
Criesbach
Belsenberg
Schleierhof
Ingelfingen
P
Kocher
Nagelsberg
Garnberg
Niedernhall
Neuhof
Weißbach
Künzelsau
Neu-Wülfingen
P
Edelmannshof
Kocher
Holzweiler
Hof
Forchtenberg
Ernsbach
Sindringen
0
1
2
4 km

Ehemaliges Schloß (um 1680; zeitweilig gräflich-hohenlohische Residenz, jetzt Gymnasium). Rathaus von 1522. Evangelische Stadtkirche (frühes 17. Jahrhundert) mit gotischem Chorturm.

Tourenbeschreibung Sindringen liegt im Kochertal, nördlich von Öhringen. Wahrscheinlich findet man in der Nähe der Kocherbrücke einen Parkplatz (z. B. beim Sportplatz auf der linken Kocherseite oder beim Gasthaus »Krone«). Wir radeln an der »Krone« vorbei in den Ort hinein. Über die »Ernsbacher Straße« fahren wir talaufwärts und erreichen nach 3 Kilometern das Dorf *Ernsbach.* Auch hier immer geradeaus weiterfahren auf dem Talweg den *Kocher* entlang.

In *Neu-Wülfingen* der Vorfahrtstraße nach rechts folgen, später nochmals rechts ab. Auf dem anderen Flußufer hält man sich am Stadtrand von *Forchtenberg* nach links. Am Bahnhof rechts hoch (Richtung Stadtmitte), dann nach links zum Ort hinaus. Auf der alten Landstraße gelangt man nach 2 Kilometern ans Industriegebiet von *Weißbach;* hier nach links über die Bahnlinie, aber sofort danach wieder rechts ab (noch vor den Kesseltürmen)!

Am südlichen Flußufer geht unsere Fahrt weiter nach *Niedernhall.* Zwischen Fluß und Stadt fährt man geradeaus, am Freibad vorbei. Auf der Höhe von Criesbach kurz vor der Fabrik nach

Zu Tour 4 **Schöntal, Kloster Schöntal**
(Foto: Fremdenverkehrsgemeinschaft Hohenlohe, Künzelsau)

rechts halten, nach Überquerung der *Bahnlinie* bei der Kläranlage wieder nach links, das heißt, weiter talaufwärts.

In *Ingelfingen* wechseln wir über die *Brücke* auf die nördliche Kocherseite, aber noch vor der Bahnlinie (genauer: direkt vor dem großen Kastanienbaum an der Mühle) geht es rechts ab und kurz danach über die *Mühlkanalbrücke.*

Nach gut 2 Kilometern passieren wir unterhalb von Nagelsberg einen *Sportplatz,* radeln über eine Holzbrücke und schieben dann vorsichtig (!) das Stahlroß nach links über die *Gleise.* Auf der B 19 halten wir uns nur 300 Meter nach rechts, ordnen uns an der *Ampel* nach links ein und folgen dann der »Kappensteige« nach rechts aufwärts! Nach 600 Metern folgt man dem vorfahrtberechtigten »Zollstockweg« in spitzem Winkel nach links hoch, später nach rechts (immer noch »Zollstockweg«).

Hoch über Künzelsau führt der Weg ständig aufwärts nach Garnberg auf die 400 Meter hohe Hohenloher Ebene. In *Garnberg* folgt man dem »Steinbacher Weg« geradeaus! Nach etwa 2 Kilometern treffen wir auf eine Landstraße, auf der es nach links ins nahegelegene *Steinbach* weitergeht.

In *Hermuthausen* radeln wir bis zur Ortsmitte hinein! Nach dem schönen *Fachwerkhaus* nach links abbiegen (»Eschenstraße«); an den folgenden Abzweigungen geradeaus (also nie nach links!). Erst nach dem *Aussiedlerhof* geht es auf der Vorfahrtstraße auf dem Höhenrücken nach links weiter.

Nach 2 Kilometern kreuzt man die B 19 und fährt geradeaus weiter in Richtung Diebach. Nach 1 Kilometer folgen wir dem Wegweiser »Bühlhof« nach rechts. Nach knapp 1 Kilometer geht es vor dem Bühlhof auf der 6-t-Straße nach links weiter (Markierung »blauer Balken«). An den *Hochholzhöfen* vorbei erreichen wir später wieder eine Vorfahrtstraße, ihr folgt man 300 Meter nach rechts, auf dem Höhenrücken geht es wieder links ab (blauer Balken).

Nach 1½ Kilometern überqueren wir oberhalb von Diebach eine vorfahrtberechtigte Straße und radeln in der bisherigen Richtung weiter, aber Achtung: An der Gabelung nach 200 Metern führt der gute Weg nach rechts, wir müssen jedoch geradeaus beziehungsweise halblinks weiter und auf 1 Kilometer Länge einen etwas schlechteren Wegzustand in Kauf nehmen.

Der blaue Balken führt uns weiterhin auf der »Hohen Straße« – dem Höhenrücken zwischen Kocher und Jagst – nach Westen. Wo der Wald nach rechts zurückweicht, hält man sich immer noch geradeaus, dann geht es parallel zur Straße nach rechts. Bald mündet unser Feldweg in die *Autostraße* ein: Wir fahren wenige Meter nach links zur Kreuzung und halten uns hier geradeaus (Richtung Forchtenberg); schon nach 300 Metern geht es von der Straße nach rechts ab und auf dem für Kraftfahrzeuge gesperrten Flurweg (blauer Balken) am *Waldrand* entlang, dann in den Wald hinein.

Wir fahren an sämtlichen Abzweigungen geradeaus, bis wir im Wald auf der Anhöhe eine breite *Vorfahrtstraße* erreichen (kurz zuvor führt die Markierung »blauer Balken« nach rechts weg und ist für unseren Weiterweg nun nicht mehr von Belang). Auf der Straße 700 Meter nach rechts, dann links ab, Richtung Berlichingen. Nach 1½ Kilometern beim *Neuhof* nochmals nach links (Richtung Sindringen). 200 Meter nach dem *Edelmannshof* wieder nach links, an der folgenden Gabelung nach rechts und am *Holzweiler Hof* vorbei hinunter ins Kochertal nach Sindringen (noch 2½ Kilometer).

5 Forchtenberg – Hermersberg – Waldzimmern – Kemmeten – Gaisbach – Haag – Künsbach – Morsbach – Amrichshausen – Ohrenbach – Hermuthausen – Hohe Straße – Diebach – Crispenhofen – Weißbach – Forchtenberg

Tourenlänge 40 km.
Fahrzeit 4 Stunden.
Gesamte Steigung 520 m.
Wanderkarten Radwanderkarte Hohenlohekreis (1:50000) oder 1:50000 Blatt L 6722 Öhringen und L 6724 Künzelsau.
Wissenswertes Forchtenberg siehe Tour Nummer 4.
Tourenbeschreibung Im Stadtkern von Forchtenberg am Kocher (Hohenlohekreis) folgen wir beim *Postamt* der »Schulstraße« nach Süden beziehungsweise Südosten; am Ende der Altstadt geht es den »Schloßbergweg« hinauf (Markierung »blauer Punkt«). Vor dem Neubaugebiet schieben wir noch eine Serpentine nach links hoch. Nach dem *Gehöft* auf der Höhe (rechts vom Weg) und dem *Steinbruch* (linker Hand) führt der Asphaltweg nach links. Achtung: Wir müssen jedoch geradeaus (!) auf dem während der nächsten 400 Meter etwas schlechteren Weg weiterfahren. Bald treffen wir wieder auf den blauen Punkt, der uns den Weiterweg nach Osten durch den Wald nicht verfehlen läßt.

Nach gut 1 Kilometer folgt man bei dem *Wanderparkplatz* der Asphaltstraße nach rechts, radelt bald darauf am hohenlohischen Jagdschloß *Hermersberg* (15./16. Jahrhundert) vorbei und hält sich anschließend nach rechts (Schild »Waldzimmern«).

Nach $2^1/_2$ Kilometern durchfährt man den Weiler *Waldzimmern* und gelangt auf unbefestigtem Weg wieder in den Wald. Wir befahren jetzt immer den auch für Kraftfahrzeuge freigegebenen Waldweg (also beim Gewannschild »Langenburger Schlag« halbrechts weiter). In *Kemmeten* auf der Hauptstraße nur kurz nach links, dann rechts ab (Schild »Weckhof«). 300 Meter nach dem Ortsende von Kemmeten führt das Fahrsträßchen nach rechts, wir biegen jedoch nach links ab (!) und radeln auf unbefestigtem *Feldweg* – allmählich einen großen Rechtsbogen beschreibend – weiter bis zum *Unterhof.* Von hier aus ist der Weg nach Gaisbach beschildert.

In *Gaisbach* gelangt man über die »Hintere Gasse« zur B 19, diese quert man vorsichtig und fährt auf der »Haager Straße« geradeaus weiter nach Osten. Der Weiterweg über *Haag* und *Künsbach* nach *Morsbach* im Kochertal ist beschildert.

In Morsbach geht es zunächst nach rechts (Richtung Braunsbach), dann links ab (»Lange Gasse«), am Fluß kurz nach rechts und über die *Brücke.* Auf der anderen Flußseite zunächst nach rechts, dann links hoch (»Weinbergstraße«). Immer geradeaus erreicht man über zwei Serpentinen eine *Vorfahrtstraße,* der wir nach rechts vollends auf die Hochfläche hinauf folgen. Die Abzweigung nach Amrichshausen ist beschildert.

In *Amrichshausen* fährt man vor dem Gasthaus »Linde« nach links (»Dobelgasse«), dann geradeaus (»Exterweg«). Auf schönem Flursträßchen gelangt man ins benachbarte *Ohrenbach.* In nördlicher Richtung geht die Fahrt weiter nach *Hermuthausen.* In der Ortsmitte halten wir uns nach dem schönen *Fachwerkhaus* nach links (»Eschenstraße«) und dann ständig geradeaus, das heißt, nicht nach links abbiegen! Erst nach dem *Aussiedlerhof* geht es auf der vorfahrtberechtigten Höhenstraße nach links weiter.

Nach 2 Kilometern queren wir die B 19 und halten uns weiter geradeaus nach Westen (Richtung Diebach). Nach 1 Kilometer zeigt uns das Schild »Bühlhof« den Weiterweg nach rechts; vor dem Bühlhof folgt man dem 6-t-Sträßchen nach links. An den *Hochholzhöfen* vorbei trifft man später wieder auf eine Vorfahrtstraße, der man 300 Meter nach rechts folgt, um auf dem Höhenrücken wieder nach links abzubiegen (Markierung »blauer Balken«). Schon nach 700 Metern biegt man – unmittelbar nach Durchquerung des winzigen Wäldchens – nach links ab und radelt hinunter nach *Diebach:* beim Gasthaus »Rößle« links ab, beim Rathaus halbrechts (»Sauerweg«) und auf schönem 6-t-Talsträßchen weiter ins $3^1/_2$ Kilometer entfernte Dorf *Crispenhofen,* wo man gleich am Ortsanfang die Autostraße quert und auf dem Parallelsträßchen zur *Dorfmitte* fährt; dort geht es auf der Vorfahrtstraße geradeaus weiter.

N
Diebach
Hochholzhöfe
Bühlhof
Eschenhof
B19
Hermuthausen
Crispenhofen
Hohenloher
Criesbach
Steinbach
Belsenberg
Ohrenbach
Ingelfingen
Weißbach
Niedernhall
Nagelsberg
Garnberg
Amrichshausen
FORCHTENBERG
Ebene
Kocher
Morsbach
Bhf.
Künzelsau
B19
Waldzimmern
Schloß Hermersberg
Gaisbach
Künsbach
Kemmeten
Unterhof
Haag
0
1
2
4 km

Knapp 1 Kilometer nach Crispenhofen können wir auf der Höhe des linksseitigen Parkplatzes die Straße nach rechts verlassen und auf dem Waldrandweg nach *Weißbach* radeln. Hier geht es geradeaus, man quert die Kochertalstraße, den Fluß und die Bahnlinie, anschließend hält man sich nach rechts und trifft nach 2 Kilometern wieder an den Ausgangspunkt.

6 Öhringen – Möhrig – Unterohrn – Schwöllbronn – Weißlensburg – Bretzfeld – Windischenbach – Pfedelbach – Oberohrn – Michelbach – Obersöllbach – Eschelbach – Kesselfeld – Westernach – Kupferzell – Mangoldsall – Hirschbach – Weinsbach – Untermaßholderbach – Öhringen

Tourenlänge 47 km.
Fahrzeit 4½ Stunden.
Gesamte Steigung 500 m.
Wanderkarten Radwanderkarte Hohenlohekreis (1:50000) oder 1:50000 Blatt L 6722 Öhringen, L 6922 Sulzbach an der Murr, L 6924 Schwäbisch Hall und L 6724 Künzelsau.
Wissenswertes Öhringen war schon in römischer Zeit besiedelt; es hatte zwei Kastelle zur Sicherung des Limes. Erste urkundliche Erwähnung 1037. Im 13. Jahrhundert kam der Ort, der 1253 erstmals Stadt genannt wird, an die hohenlohischen Grafen, die Öhringen ab 1677 zur Residenz machten. Im Zuge der durch Napoleon verursachten Auflösung des alten Reiches wurde Öhringen zu Beginn des 19. Jahrhunderts württembergisch. Das insgesamt sehr hübsche Stadtbild birgt einige Kostbarkeiten: das ehemalige Residenzschloß aus dem 17. Jahrhundert, ein dreigeschossiger Rechteckbau mit Volutengiebeln; das Hoftheater und der Hofgarten mit Tiergehege (beide aus dem 18. Jahrhundert); Marktbrunnen und Rathaus (beide 16. Jahrhundert) und nicht zuletzt die gotische evangelische Stadtpfarrkirche (ehemalige Chorherrenstiftskirche St. Peter und Paul, gegründet 1037), eine dreischiffige Hallenkirche mit etwas höherem Mittelschiff. Im Inneren der Kirche ist der spätgotische Hochaltar mit hervorragenden lebensgroßen Schnitzfiguren als besondere Sehenswürdigkeit zu erwähnen. – In der Karlsvorstadt befindet sich das interessante Weygang-Museum: Zinnmuseum mit alter Zinngießerwerkstätte, kirchliche Gegenstände, Fayencen; Bauernmöbel, Zunftgegenstände, Stadtge-

schichte mit besonderer römischer Abteilung. Montags geschlossen. – Pfedelbach: Das seit 1472 im Besitz der Hohenlohe befindliche Wasserschloß wurde 1568–72 auf den Grundmauern einer Wasserburg des 13. Jahrhunderts erbaut. Von 1615–1728 Residenz der Linie Hohenlohe-Pfedelbach. Großer, ganz regelmäßig angelegter Renaissancebau mit wuchtigen Rundtürmen an den vier Ecken und einem Halbrundturm an der Westseite. Die Weinkellerei Hohenlohe befindet sich in der ehemaligen gräflichen Kelter von 1697, sie birgt Deutschlands drittgrößtes Weinfaß aus dem Jahr 1752 mit 647 Hektolitern Fassungsvermögen.
Anmerkung Fahrradverleih der Bundesbahn am Bahnhof Öhringen.

Tourenbeschreibung Im Westen der Stadt befinden sich an der Ohrn Parkplätze in größerer Zahl. Zunächst radelt man auf der »Schillerstraße« stadteinwärts, dann auf der »Kottmannstraße« nach links, über die *Bahnlinie* und wieder links (»Hindenburgstraße«). Später folgt man der vorfahrtberechtigten »Büttelbronner Straße« nach rechts und biegt nach Unterquerung der Autobahn links ab. Über *Möhrig* erreicht man *Unterohrn.*

In Unterohrn auf der *Hauptstraße* kurz nach rechts und vor der Ortstafel links hoch (»Dertelstraße«). Nach der Hochspannungsleitung auf der Höhe nach rechts halten. In *Schwöllbronn* nach links (»Bitzfelder Straße«), am Ortsende bei der abknickenden Vorfahrt über den »Weißlensburger Weg« geradeaus weiter!

In *Weißlensburg* queren wir die vorfahrtberechtigte Hauptstraße und radeln auf dem Weg »Mühldörfle« geradeaus weiter, an der »Luthereiche« halbrechts hoch. Ständig geradeaus (!) gelangen wir – nach Überquerung der Autobahn und einer Vorfahrtstraße – nach *Bretzfeld.*

Nach Überquerung des Flüßchens Brettach fährt man in Bretzfeld bei der *Sparkasse* auf der »Adolzfurter Straße« nach rechts, später über die »Bahnhofstraße« nach links und dann geradeaus, das heißt, durch die Bahnunterführung (6 t). Nach 1 Kilometer gelangt man bei der Kelter an den Fuß des weinbestandenen *Lindelbergs.* Zwischen Wald und Reben führt unser Weg nach *Windischenbach.* Der Weiterweg nach Pfedelbach ist ausgeschildert.

In *Pfedelbach* beim Schloß auf der Vorfahrtstraße nach links, dann auf der »Kelterstraße« nach rechts. Bei der *Gabelung* am Bach halbrechts weiter und später durch die Weinberge leicht aufwärts; am Ende der Rebenfläche auf dem Querweg nach links, weiterhin leicht aufwärts (d.h. den Bauernhof rechts liegen lassen). Vor der Ortstafel von Pfedelbach rechts ab nach Oberohrn (1 Kilometer).

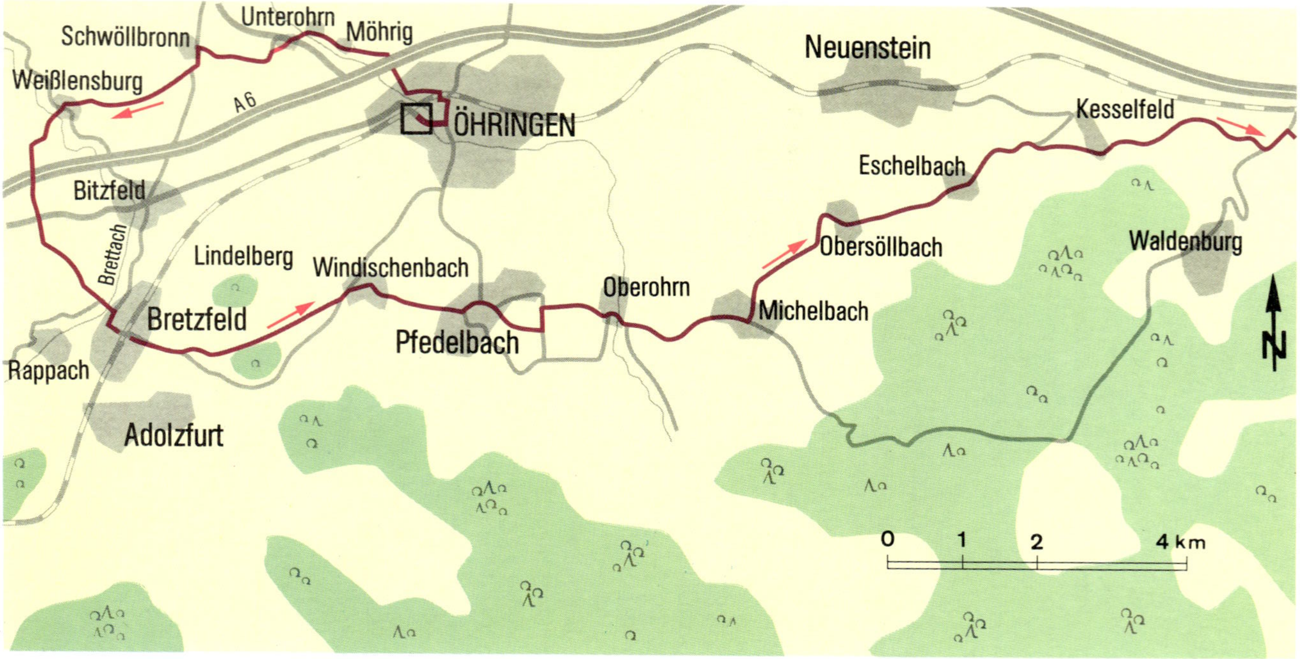
Schwöllbronn
Unterohrn
Möhrig
Neuenstein
Weißlensburg
A6
ÖHRINGEN
Kesselfeld
Eschelbach
Bitzfeld
Brettach
Lindelberg
Windischenbach
Obersöllbach
Waldenburg
Oberohrn
Bretzfeld
Michelbach
Pfedelbach
Rappach
Adolzfurt
N
0
1
2
4 km

N
Obermaßholderbach
Kleinhirschbach
Groß-
hirschbach
Emmertshof
Kirchensall
Langensall
Mangoldsall
Ulrichsberg
Ölmühle
B19
Kupferzell
Kupfer
Untermaßholderbach
Weinsbach
A 6
Löschenhirschbach
Belzhag
Neuenstein
Hesselbronn
Stegmühle
Eckartsweiler
Öhringen
Cappel
Eschelbach
Kesselfeld
Westernach
A6
B19
Untersöllbach
Obersöllbach
0
1
2
4 km
Pfedelbach
Michelbach

Auf der Hauptstraße von *Oberohrn* kurz nach rechts, dann links ab (»Michelbacher Straße«). Nach der Brücke fahren wir bei der *Wegegabel* nach links am Bach entlang weiter. In *Michelbach* folgt man der Hauptstraße nach links. Der Weiterweg auf der Landstraße nach *Obersöllbach* und *Eschelbach* ist bezeichnet.

In Eschelbach folgt man zunächst noch der Straße nach Waldenburg, biegt aber nach 1 Kilometer auf der Anhöhe in den für Kraftfahrzeug-Verkehr gesperrten *Landwirtschaftsweg* nach rechts ein! Immer geradeaus fahrend berührt man von Kesselfeld nur den südlichen Ortsrand und erreicht $1^1/_2$ Kilometer danach wieder die *Autostraße,* dieser folgt man nach rechts.

An der *Gaststätte* folgen wir der Vorfahrtstraße wenige hundert Meter nach links talwärts und biegen dann rechts ab! An der folgenden *Wegegabel* nach links halten, nach 500 Metern bei der Fabrik wieder rechts ab. Nach 1 Kilometer hält man sich nach links und erreicht *Westernach.* Beim Gasthaus »Lamm« nur kurz links, anschließend auf dem 6-t-Sträßchen nach rechts weiter.

Nach Unterquerung von Bundesstraße und Autobahn dem Quersträßchen nach rechts folgen und wenige hundert Meter vor Bauersbach auf dem parallel zu einem Graben verlaufenden Querweg nach links! Bei der *Stegmühle* geradeaus. Später auf der Vorfahrtstraße nur kurz nach rechts über die *Brücke,* dann wieder links ab und am Bach entlang nach *Kupferzell.*

Zu Tour 5 **Forchtenberg**
(Foto: Bürgermeisteramt Forchtenberg)

Auf der Hauptstraße von Kupferzell nach rechts; in Ortsmitte dem Wegweiser »Mangoldsall/Füßbach« nach links folgen. Nach $1^1/_2$ Kilometern der Vorfahrtstraße nach links ins nahe *Löschenhirschbach* folgen; hier auf der Hauptstraße nur wenige Meter nach links, dann rechts ab.

Beim *Emmertshof* geradeaus (d.h. die Vorfahrtstraße queren), ebenso in *Großhirschbach*. In *Kleinhirschbach* nach links; der Weiterweg nach Weinsbach ist ausgeschildert. Auch in *Weinsbach* zunächst links halten, dann dem Schild »Öhringen« folgen.

Nach gut 1 Kilometer überqueren wir nochmals eine vorfahrtberechtigte Straße, halten uns in *Untermaßholderbach* nach links und erreichen in wenigen Minuten wieder den Ausgangsort.

7 Willsbach – Waldbach – Schwabbach – Siebeneich – Langenbeutingen – Baumerlenbach – Ohrnberg – Friedrichsruhe – Steinsfürtle – Hirschbach – Neuenstein – Cappel – Öhringen – Verrenberg – Bretzfeld – Scheppach – Eschenau – Affaltrach – Willsbach

Tourenlänge 47 km.
Fahrzeit $4^1/_2$ Stunden.
Gesamte Steigung 430 m.
Wanderkarten Radwanderkarte Hohenlohekreis (1:50000) oder 1:50000 Blatt L 6922 Sulzbach an der Murr und L 6722 Öhringen.
Wissenswertes Schloß Friedrichsruhe und Neuenstein siehe jeweils Tour Nummer 3. – Öhringen siehe Tour Nummer 6.
Tourenbeschreibung Willsbach, ein Teilort der neuen Gemeinde Obersulm, liegt an der B 39, etwa 10 Kilometer östlich von Heilbronn. Parkplätze gibt es nördlich vom Ortskern, beim Sportheim am rechten Sulmufer oder noch etwas weiter nordöstlich, an der Abzweigung der »Raiffeisenstraße« in Richtung Öhringen.

Über die »Raiffeisenstraße« radeln wir nach Norden – die *Bahnlinie* unterquerend – zum Ort hinaus. Nach den *Aussiedlerhöfen* geht es rechts ab (»Hirschbergweg«) und an *Rebengelände* vorbei aufwärts zum Waldrand. Im Wald zunächst geradeaus, an der *Gabelung* nach 700 Metern halbrechts aufwärts, nach weiteren 600 Metern auf dem »Tiergartenweg« rechts.

Am Ende des Waldes geht es auf dem Feldweg nach Osten weiter und nach 600 Metern links über den Bach. In *Waldbach* erreicht man eine Vorfahrtstraße, der man nach links folgt. Im Ortskern auf der »Oststraße« weiter, am Ortsende in Richtung Bretzfeld/Rappach. 1/2 Kilometer nach dem Ortsende von Waldbach biegt man auf der Höhe des rechts im Tal liegenden Aussiedlerhofs nach links von der Straße ab und fährt auf dem *Feldweg* talwärts: unten zunächst nach links, vor dem kleinen *Sportfluggelände* nach rechts; wir kreuzen ein Sträßchen und radeln geradeaus den Berg hinauf. Später geht es über die *Autobahn* nach Schwabbach.

In *Schwabbach* der vorfahrtberechtigten »Schwabenstraße« nach links folgen und immer geradeaus auf der »Birkenstraße« am Sportplatz vorbei. An der *Feldwegkreuzung* (700 Meter seit Ortsende, wo rechts im Tal die Birken aufhören) wenden wir uns nach rechts und fahren – immer geradeaus – in das nahe Winzerdorf *Siebeneich.* Am Gasthaus »Blauer Bock« auf der »Beutinger Straße« nach links weiter; am Ortsende zunächst nicht (!) links hoch in die Weinberge, sondern erst an der nächsten Gabelung halblinks weiterfahren.

Bis Langenbeutingen müssen wir uns ständig geradeaus nach Norden halten. Am Langenbeutinger Sportplatz folgt man der Autostraße nach links ins Dorf hinein. In *Langenbeutingen* auf der Hauptstraße nach links (Richtung Neckarsulm), nach der Kirche halbrechts (Wegweiser »Möglingen/Baumerlenbach«).

Nach gut 3 Kilometern geht es auf der Hauptstraße von *Baumerlenbach* nur kurz nach links, dann biegt man nach rechts ab und erreicht nach 2 Kilometern *Ohrnberg.* Hier die Vorfahrtstraße queren und im Dorf nach rechts. Der Weiterweg über die *Heuholzhöfe* nach Friedrichsruhe ist beschildert.

In *Friedrichsruhe* trifft man beim Schloß auf eine Vorfahrtstraße, der man etwa 1 1/2 Kilometer nach rechts (Richtung Öhringen) folgt, dann zeigt uns das Schild »Neuenstein« den Weiterweg nach links; aber schon nach 1 Kilometer verläßt man die Straße und radelt auf schmalem Asphaltweg links abwärts nach *Steinsfürtle.* Auf der gegenüberliegenden Talseite geht es nach rechts, parallel zum Bach, weiter. In *Kleinhirschbach* nur kurz nach rechts, dann links ab nach *Großhirschbach;* hier biegt man nach rechts ab und erreicht nach 2 Kilometern die Stadt *Neuenstein.* Der »Öhringer Straße« nach rechts folgen. Nach 400 Metern auf dem 1,5-t-Weg (»Windmühle«) nach rechts von der Straße weg. Wir halten uns jetzt an die grünen Radwegtäfelchen: Es geht am Bach entlang (an Sportplatz und Kläranlage vorbei) über die *Bernhardtsmühle* (hier nach links, oben kurz vor der Straße auf dem Feldweg nach rechts) nach *Cappel.*

In Cappel auf der Hauptstraße einige hundert Meter nach rechts, dann nach links über die »Bachstraße« und die »Hornbergstraße«;

N
Möglingen
Ohrnberg
Kocher
Gochsen
Baumerlenbach
Heuholzhöfe
Kochersteinsfeld
Brettach
Langenbeutingen
Neudeck
Weißlensburg
A 6
Siebeneich
Bitzfeld
Schwabbach
Bretzfeld
Rappach
Dimbach
Flugplatz
Hof
Adolzfurt
Waldbach
Scheppach
WILLSBACH
Eschenau
0
1
2
4 km
B 39
Affaltrach

nach der Brücke rechts ab (»Felsenkeller«). An den *Sportanlagen* vorbei gelangen wir nach *Öhringen.* Weiterhin gilt die grüne Radwegmarkierung, das heißt, am Ortsanfang nach der Kirche nach links, dann wieder nach rechts. Bei der *Ampel* geradeaus (Richtung Heilbronn), später in die »Berliner Straße« nach links einbiegen!

Nach 1 1/2 Kilometern auf freiem Feld nach links, eine Vorfahrtstraße kreuzen und dem Schild »Golberg« folgen, aber nach 400 Metern rechts ab! Im Weinort *Verrenberg* auf der »Eichenstraße« weiter (also nicht nach rechts!).

Gut 1 Kilometer nach Verrenberg an der Abzweigung geradeaus abwärts und an dem kleinen See vorbei. Später auf dem Quersträßchen rechts ab nach *Bretzfeld:* Hier gleich nach der *Eisenbahnunterführung* nach links (»Bahnhofstraße«). Am südlichen Ortsrand unterqueren wir nochmals die Gleise, gleich danach folgt man dem Radweg nach rechts, weg von der Straße.

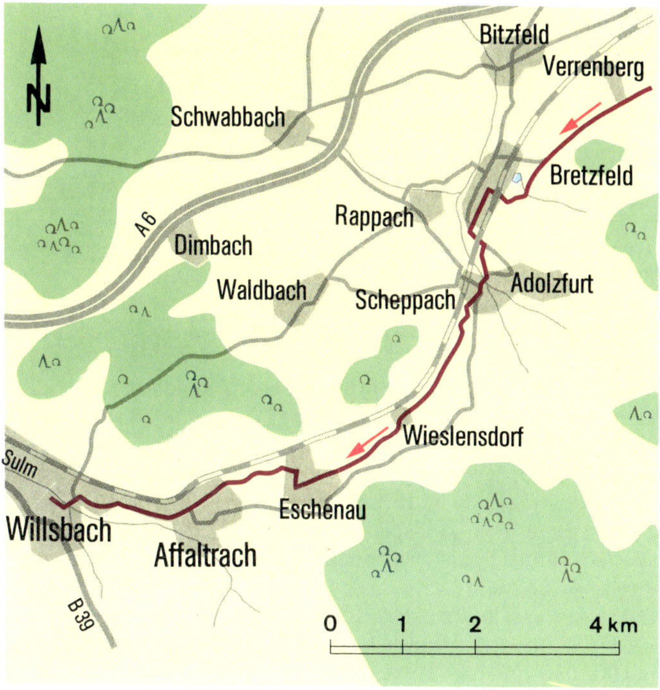

In *Scheppach* folgen wir zunächst der Beschilderung nach Waldbach (»Jahnstraße«), fahren dann aber über die »Badstraße« nach links weiter! Über *Wieslensdorf* (am Ortsende halblinks) gelangt man nach *Eschenau.* Hier auf der Hauptstraße nach rechts, nach dem *Sportplatz* nach links abbiegen (»Frankenstraße«)! Nach den letzten Häusern geradeaus halten (also links von der Bahnlinie bleiben).

In *Affaltrach* geht es beim Freibad kurz nach links über das Brücklein, am Ende des *Parkplatzes* wieder auf die andere Bachseite. Nach 600 Metern treffen wir im Ort auf die vorfahrtberechtigte Hauptstraße, dieser folgen wir ins nur noch 1½ Kilometer entfernte Willsbach.

8 Vellberg – Talheim – Großaltdorf – Unteraspach – Steinbächle – Wolpertshausen – Hohenberg – Hergershof – Geislingen – Enslingen – Münkheim – Gottwollshausen – Schwäbisch Hall – Steinbach – Hessental – Sulzdorf – Vellberg

Tourenlänge 49 km.
Fahrzeit 4 Stunden.
Gesamte Steigung 330 m.
Wanderkarten Rad- und Wanderkarte Landkreis Schwäbisch Hall (1:50000) oder 1:50000 Blatt L 6924 Schwäbisch Hall.
Wissenswertes Vellberg , 1102 erstmals urkundlich erwähnt, erhielt gegen Ende des 15. Jahrhunderts Stadtrechte. Bald gehörte es zum Territorium der Reichsstadt Hall und wurde mit dieser 1803 württembergisch. Lage und Aussehen des Städtchens auf einem Bergsporn oberhalb der Bühler sowie die wieder vollständig hergestellten Befestigungsanlagen (Mauern, Türme, Kasematten, Bastionen) sind einmalig in der näheren und weiteren Umgebung. – Auf benachbartem Bergrücken befindet sich die Stöckenburgkirche, eine der allerältesten Kirchen der Gegend, deren Gründung ins 5. Jahrhundert zurückgeht (merowingischer Königshof mit einer Kirche). Im Jahr 741 erhielt das neue Bistum Würzburg von König Karlmann die Stöckenburg als Geschenk. – Schwäbisch Hall siehe Tour Nummer 10. – Comburg (oberhalb Steinbach): Um das Jahr 1079 wurde das Benediktinerkloster Comburg (Groß-Comburg) gegründet, seit 1488 adliges Chorherrenstift, 1803 aufgehoben, seit 1947 Pädagogische Akademie. Die Klosterkirche St. Nikolaus, jetzt katholische Pfarrkirche, entstand in ihrem Gründungsbau als flachgedeckte Pfeilerbasilika. Der heutige Kirchenbau wurde nach Abbruch des romanischen unter leichter Verbreiterung und Belassung der drei Türme 1707–15 errichtet: eine langgestreckte Hallenkirche mit West-Querschiffen. Die bedeutendsten Stücke der Innenausstattung sind das romanische Antependium (eine mit vergoldetem Kupferblech überzogene Holztafel, Christus und die Apostel darstellend) und der ebenfalls aus dem 12. Jahrhundert stammende riesige Radleuchter (Durchmesser ca. 5 Meter) mit der Darstellung des himmlischen Jerusalem. – Auf der der Comburg benachbarten südlichen Anhöhe liegt das ehemalige Kloster Klein-Comburg: 1108 als Frauenkloster gegründet, Ende des 13. Jahrhunderts Männerkloster (Probstei von Groß-Comburg), seit 1684 Kapuzinerkloster, 1802 aufgehoben, seit 1877 Strafanstalt. Die romanische Klosterkirche ist im ur-

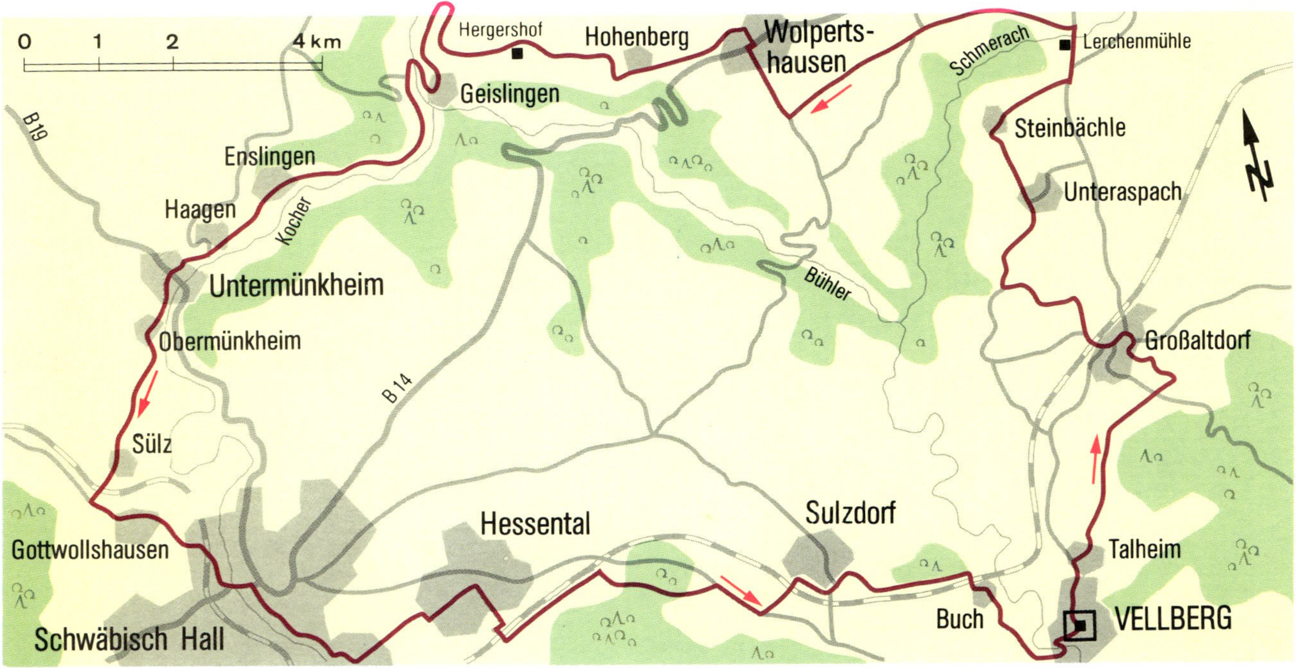
0
1
2
4 km
Hergershof
Hohenberg
Wolperts-
hausen
Schmerach
Lerchenmühle
Geislingen
B 19
Enslingen
Haagen
Kocher
Steinbächle
Unteraspach
Untermünkheim
Bühler
Obermünkheim
Großaltdorf
B 14
Sülz
Hessental
Sulzdorf
Talheim
Gottwollshausen
Buch
VELLBERG
Schwäbisch Hall

sprünglichen Zustand erhalten geblieben: eine flachgedeckte Säulenbasilika mit Querschiff, quadratischem Chor und Apsis.

Anmerkung Fahrradverleih in Vellberg über das Bürgermeisteramt.

Tourenbeschreibung Das alte Städtchen Vellberg liegt wenige Kilometer östlich von Schwäbisch Hall, an der Straße Hall – Ellwangen. Man parkt im Zentrum oder außerhalb direkt an der Stadtmauer. Über das Flüßchen *Bühler* radelt man in den benachbarten Stadtteil *Talheim.* Hier geht es auf der »Brunnenstraße« nach rechts weiter, dann nach links (»Kirschenhalde«) und am Ortsende bei der Möbelfabrik nochmals nach links. Die folgenden 3 Kilometer bis Großaltdorf hält man sich – immer geradeaus – an die Wegmarkierung »Schmetterling«.

In *Großaltdorf* fährt man zunächst nach rechts, gelangt an der *Kirche* vorbei und verläßt den Ort in Richtung Schwäbisch Hall. Nach der Bahnlinie nach rechts abbiegen und auf gutem Flursträßchen an dem *Aussiedlerhof* vorbei bis zur Kreuzung nach 600 Metern fahren; jetzt nach links halten und nach 1/2 Kilometer in der kleinen Senke nach rechts abwärts radeln. Auf der Landstraße hält man sich rechts.

In *Unteraspach* fahren wir – nach kurzem Rechts- und Linksknick – geradeaus nach Norden weiter (also nicht der »Klingen-

Zu Tour 8 **Vellberg**
(Foto: Ulrich Schnabel)

straße« nach rechts in den Ort hinein folgen, aber auch nicht links ab!). In *Steinbächle* folgen wir der »Brübelgasse« nach rechts. Nach 1½ Kilometern geht es auf der Vorfahrtstraße knapp 1 Kilometer nach links weiter; 200 Meter nach der *Lerchenmühle* biegen wir nach links ab und fahren auf schmalem, aber gutem Flursträßchen weiter.

Südlich von Rudelsdorf befährt man für wenige hundert Meter ein etwas breiteres Sträßchen, dann geht es jedoch wieder auf schmalem Weg (10 t) nach halbrechts weiter. Nach 2 Kilometern erreichen wir – kurz vor dem Wald – eine *Landstraße,* auf ihr geht es nach rechts in das gut 1 Kilometer entfernte Dorf *Wolpertshausen.* Hier auf der Hauptstraße nur ganz kurz nach rechts, dann auf der »Raiffeisenstraße« nach links weiter und nach 300 Metern nochmals links ab.

In westlicher Richtung kommen wir zum Weiler *Hohenberg:* am Ortsanfang geradeaus halten, nach 300 Metern rechts hoch und der Straße oben nach links folgen. Bald durchradeln wir den *Hergershof* und erreichen – zweimal die Autobahn unterquerend – *Geislingen* im Kochertal.

Wir halten uns zunächst an den Wegweiser »Braunsbach«, fahren dann jedoch nach links weiter in Richtung Untermünkheim! Über *Enslingen* und *Haagen* geht es auf etwas stärker befahrener Straße nach *Untermünkheim.* Hier überquert man die B 19 und radelt geradeaus weiter nach *Obermünkheim,* wo man dem beschilderten Weg zum Lindenhof nur 100 Meter nach links folgt, um dann das Stahlroß steil nach rechts aufwärts zu schieben (»Sülzer Weg«). Am Weiler *Sülz* vorbei geht es auf der Vorfahrtstraße nach links weiter.

Wir durchfahren das Dorf *Gottwollshausen* nicht in ganzer Länge, sondern halten uns gegen Ortsende in der Rechtskurve geradeaus! Über die Straße »Riegeläcker« geht es allmählich hinunter nach *Schwäbisch Hall.*

Man überquert vorsichtig die stark befahrene Bundesstraße und radelt am »Hotel Hohenlohe« vorbei geradeaus durch das alte »Weilertor«, dann geht es nach links über den Kocher. Wir erreichen die Fußgängerzone, steigen ab und schieben das Rad die »Neue Straße« hinauf bis zur Michaelskirche; dann nach rechts halten und an der »Löwen-Apotheke« vorbei durch die »Obere Herrengasse« (Einbahnstraße, deshalb weiterhin schieben!). (Man kann zu Beginn der Fußgängerzone auch der »Schwatzbühlgasse« nach rechts folgen und später auf der »Unteren Herrengasse« die Altstadt verlassen.)

Bis zum Stadtteil *Steinbach* unterhalb der Comburg geht es strikt geradeaus, das heißt vor der Kocherbrücke auf der »Unterlimpurger Straße« halblinks weiterradeln. Unterhalb der Comburg halten wir uns in *Steinbach* nach links aufwärts (roter Balken); nach 300 Metern geht es – ab jetzt ohne Markierung – auf der »Alten Hessentaler Straße« (6 t) nach links weiter.

Am Ortsanfang von *Hessental* fahren wir am Friedhof nach rechts und dann in den Ort hinein. Man hält sich so lange geradeaus, bis man auf der linken Straßenseite ein *Getränkedepot* und anschließend ein *Transformatorenhäuschen* erreicht: Hier nach rechts abbiegen (1,5 t), am Ende der Siedlung auf dem Landwirtschaftsweg geradeaus weiter. An der Bahnlinie kurz nach rechts, dann die Gleise überqueren und nach links an den *Gleisen* entlang.

300 Meter nach der Zufahrt zur rechter Hand liegenden Mülldeponie halten wir uns nach rechts, gelangen im Wald an der *Schießanlage* vorbei und radeln nach 1 Kilometer auf dem Parallelweg zur Autostraße weiter bis zum Gehöft »*Schwarze Lache*«. Jetzt geht es nach links unter die Straße hindurch.

Am Ortsanfang von *Sulzdorf* radelt man – nach der Eisenbahnunterführung – auf der »Jahnstraße« nach rechts, später auf dem vorfahrtberechtigten »Herdweg« nach links und folgt dann dem Wegweiser »Buch« nach rechts. Nach 2$^1/_2$ Kilometern durchradelt man den Weiler *Buch* und befindet sich nach weiteren 2 Kilometern wieder am Ausgangspunkt.

Zu Tour 8 **Untermünkheim, Rößlerhaus**
(Foto: Ulrich Schnabel)

9 Schwäbisch Hall – Gottwollshausen – Gailenkirchen – Wittighausen – Kupfer – Beltersrot – Löcherholz – Untermühle – Waldenburg – Neumühle – Rinnen – Heimbach – Schwäbisch Hall

Tourenlänge 30 km.
Fahrzeit 2½ Stunden.
Gesamte Steigung 350 m.
Wanderkarten Rad- und Wanderkarte Landkreis Schwäbisch Hall (1:50000) oder Radwanderkarte Hohenlohekreis (1:50000) oder 1:50000 Blatt L 6924 Schwäbisch Hall und L 6922 Sulzbach an der Murr.
Wissenswertes Schwäbisch Hall siehe Tour Nummer 10. – Waldenburg entstand um eine in der Stauferzeit erbaute Burg, deren Bergfried noch heute herausragender Bestandteil des Schlosses (16.–18. Jahrhundert) derer von Hohenlohe-Waldenburg ist. Im Schloß befindet sich ein Siegelmuseum mit Sammlungen zur Geschichte des Urkundensiegels sowie hohenlohischer Münzen und Medaillen. Der auf dem nördlichen Sporn der Waldenburger Berge gelegene Ort bekam 1330 die Stadtrechte. Die Befestigungsanlagen sind größtenteils erhalten beziehungsweise wiederaufgebaut, nachdem die Amerikaner die Stadt im Frühjahr 1945 fast völlig zerstört hatten. Seit 1972 ist Waldenburg im Besitz des Prädikats »Staatlich anerkannter Luftkurort«.
Anmerkung Fahrradverleih am Bahnhof Schwäbisch Hall und durch das Städtische Verkehrsamt Waldenburg.

Tourenbeschreibung Vom Schwäbisch Haller Bahnhof geht es in nördlicher Richtung über die »Katharinenstraße« bis zur B 14/19; auf dieser wenige hundert Meter nach rechts abwärts, beim »Hotel Hohenlohe« absteigen, die Bundesstraße vorsichtig überqueren und die »Gottwollshäuser Steige« hinauf. In *Gottwollshausen* immer geradeaus, am Ortsende rechts ab (Wegweiser »Sülz«). Gleich nach Überfahren der Bahnlinie nach links abbiegen; die folgenden 1½ Kilometer bleiben wir auf dem parallel zur Bahn verlaufenden Landwirtschaftsweg und erreichen dann wieder die Straße.

In *Gailenkirchen* bei der Kirche geradeaus (»Brübelstraße«). Nach 500 Metern an der Gabelung geradeaus beziehungsweise halblinks hoch (6 t), an der folgenden Wegegabel abermals nach links. Ständig geradeaus durchradeln wir nach 1½ Kilometern *Wittighausen* (hier weiter in Richtung Übrigshausen) und fahren nach gut 1 Kilometer – bevor die Straße die Hochspannungsleitung

Westernach
N
Untermühle
Löcherholz
Waldenburg
B19
Hohenau
Kupfer
Beltersrot
Übrigshausen
Neumühlesee
Campingplatz
Wittighausen
Gailenkirchen
Obermünkheim
Untermünkheim
Winterrain
Rinnen
Kocher
Gnadental
Gottwollshausen
Heimbach
B14
0
1
2
4 km
SCHWÄBISCH HALL

unterquert – geradeaus(!) auf dem 6-t-Sträßchen weiter (also westlich der Hochspannungsleitung).

Auf der Vorfahrtstraße hält man sich nach links und durchradelt die Dörfer *Kupfer* und *Beltersrot.* Am Ortsende von Beltersrot rechts ab (Schild »Löcherholz«). Nach 1 Kilometer bei der Mülldeponie geradeaus weiter (6 t)! Kurz nacheinander gelangt man durch die Weiler *Löcherholz* und *Untermühle.* Nach der Untermühle schieben wir das Stahlroß den Feldweg geradeaus hoch (Wegmarkierung »39«) nach *Waldenburg.*

In Waldenburg folgen wir der Hauptstraße nach Südwesten (Richtung Obersteinbach). Am Waldrand verläßt man die Straße und folgt gleich dem ersten Weg nach links in den Wald (Wegmarkierung »32, 33«). Nach 2 Kilometern trifft man auf eine Asphaltstraße, auf ihr geht es nach links abwärts zum *Neumühlesee* (Badesee und Campingplatz). Erst nach dem rechter Hand liegenden *Sägewerk* biegen wir nach rechts ab und halten uns – an den Wanderparkplätzen vorbei – auf dem Waldweg (Markierungen »35, 36, 37«) nach Süden.

Nach 2 Kilometern geht es auf dem Asphaltsträßchen nach links weiter; man durchradelt das nahe Gehöft *Winterrain.* Nach 1½ Kilometern hält man sich beschilderungsgemäß nach links den Hang hinauf in das knapp 2 Kilometer entfernte Dörfchen *Rinnen.*

Zu Tour 8, 9, 10, 49, 50 **Schwäbisch Hall**
(Foto: Ulrich Schnabel)

Man hält sich nun ständig geradeaus beziehungsweise im Wald immer auf dem für Kraftfahrzeug-Verkehr freigegebenen Asphaltweg. An schönen *Rastplätzen* vorbei gelangen wir nach wenigen Kilometern erholsamer Waldfahrt hinunter an die B 14, der wir 400 Meter nach links folgen; dann geht es rechts ab (»Robert-Bosch-Straße«).

Nach 300 Metern auf dem für Kraftfahrzeuge gesperrten Weg nach links, anschließend nochmals nach links und auf der »Heimbacher Dorfstraße« nach rechts. An der stark befahrenen B 19 muß man unbedingt absteigen, um sie zu überqueren. Auf der gegenüberliegenden Seite hält man sich nach links (noch schiebend, da der fahrende Verkehr nur geradeaus darf!) und fährt auf der »Rollhofsteige« weiter (später mit starkem Gefälle!), über die »Alte Reifensteige« nach links, unter die Bahnlinie hindurch, dann wenige Meter nach rechts zum *Bahnhof*.

10 Schwäbisch Hall – Gottwollshausen – Gailenkirchen – Wittighausen – Kupfer – Westernach – Belzhag – Mangoldsall – Öhringen – Oberohrn – Baierbach – Harsberg – Renzen – Untersteinbach – Schuppach – Neunkirchen – Kiesberg – Schwäbisch Hall

Tourenlänge 54 km. **Fahrzeit:** 5½ Stunden.
Gesamte Steigung 500 m.
Wanderkarten Radwanderkarte Hohenlohekreis (1:50000) oder 1:50000 Blatt L 6924 Schwäbisch Hall, L 6724 Künzelsau, L 6722 Öhringen und L 6922 Sulzbach an der Murr.
Wissenswertes Schwäbisch Hall – bereits im 11. Jahrhundert urkundlich erwähnt – wurde an einer schon in keltischer Zeit ausgebeuteten Salzquelle erbaut. Ein halbes Jahrtausend war Hall Freie Reichsstadt, bis es zu Beginn des 19. Jahrhunderts an Württemberg kam. Der in der Münzprägestätte Hall hergestellte »Heller« wurde ein weit verbreitetes Zahlungsmittel des südlichen und mittleren Deutschlands. Neben der Salzsiederei waren Herstellung und Handel mit Tuch und Wein sehr gewinnbringend für das Bürgertum. – Sehenswert ist die Gesamtheit des mittelalterlichen Stadtbildes, insonderheit jedoch die Michaelskirche (Romanik/Gotik) mit der prächtigen Freitreppe von 1507, das benachbarte Rathaus, eines der schönsten deutschen Rathäuser des Barock, und der

Marktbrunnen aus dem Jahre 1509. – Im Stadtteil Steinbach – knapp 2 Kilometer südöstlich von der Altstadt – steht das romanische ehemalige Benediktinerkloster Comburg mit gut erhaltener weiträumiger Gesamtanlage und der besonders reichhaltig ausgestatteten Stiftskirche St. Nikolaus. –
Öhringen siehe Tour Nummer 6.

Anmerkung Fahrradverleih am Bahnhof Schwäbisch Hall.

Tourenbeschreibung Wir radeln vom Bahnhof nach Norden, das heißt auf der »Katharinenstraße« bis zur B 14/19, der man nur wenige hundert Meter nach rechts hinunter folgt. Beim »Hotel Hohenlohe« absteigen, die Bundesstraße vorsichtig überqueren und die »Gottwollshäuser Steige« hinauf. In *Gottwollshausen* immer geradeaus, am Ortsende beim Wegweiser »Sülz« rechts ab und sofort nach Überqueren der Bahnlinie nach links abbiegen. Die nächsten 1½ Kilometer Wegstrecke bleiben wir auf dem Parallelweg zu den Gleisen und treffen dann wieder auf die Straße.

In *Gailenkirchen* bei der Kirche geradeaus (»Brübelstraße«)! Nach 500 Metern geht es an der Gabelung halblinks hoch (6 t), an der nächsten Wegegabel abermals nach links. Immer geradeaus durchfährt man nach 1½ Kilometern *Wittighausen* (hier weiter in Richtung Übrigshausen) und hält sich nach gut 1 Kilometer – noch vor der Hochspannungsleitung – geradeaus (6 t)!

Wir folgen später der Vorfahrtstraße nach links ins Dorf *Kupfer*. Hier geht es vor der Unterführung auf der »Bahnhofstraße« nach rechts, beim Bahnhof nochmals nach rechts. 500 Meter nach dem Ortsende auf dem parallel zu dem Graben verlaufenden Flursträßchen nach rechts weiter. In *Westernach* bei der Tankstelle nach links, am Gasthaus »Lamm« geradeaus.

1 Kilometer nach Westernach geht es nach rechts unter die Autobahn hindurch. Nach wenigen Minuten quert man ein Bahngleis und fährt an dieser Kreuzung geradeaus. Nach einem weiteren Kilometer gelangt man durch eine Unterführung und hält sich dann – kurz vor Belzhag – links.

In *Belzhag* ständig geradeaus halten und auf gutem Landwirtschaftsweg am Bächlein Sall entlang nach *Mangoldsall* radeln. Hier auf der Vorfahrtstraße wenige Meter nach rechts, dann dem Wegweiser »Langensall« nach links folgen. Gegen Ortsende geht es auf dem 6-t-Sträßchen nach links, später auf dem Höhenrücken nach rechts weiter. Wir folgen nach 1½ Kilometern der Vorfahrtstraße nach links ins nahe *Löschenhirschbach;* hier auf der Hauptstraße nur wenige Meter nach links, dann rechts abbiegen.

Immer geradeaus gelangt man über *Emmertshof* und *Großhirschbach* nach *Kleinhirschbach;* hier hält man sich nach links. Der Weiterweg nach Weinsbach ist ausgeschildert. Auch in *Weins-*

Langensall
Mangoldsall
Sall
Belzhag
Kupferzell
N
Wüchern
Kesselhof
A6
Westernach
B19
Beltersrot
Übrigshausen
Kupfer
Wittighausen
Gailenkirchen
Wackershofen
Sülz
Gottwollshausen
B14
Bhf.
0
1
2
4 km
SCHWÄBISCH HALL

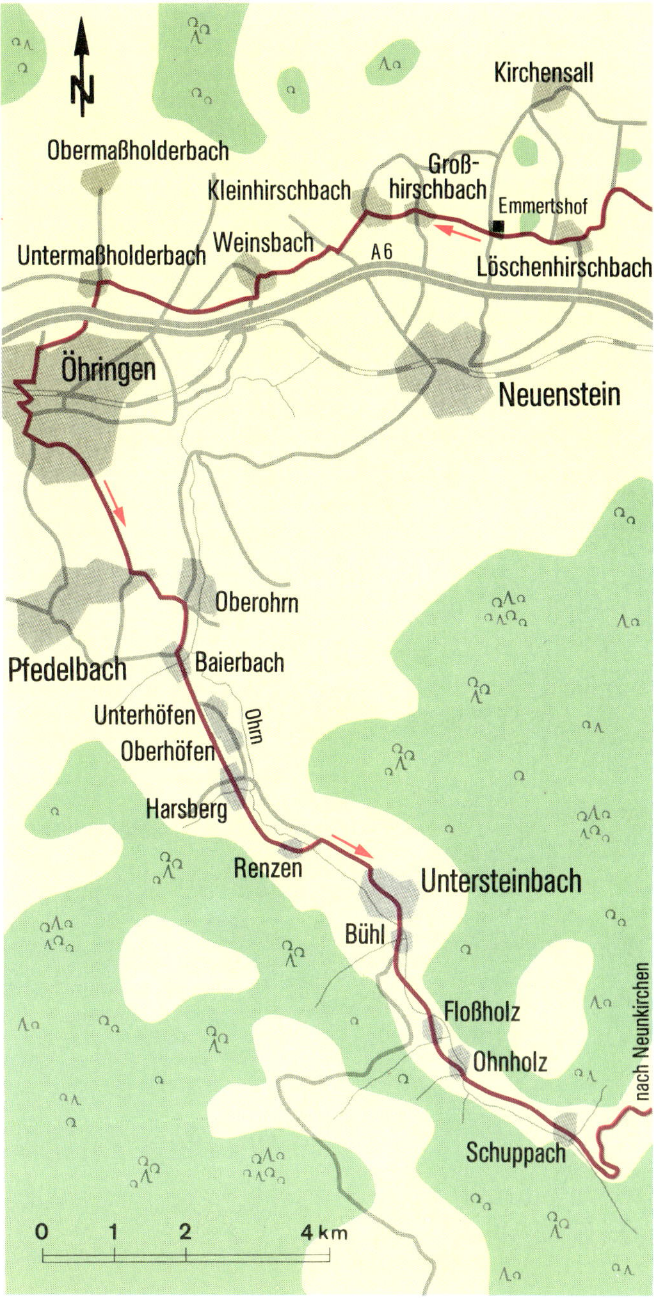

N
Kirchensall
Obermaßholderbach
Kleinhirschbach
Groß-
hirschbach
Emmertshof
Weinsbach
A 6
Untermaßholderbach
Löschenhirschbach
Öhringen
Neuenstein
Oberohrn
Baierbach
Pfedelbach
Unterhöfen
Ohrn
Oberhöfen
Harsberg
Renzen
Untersteinbach
Bühl
Floßholz
Ohnholz
nach Neunkirchen
Schuppach
0
1
2
4 km

bach zunächst nach links halten, dann dem Wegweiser »Öhringen« folgen. Nach gut 1 Kilometer quert man nochmals eine Vorfahrtstraße und hält sich in *Untermaßholderbach* links.

In *Öhringen* geht es nach links über die Bahnlinie und über die »Kottmannstraße«, »Hafenmarkt« (nach rechts), »Rathausstraße« und »Altstadt« durch den Stadtkern nach Süden. Nach der Ohrnbrücke folgt man der »Uhlandstraße« nach links und hält sich bei der abknickenden Vorfahrt geradeaus; später folgt man dem »Nußbaumweg«.

1½ Kilometer nach den letzten Häusern von Öhringen berührt man das Neubaugebiet von Pfedelbach: Hier verlassen wir die Markierung »roter Balken« und radeln halblinks weiter (nun Markierung »rotes Kreuz«). Auf der Hauptstraße von *Oberohrn* nach rechts halten und wenige Minuten später *Baierbach* durchradeln.

300 Meter nach Baierbach verläßt man die Straße, die hier (kurz vor Unterhöfen) leicht nach links führt und radelt geradeaus (rotes Kreuz)! Auch in *Harsberg* und *Renzen* geradeaus fahren; kurz hinter Renzen nach links über die Ohrn und anschließend auf der Autostraße rechts.

Auf der Straße durch das Ohrntal gelangen wir über *Untersteinbach, Bühl* und *Floßholz* nach *Schuppach,* dann führt die Straße hinauf auf die Hochfläche der Waldenburger Berge. In der Ortsmitte von *Neunkirchen* geradeaus (Richtung Witzmannsweiler); 500 Meter nach dem Ortsende fährt man in der Rechtskurve der Straße auf dem für Kraftfahrzeuge gesperrten Feldsträßchen geradeaus weiter! Nach 1 Kilometer geht es nach links in den Wald hinein (Holzwegweiser des »Radwegs Hall – Mainhardt« beachten: Das Schild »Hall« weist den richtigen Weg hinunter ins Tal)!

Nach dem Gehöft *Baierbach* queren wir die Vorfahrtstraße im Tal und radeln über den *Koppelinshof* (hier nach rechts), am *Bürkhof* vorbei nach *Kiesberg,* wo man am Ortsanfang der »Schönwaldstraße« nach links aufwärts folgt; am Friedhof entlang erreicht man den Waldrand, später geht es nach rechts zur B 14.

Zu Tour 11 **Ilshofen, Torturm in Ilshofen**
(Foto: Bürgermeisteramt Ilshofen)

Die Markierung »rotes Kreuz« zeigt uns den Weiterweg: Die Bundesstraße queren, nach 200 Metern im *Industriegebiet* nach links; die »Robert-Bosch-Straße« kreuzen und auf dem für Kraftfahrzeuge gesperrten Weg geradeaus weiter. Anschließend nach links, dann auf der »Heimbacher Dorfstraße« nach rechts.

An der stark befahrenen B 19 unbedingt absteigen, bevor man sie überquert! Auf der gegenüberliegenden Seite hält man sich nach links (allerdings noch schiebend, da der fahrende Verkehr nur geradeaus darf!) und fährt auf der »Rollhofsteige« weiter; später geht es steil abwärts. Auf der »Alten Reifensteige« nach links, unter die Bahnlinie hindurch und anschließend wenige Meter nach rechts zum *Bahnhof* zurück.

11 Ilshofen – Dörrmenz – Leofels – Elpershofen – Großforst – Hürden – Bächlingen – Oberregenbach – Unterregenbach – Laßbach – Zottishofen – Orlach – Brachbach – Haßfelden – Wolpertshausen – Ilshofen

Tourenlänge 43 km.
Fahrzeit 4 Stunden.
Gesamte Steigung 400 m.
Wanderkarten Rad- und Wanderkarte Landkreis Schwäbisch Hall (1:50000) oder 1:50000 Blatt L 6924 Schwäbisch Hall und L 6724 Künzelsau.
Wissenswertes Ilshofen bekam 1330 die Rechte einer Stadt. Der Haller Torturm aus dem Jahr 1609 stammt von der ehemaligen Befestigung. Im April 1945 wurde das Städtchen – ähnlich wie das unweit gelegene Waldenburg – zum Großteil zerstört. – In Leofels steht die Ruine einer spätstaufischen Reichsburg. Gut erhalten ist der zweigeschossige Palas mit frühgotischen Fenstern, deren Kapitelle an italienische Beispiele erinnern. – Unterregenbach hat im alten Schulhaus ein Grabungsmuseum mit Fundstücken aus den Grabungen an einer vermutlich dreischiffigen Basilika aus der Karolingerzeit (Krypta der Kirchenanlage unter dem Pfarrhaus).
Tourenbeschreibung Der Ausgangsort Ilshofen liegt an der B 14 zwischen Schwäbisch Hall und Crailsheim. Von der Stadtmitte bei der *Kirche* halten wir uns nach Norden (»Mauerstraße«/Wegweiser »Evangelisches Gemeindehaus«). Am nördlichen Stadtrand geht es vor dem Kraftfahrzeug-Betrieb nach rechts hoch über die B 14 hinweg. Anschließend unterquert man die *Autobahn* und ra-

Unterregenbach
Falkenhof
Laßbach
Oberregenbach
Schloß
Langenburg
Gerabronn
Jagst
Bächlingen
Michelbach
Jagst
Zottishofen
Hürden
Großforst
Nesselbach
Elpershofen
Kleinforst
Morstein
Orlach
Niedersteinach
Dünsbach
Hessenau
Obersteinach
Brachbach
Leofels
Altenberg
Dörrmenz
Ruppertshofen
Hörlebach
Haßfelden
A 6
B 14
Rudelsdorf
ILSHOFEN
Wolperts hausen
Lerchenmühle
Reinsberg
Eckartshausen
Oberaspach
0
1
2
4 km
N

delt auf ruhigem Nebensträßchen geradeaus nach *Dörrmenz* (3 Kilometer). Auch innerhalb des Dorfes geradeaus halten (Richtung Leofels), am Ortsende jedoch, wo die Straße nach links ansteigt, über den 6-t-Landwirtschaftsweg geradeaus weiter. 200 Meter nach dem letzten Haus geht es an dem kleinen *Wäldchen* nach links hoch. Man durchfährt bald darauf ein Waldstück und trifft anschließend wieder auf die *Straße,* der man nach rechts ins nahe Leofels folgt.

In *Leofels* biegt man nach rechts ab und radelt ins Jagsttal hinunter. Nach 3 Kilometern in *Elpershofen* nach rechts über die Jagstbrücke und gleich darauf links ab, das heißt, jetzt auf der rechten Flußseite weiter. Über *Großforst* und *Hürden* erreicht man *Bächlingen.* Wir bleiben im Tal, fahren also geradeaus weiter (Richtung Mulfingen).

In *Oberregenbach* geht es nach links über die Brücke und gleich danach wieder rechts ab ins nahe *Unterregenbach.* Wir folgen nach der Kirche dem Weg (Wanderweg nach Laßbach) nach links in das Seitental hinein; nach wenigen hundert Metern beschreibt der Feldweg eine Linkskurve und steigt bald danach stärker an. Beim *Falkenhof* – er bleibt rechts liegen – kann man sich wieder in den Sattel schwingen.

In *Laßbach* erreicht man eine Vorfahrtstraße, die man überquert und anschließend auf dem für Kraftfahrzeuge gesperrten Feldweg weiterfährt. Nach 500 Metern an der Gabelung nach links halten und am Waldrand entlang hinunter in das *Bachtal.* Auf der anderen Seite des Bächleins nach rechts, anschließend – jetzt wieder auf befestigtem Weg – links hoch bis zur Straße, der wir noch 200 Meter nach rechts folgen, um dann nach links abzubiegen. Nach 3 Kilometern durchradelt man das Dorf *Zottishofen,* nach weiteren 2 Kilometern ist man in *Orlach.*

In Orlach nach dem Rathaus nach links abbiegen (Straße nach Gerabronn)! 1 Kilometer nach *Niedersteinach* rechts ab ins nahe *Brachbach.* Auch hier halten wir uns nach rechts. Südwärts geht es nun weiter über *Haßfelden* nach *Wolpertshausen* (an der Linkskurve vor Wolpertshausen auf dem Feldweg geradeaus, nach 400 Metern nach links in den Ort, auf der Hauptstraße nur kurz nach rechts). Wir folgen der »Reinsberger Straße« nach links (Richtung Unterscheffach).

Nach gut 1 Kilometer biegen wir auf der Anhöhe in das von Birken gesäumte 10-t-Feldsträßchen nach links ein. Um nach Ilshofen zurückzugelangen, muß man ab jetzt nur noch ständig geradeaus fahren (Rudelsdorf und die B 14 bleiben links liegen; bei der Lerchenmühle die Vorfahrtstraße queren)!

12 Kirchberg/Jagst – Weckelweiler – Beimbach – Gerabronn – Ludwigsruhe – Billingsbach – Herrentierbach – Hirschbronn – Mäusberg – Ochsental – Mulfingen – Heimhausen – Berndshofen – Buchenbach – Eberbach – Regenbach – Bächlingen – Elpershofen – Hessenau – Diembot – Eichenau – Kirchberg

Tourenlänge 60 km.
Fahrzeit 5 1/2 bis 6 Stunden.
Gesamte Steigung 500 m.
Wanderkarten Rad- und Wanderkarte Landkreis Schwäbisch Hall (1:50000) oder 1:50000 Blatt L 6724 Künzelsau.
Wissenswertes Kirchberg erhielt 1373 die Stadtrechte. 1398 kam es (wie das benachbarte Ilshofen) an die Reichsstädte Hall, Dinkelsbühl und Rothenburg, 1562 an die Grafen von Hohenlohe. Von 1591 bis zum Aussterben der Linie Hohenlohe-Kirchberg im Jahr 1861 war Kirchberg Residenzstadt. 1806 bayerisch, seit 1810 württembergisch. Das barocke Schloß – es dient heute als Altersheim – steht an der Stelle der abgebrochenen Burg aus dem 13. Jahrhundert. Der runde, steil aufragende Stadtturm ist fast 600 Jahre alt. – Die Stadt Gerabronn war bis 1938 Sitz eines der flächenmäßig größten württembergischen Oberämter. Der Ort wurde

Zu Tour 12, 14, 49 **Kirchberg an der Jagst**
(Foto: Ulrich Schnabel)

1810 württembergisch, nachdem er zuvor bayerisch, preußisch und gräflich-hohenlohisch war. – Unterregenbach siehe Tour Nummer 11.

Tourenbeschreibung Das Städtchen Kirchberg liegt an der Jagst, 10 Kilometer nordwestlich von Crailsheim. Von der hochgelegenen Altstadt radeln wir auf der nach Rothenburg führenden Straße hinunter ins Jagsttal. Nach der Brücke biegt man nach links ab und fährt auf bezeichneter Straße nach *Weckelweiler;* hier kurz nach rechts, dann wieder nach links und immer geradeaus weiter ins 3 Kilometer entfernte Dorf *Beimbach.*

Man durchfährt Beimbach in ganzer Länge und gelangt hinunter ins Brettachtal; anschließend steigt die Straße so steil an, daß man die folgenden 400 Meter Wegstrecke schieben muß. Dann geht es am Waldrand weg von der Straße, das heißt, auf dem Feldweg nach links! Bald passieren wir den *Himmelreichshof* und radeln geradeaus (!) weiter nach Westen.

In *Gerabronn* geradeaus (Richtung Langenburg), jedoch nach dem Stadttor dem »Lindenbronner Weg« nach rechts folgen! Nach 1½ Kilometern an der Feldwegkreuzung geradeaus. Nach einem weiteren Kilometer passiert man das Gehöft *Ludwigsruhe* und erreicht nach 500 Metern eine Vorfahrtstraße. Wir queren diese Straße und radeln auf unbefestigtem, aber für Kraftfahrzeuge freigegebenen Fahrweg durch den Brüchlinger Wald (Wegweiser »Brüchlingen« beachten).

Am Ende des Waldes (nach etwa 3½ Kilometern) an dem Wanderparkplatz nach rechts halten, das heißt, Brüchlingen links liegen lassen, unten auf dem Quersträßchen nochmals nach rechts. Im Tal passiert man die *Hertensteiner Mühle* (Gasthaus) und gelangt anschließend hinauf nach *Billingsbach;* hier folgt man zunächst der Straße nach Erpfersweiler/Lentersweiler, biegt jedoch am Billingsbacher Ortsende – noch vor der Ortstafel – in den befestigten *Feldweg* nach links ein. Immer geradeaus gelangt man nach knapp 3 Kilometern ins benachbarte Dorf *Herrentierbach.*

In der Ortsmitte von Herrentierbach biegen wir nach links ab (Straße nach Ettenhausen/Bartenstein). An der Straßengabel auf freiem Feld hält man sich nach rechts und bleibt nur noch knapp 1 Kilometer auf der Straße nach Bartenstein. Wo diese Straße eine leichte Rechtskurve beschreibt, fahren wir geradeaus (!) auf befestigtem Flursträßchen weiter. Nach 500 Metern kreuzen wir die Autostraße und radeln geradeaus – am Waldrand entlang – weiter.

Nach 1 Kilometer tritt der Wald zurück und eröffnet einen herrlichen Ausblick auf Schloß und Residenzstadt Bartenstein. Wir halten uns jedoch nach links und radeln auf bezeichneter Straße über *Hirschbronn, Mäusberg* und *Ochsental* hinunter ins Jagsttal

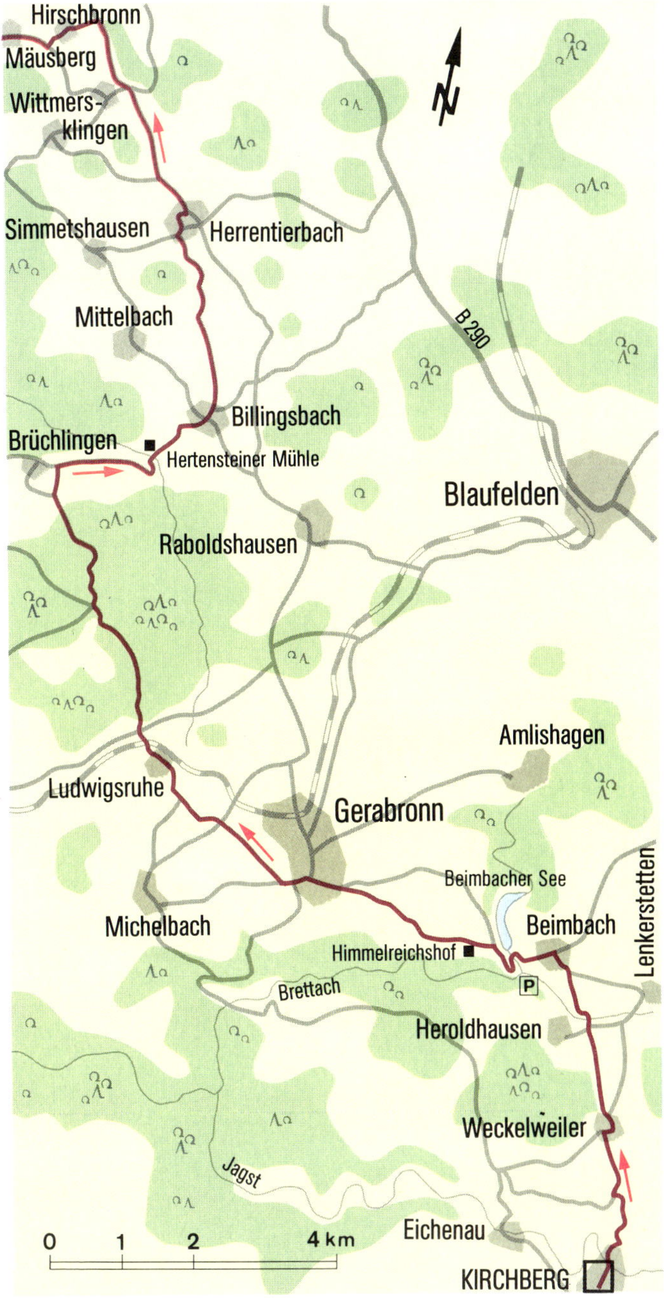
Hirschbronn
Mäusberg
Wittmers-
klingen
Simmetshausen
Herrentierbach
Mittelbach
B 290
Billingsbach
Brüchlingen
Hertensteiner Mühle
Blaufelden
Raboldshausen
Amlishagen
Ludwigsruhe
Gerabronn
Beimbacher See
Lenkerstetten
Beimbach
Michelbach
Himmelreichshof
P
Brettach
Heroldhausen
Weckelweiler
Jagst
Eichenau
0
1
2
4 km
KIRCHBERG

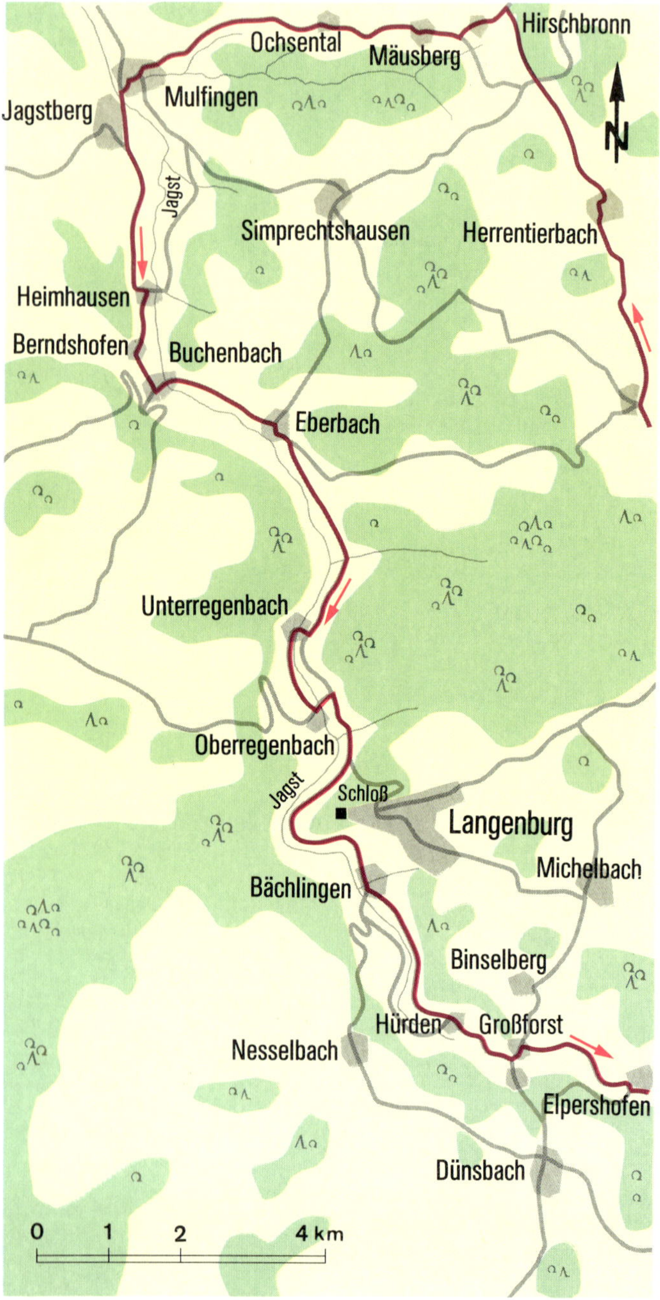

Hirschbronn
Ochsental
Mäusberg
Mulfingen
Jagstberg
N
Jagst
Simprechtshausen
Herrentierbach
Heimhausen
Berndshofen
Buchenbach
Eberbach
Unterregenbach
Oberregenbach
Jagst
Schloß
Langenburg
Michelbach
Bächlingen
Binselberg
Hürden
Großforst
Nesselbach
Elpershofen
Dünsbach
0 1 2 4 km

nach *Mulfingen.* Hier folgt man der Straße nach Künzelsau und überquert die Jagst. Nach 1 Kilometer verlassen wir die Autostraße schon wieder, indem wir uns in der Spitzkehre geradeaus (!) halten und auf gutem Asphaltweg nach 2 Kilometern (später links abwärts) *Heimhausen* erreichen.

In Heimhausen nach dem Gasthaus »Lamm« scharf rechts ab und auf ausgeschilderter Straße weiter jagstaufwärts über *Berndshofen, Buchenbach, Eberbach, Unter-* und *Oberregenbach* nach *Bächlingen* (in Unterregenbach kann man über die gedeckte Holzbrücke aufs andere Jagstufer überwechseln und bis Oberregenbach von der Autostraße wegbleiben).

Auch von Bächlingen aus ist der Weiterweg im Tal beschildert: Über *Hürden* und *Großforst* erreichen wir *Elpershofen;* hier über die Brücke aufs andere Flußufer und nach links weiter (Richtung Leofels). In *Hessenau* (nach 2 Kilometern) verläßt man die Straße nach links, hält sich an der Mühle nochmals nach links und biegt am Gasthaus »Weinbergschänke« rechts ab.

Auf unbefestigtem Waldweg fährt man – parallel zur Jagst – ins 3 Kilometer entfernte Dörfchen *Diembot* (bei schlechter Witterung ist wegen entsprechender Wegverhältnisse das befestigte Höhensträßchen zwischen Hessenau und Diembot evtl. vorzuziehen). Der Weiterweg von Diembot über *Eichenau* nach Kirchberg ist beschildert.

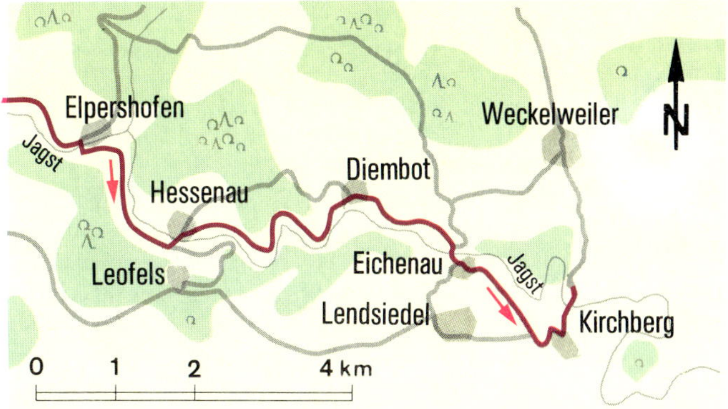

13 Crailsheim – Altenmünster – Jagstheim – Alexandersreut – Schüttberg – Großenhub – Wäldershub – Neustädtlein – Veitswend – Weidelbach – Marktlustenau – Mariäkappel – Birkelbach – Satteldorf – Crailsheim

Tourenlänge 45 km.
Fahrzeit knapp 4 Stunden.
Gesamte Steigung 210 m.
Wanderkarten Rad- und Wanderkarte Landkreis Schwäbisch Hall (1:50000) oder 1:50000 Blatt L 6926 Crailsheim.
Wissenswertes Crailsheim wurde 1338 zur Stadt erhoben. Über 400 Jahre gehörte die Stadt zur Markgrafschaft Brandenburg-Ansbach. 1806 kam Crailsheim an Bayern, 1810 an Württemberg. 1945 bei Kriegsende Zerstörung zu 85 Prozent. Die gotische Spitalkapelle »Zum heiligen Geist« dient heute als »Fränkisch-Hohenlohesches Heimatmuseum«, das unter anderem Crailsheimer Fayencen beinhaltet.
Anmerkung Fahrradverleih der Deutschen Bundesbahn am Bahnhof von Crailsheim.
Tourenbeschreibung Auf der bezeichneten Straße in Richtung Gaildorf gelangt man in den südwestlichen Stadtteil *Altenmünster.* Am Ortsausgang – 100 Meter vor der Ortstafel – biegt man nach links ab und radelt auf dem »Jagstheimer Weg« 3 Kilometer geradeaus nach Süden.

Am Ortsanfang von *Jagstheim* geht es vor dem Bach nach links, auf der B 290 kurz nach rechts und nach der Kirche links ab. Am Beginn der *Burgbergsiedlung* hält man sich nach rechts (»Alexandersreuter Straße«). Wir lassen den Degenbachsee rechts liegen und folgen in *Alexandersreut* der Vorfahrtstraße nach rechts (Richtung Weipertshofen). 300 Meter nach Eintritt in den Wald biegt man in den Waldweg links ab!

Nach 1½ Kilometern folgen wir dem Landsträßchen nach links und biegen kurz vor Lohr scharf rechts ab, um auf wenig befahrener Straße beschilderungsgemäß über *Schüttberg, Nestleinsberg, Klinglesmühle, Großenhub* und *Wäldershub* nach Neustädtlein zu gelangen.

In *Neustädtlein* hält man sich nach dem Gasthaus »Zur Bayerischen Grenze« nach links! In *Veitswend* zeigt uns ein Schild den Weiterweg nach links ins 2½ Kilometer entfernte Dorf *Weidelbach;* hier geht es nach links weiter.

In *Riegelbach* ist man wieder auf württembergischem Gebiet. Wir durchradeln anschließend den Ort *Marktlustenau* und folgen

Satteldorf
Birkelbach
Rockhalden
Haselhof
Leukershausen
P
B 290
Beuerlbach
Mariäkappel
B14
0
1
2
4 km
Heldenmühle
Schummhof
Wüstenau
Weiher
Goldbach
Marktlustenau
Bhf.
B14
Hangenbach
CRAILSHEIM
Waldtann
Westgartshausen
Riegelbach
Alten-
münster
Weidelbach
Ingersheim
Bergbronn
Lohr
Veitswend
Jagst
B 290
Onolzheim
Schüttberg
Alexandersreut
Klinglesmühle
Burgberg-Siedlung
Großenhub
Neustädtlein
Nestleinsberg
Jagstheim
Wäldershub

der Straße in Richtung Crailsheim (am Ortsende halblinks). Nach 1 Kilometer biegen wir auf dem Höhenrücken nach rechts ab (6 t) und fahren nach 500 Metern links hoch zum Wald. An einem schönen *Rastplatz* (mit Feuerstelle) vorbei geht es geradeaus in den Wald hinein. Auf dem herrlichen Waldhöhensträßchen erreicht man nach 4 Kilometern das Dorf *Mariäkappel.*

Man folgt der B 14 nur etwa 500 Meter und biegt beim Wegweiser »Selgenstadt« nach rechts ab. Vor dem Rastplatz nach links (Richtung Gersbach), vor den Bauernhöfen nach rechts weiter und nach dem Transformatorenhäuschen auf 6-t-Weg nach links! Auf der Höhe quert man eine Vorfahrtstraße und fährt geradeaus nach *Birkelbach* hinunter. Hier hält man sich nach links; der Weiterweg nach Satteldorf ist bezeichnet.

In *Satteldorf* zunächst geradeaus (»Wolfsgasse«), nach der Bahnlinie auf der Hauptstraße nach links, dann rechts ab (»Weidenhäuser Straße«). Nach der Unterführung halten wir uns nach links. Nach 1½ Kilometern passieren wir den *Schummhof,* queren wenig später bei der *Heldenmühle* die Jagst und radeln am Fluß entlang zurück nach Crailsheim.

14 Crailsheim – Hagenhof – Maulach – Ölhaus – Eckartshausen – Großallmerspann – Lendsiedel – Kirchberg – Mistlau – Lobenhausen – Wollmershausen – Tiefenbach – Crailsheim

Tourenlänge 33 km.
Fahrzeit knapp 3 Stunden.
Gesamte Steigung 130 m.
Wanderkarten Rad- und Wanderkarte Landkreis Schwäbisch Hall (1:50000) oder 1:50000 Blatt L 6926 Crailsheim, L 6924 Schwäbisch Hall und L 6724 Künzelsau.
Wissenswertes Crailsheim siehe Tour Nummer 13. – Kirchberg siehe Tour Nummer 12.
Anmerkung Fahrradverleih der Deutschen Bundesbahn am Bahnhof in Crailsheim.
Tourenbeschreibung Von der Stadtmitte geht es zunächst auf der B 14 nach Westen. 400 Meter nach Unterquerung der Bahnlinie rechts ab in Richtung Langenburg und anschließend wieder nach links (»Wolfgangstraße«, dann »Theodora-Cashel-Straße«). Später müssen wir der Bundesstraße nochmals etwa 600 Meter weit

folgen (Radweg), um dann beim Schild »Tiefenbach« nach rechts abzubiegen. Schon nach 300 Metern verlassen wir die Straße nach links (bei dem Tümpel rechts der Straße)! Nach 500 Metern rechts ab, anschließend nach links, später nochmals nach rechts. Auf schmalem Fahrsträßchen gelangen wir am *Hagenhof* vorbei nach *Maulach.*

Man verläßt die Maulacher Hauptstraße nach der Abzweigung Reußenberg und radelt nach links über die B 14 (Vorsicht beim Queren) und über die Bahnlinie. Auf dem Asphaltsträßchen geht es kurz durch den Wald, dann erreicht man das Gehöft *Ölhaus.* Am Ende des Hofs nach links abbiegen und wieder in den Wald hinein.

An der Kreuzung (400 Meter tief im Wald) hält man sich nach rechts und erreicht nach 2½ Kilometern das Dorf *Eckartshausen.* Hier zeigt uns der Wegweiser »Kirchberg« den Weiterweg. Nach 2 Kilometern quert man die B 14 und fährt anschließend in *Groß-allmerspann* vor der Kirche auf der »Kirchstraße« nach rechts weiter; am Ortsende links (»Bühl«) und geradeaus unter der Autobahn hindurch.

Unmittelbar nach der Autobahnunterquerung hält man sich nach rechts (6 t). Nach 700 Metern am Ende der linksseitigen Baumgruppe nach rechts (aber nicht scharf rechts!); nach kurzer

Zu Tour 12, 14, 49 **Kirchberg/Jagst, Brücke**
(Foto: Ulrich Schnabel)

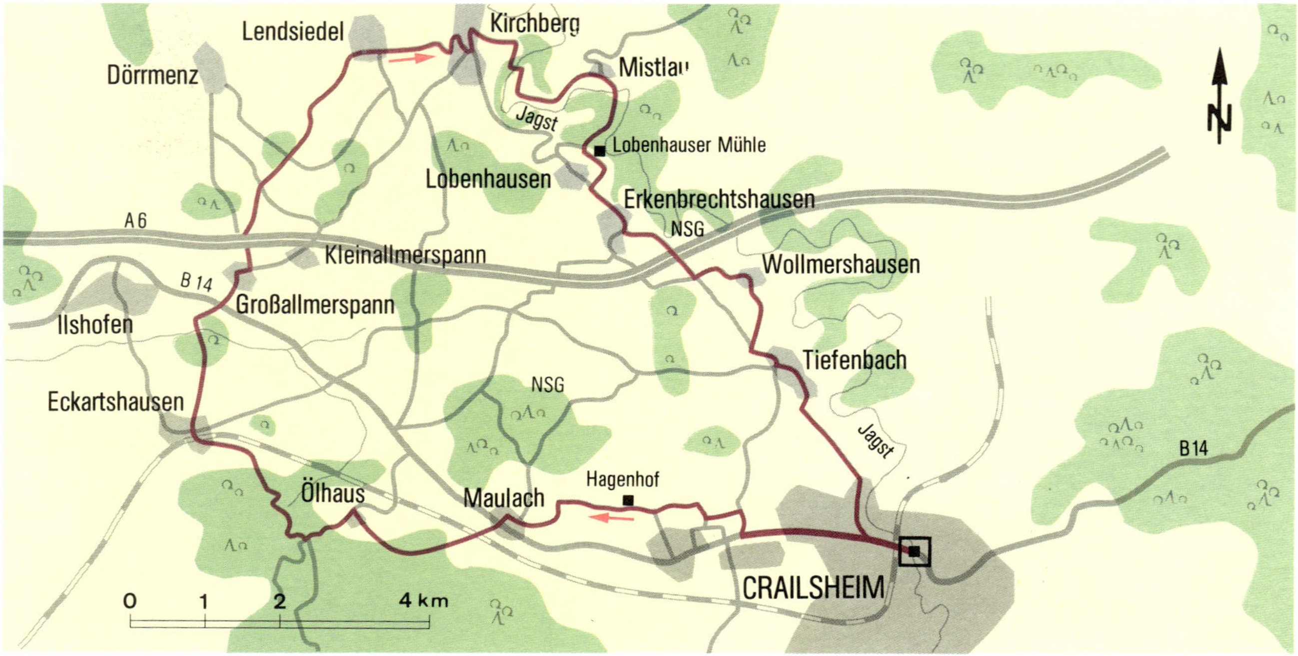

Kirchberg
Lendsiedel
Dörrmenz
Mistlau
Jagst
Lobenhauser Mühle
Lobenhausen
Erkenbrechtshausen
NSG
A 6
Kleinallmerspann
B 14
Großallmerspann
Wollmershausen
Ilshofen
Tiefenbach
Eckartshausen
NSG
Jagst
B14
Hagenhof
Ölhaus
Maulach
CRAILSHEIM
0
1
2
4 km

Zeit ein Landsträßchen queren und geradeaus – nach dem Waldstück kurz nach rechts – auf gutem Flurweg nach *Lendsiedel.* Hier immer geradeaus, das heißt, am Ortsanfang an der Gabelung nicht nach links!

In *Kirchberg* halten wir uns an die Beschilderung nach Rothenburg ob der Tauber, biegen jedoch nach der Spitzkehre in den Feldweg zum Walderholungszentrum (Schild) nach rechts ein. Unmittelbar nach dem Wanderparkplatz geht es nach rechts hinunter in den Wald. Nach wenigen hundert Metern quert man die Jagst über die gedeckte Holzbrücke und radelt weiter flußaufwärts. In *Mistlau* immer geradeaus.

Auf dem Talsträßchen gelangen wir zur *Lobenhauser Mühle:* Hier nach links abbiegen (Markierung »rotes Kreuz«) und auf dem Fahrweg immer geradeaus (während die Wegmarkierung später nach links wegführt) bis zur Landstraße hinauf, dieser folgen wir nach links.

Nach 700 Metern in den für Kraftfahrzeuge gesperrten Flurweg nach links einbiegen. Hoch über der Jagst passieren wir das Naturschutzgebiet »Baierlesstein«, überqueren anschließend die Autobahn und halten uns dann an der Landstraßenkreuzung nach links! In *Wollmershausen* nach rechts abbiegen und auf beschilderter Landstraße über *Tiefenbach* zurück nach Crailsheim.

15 Crailsheim – Beuerlbach – Ellrichshausen – Schleehardshof – Hengstfeld – Asbach – Roßbürg – Limbach – Musdorf – Niederwinden – Gaggstatt – Mistlau – Lobenhausen – Wollmershausen – Tiefenbach – Crailsheim

Tourenlänge 40 km.
Fahrzeit 3 1/2 Stunden.
Gesamte Steigung 200 m.
Wanderkarten Rad- und Wanderkarte Landkreis Schwäbisch Hall (1·50000) oder 1:50000 Blatt L 6926 Crailsheim und L 6726 Rothenburg ob der Tauber.
Wissenswertes Crailsheim siehe Tour Nummer 13. – Die eigenartige evangelische Pfarrkirche von Gaggstatt stammt aus dem Jahr 1904; im Inneren befinden sich Jugendstil-Malereien.
Anmerkung Fahrradverleih der Deutschen Bundesbahn am Bahnhof in Crailsheim.

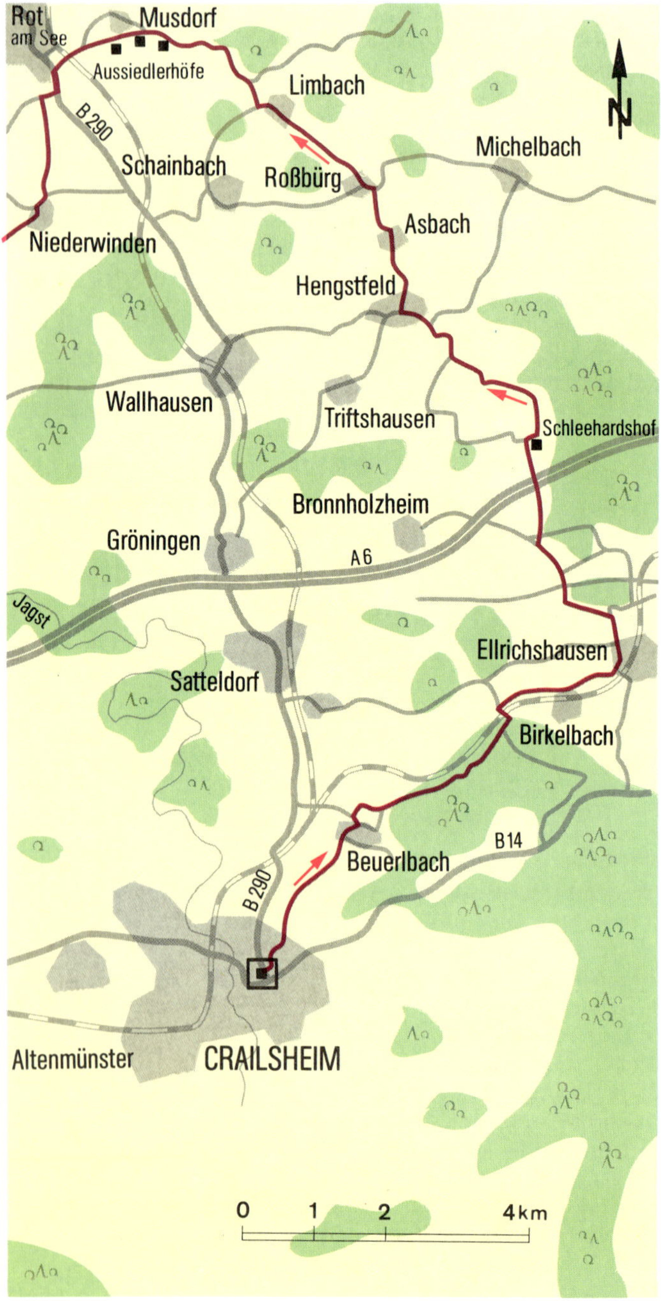
Rot am See
Musdorf
Aussiedlerhöfe
Limbach
B 290
Schainbach
Roßbürg
Michelbach
Asbach
Niederwinden
Hengstfeld
Wallhausen
Triftshausen
Schleehardshof
Bronnholzheim
Gröningen
A 6
Jagst
Ellrichshausen
Satteldorf
Birkelbach
B14
Beuerlbach
B 290
Altenmünster
CRAILSHEIM
0
1
2
4 km
N

Tourenbeschreibung Von der Crailsheimer Innenstadt aus folgt man zunächst der B 290 in Richtung Bad Mergentheim, dann zeigt uns vor der Kirche ein Schild den Weg nach Beuerlbach (rechts ab »Beuerlbacher Straße«). Wir durchqueren *Beuerlbach* auf der Hauptstraße und biegen am Ortsende (!) nach rechts ab; am Waldrand hält man sich nach links. Die folgenden 2 Kilometer geht es auf dem Waldweg immer geradeaus (!) weiter – mehr oder weniger parallel zur Bahnlinie.

Wo unser Weg auf eine Asphaltstraße trifft, fahren wir nach links über die Gleise und biegen nach 200 Metern wieder nach rechts ab. Man bleibt jetzt immer links von der Bahnlinie, läßt also Birkelbach und Ellrichshausen rechts liegen. Später folgt man der Straße in Richtung Schnelldorf, biegt aber schon nach 300 Metern nach links ab und hält sich nun gut 1 1/2 Kilometer an die Beschilderung »Bronnholzheim«.

Später hält man sich beim Wegweiser »Simonsberg« nach rechts, radelt dann jedoch auf einem für Kraftfahrzeuge verbotenen Weg geradeaus, das heißt, kurz durch den Wald und anschließend unter der Autobahn hindurch. Nach kurzer Zeit durchfährt man den *Schleehardshof*, hält sich am Ende der Häusergruppe erst nach rechts und biegt sofort darauf links ab.

Nach 2 1/2 Kilometern erreichen wir das Dorf *Hengstfeld*. Die weitere Strecke ist durchweg ausgeschildert: *Asbach, Roßbürg, Limbach, Musdorf*. Achtung: Bevor man nach Musdorf hineinkommt, kann man nach links abkürzen über ein kerzengerades, birkengesäumtes 6-t-Sträßchen an *Aussiedlerhöfen* vorbei.

Nach Überquerung der Bahnlinie geht es auf der *Bundesstraße* ein paar hundert Meter nach links, dann rechts ab (Richtung Schwäbisch Hall); nach 200 Metern nach links abbiegen (Schild »Niederwinden«)! Man fährt nach *Niederwinden* hinein, hält sich gegen Ortsende auf der Querstraße kurz nach links und biegt gleich darauf (!) wieder nach rechts ab. Auf dem Flursträßchen durch das *Eselsbachtal* gelangt man nach *Gaggstatt*. Hier der Hauptstraße nach links folgen und auf der Höhe – nach Verlassen der Ortschaft – nach rechts abbiegen.

Nach 1 Kilometer queren wir eine Vorfahrtstraße und folgen nach weiteren 500 Metern der nächsten Straße nach rechts abwärts. In *Mistlau* bleibt man auf der Hauptstraße (also bei der Kirche nach links), quert anschließend die Jagst und hält sich bei der *Lobenhauser Mühle* nach links (6 t). Nach 800 Metern trifft unser Weg auf der Höhe an eine *Landstraße*, dieser folgt man 700 Meter weit nach links.

Wir biegen in den für Kraftfahrzeuge gesperrten Flurweg nach links ab, passieren hoch über der Jagst das *Naturschutzgebiet* beim

N
Rot
am See
Musdorf
Aussiedlerhöfe
Limbach
Oberwinden
B 290
Niederwinden
Schainbach
Gaggstatt
Wallhausen
Mistlau
Lobenhauser Mühle
Bölgental
Gröningen
Lobenhausen
Jagst
Erkenbrechtshausen
A 6
Satteldorf
Wollmershausen
Tiefenbach
B14
B 290
Roßfeld
Crailsheim
0
1
2
4 km

Baierlesstein, überqueren anschließend die Autobahn und halten uns dann an der Landstraßenkreuzung nach links. In *Wollmershausen* biegt man nach rechts ab und gelangt über *Tiefenbach* zurück nach Crailsheim.

16 Rothenburg ob der Tauber – Vorbach – Heiligenbronn – Spielbach – Hachtel – Schrozberg – Blaufelden – Blaubach – Bettenfeld – Reubach – Insingen – Rothenburg

Tourenlänge 60 km.
Fahrzeit 6 Stunden.
Gesamte Steigung 470 m.
Wanderkarten Rad- und Wanderkarte Landkreis Schwäbisch Hall (1:50000) oder 1:50000 Blatt L 6726 Rothenburg ob der Tauber und L 6724 Künzelsau.
Wissenswertes Wer wissen will, wie eine deutsche Stadt in früheren Jahrhunderten ausgesehen hat, der kommt an Rothenburg nicht vorbei! Aus der Überfülle an Sehenswürdigem hier stichwortartig nur das Wichtigste: Stadtmauer mit Bastionen, Türmen und Wehrgang; St.-Jakobs-Kirche; Reichsstadtmuseum; Krimi-

Zu Tour 16, 20 **Blaufelden, bei der Albvereinshütte bei Blaubach**
(Foto: Bürgermeisteramt Blaufelden)

nalmuseum; Renaissancerathaus. Vor 700 Jahren wurde Rothenburg Freie Reichsstadt. Politische und wirtschaftliche Blüte um 1400. Anfang des 19. Jahrhunderts Verlust der Reichsunmittelbarkeit: Die Stadt wurde Bayern zugeschlagen.

Anmerkung Fahrradverleih der Deutschen Bundesbahn am Bahnhof von Rothenburg.

Tourenbeschreibung Wir beginnen diese ausgedehnte Tour, die uns über die östliche Hohenloher Ebene führen soll, im Osten der Stadt (beim Bahnhof beziehungsweise bei den Parkplätzen außerhalb der Stadtmauer). Auf der Straße nach Langenburg umrunden wir die Südspitze der Stadt bei der *Spitalbastei* und gelangen talwärts; Achtung: Nach der Spitzkehre geht es über die alte Doppelbrücke nach rechts über die Tauber. Man radelt 2 Kilometer im Tal und folgt dann der Straße nach *Vorbach* (nach links, 1½ Kilometer).

1 Kilometer nach Vorbach biegt man in der Mitte des Weilers *Hemmendorf* nach rechts ab und fährt auf schönem Flursträßchen 1½ Kilometer weit geradeaus; dann muß man nach links und folgt der Vorfahrtstraße nach rechts ins nahe *Heiligenbronn;* vor dem Gasthof »Krone« rechts ab!

In *Böhmweiler* vor dem Lindenbaum nach links und immer geradeaus weiter. In *Spielbach* fährt man (bei der Kirche) zunächst in Richtung Schrozberg, biegt jedoch gegen Ortsende nach rechts ab (Wegweiser »Wolkersfelden«).

Etwa 1½ Kilometer hinter *Wolkersfelden* geht es nach dem Waldstück – bei der *Sitzgruppe* mit Steinkreuz – nach links ab! Man läßt den Weiler *Heimberg* rechts liegen und radelt über *Hachtel* und *Krailshausen* weiter nach *Schrozberg.* Auf der Straße nach Blaufelden erreicht man den südlichen Ortsrand von Schrozberg, wo uns ein Schild (rechts ab) den Weiterweg nach *Sigisweiler* zeigt.

In Sigisweiler fährt man bei dem roten Backsteinhaus mit den vielen Fenstern geradeaus (nicht nach rechts)! Nach 2½ Kilometern ist *Blaufelden* erreicht: Auf der »Schulstraße« nach links, dann weiter auf der Hauptstraße in Richtung Crailsheim; schon nach wenigen hundert Metern biegt man gegenüber dem Elektrogeschäft in das 3,5-t-Feldsträßchen ein (nach rechts). Nach etwa 2 Kilometern geht es nach rechts unter der Bahnlinie hindurch nach *Blaubach,* wo man sich geradeaus hält! Am Ortsende nach der Blaubachbrücke links aufwärts und nochmals unter der Bahnlinie hindurch.

Nach 2½ Kilometern im Weiler *Schuckhof* nach der Senke (zwischen den beiden Siedlungsteilen) rechts ab! Auf der Vorfahrtstraße (nach gut 2 Kilometern) nach links halten. Im nahen *Brettenfeld* geht es in der Ortsmitte vor der Flußbrücke nach links wei-

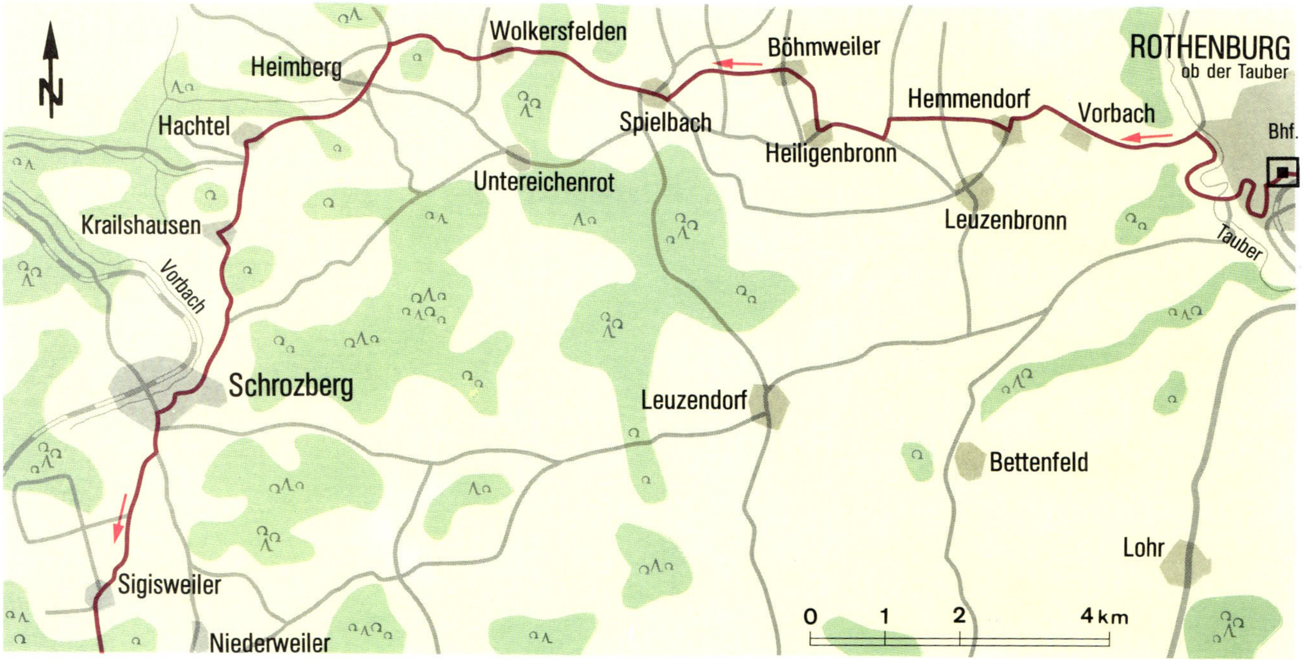
N
ROTHENBURG
ob der Tauber
Bhf.
Vorbach
Hemmendorf
Böhmweiler
Heiligenbronn
Leuzenbronn
Tauber
Wolkersfelden
Spielbach
Heimberg
Hachtel
Untereichenrot
Krailshausen
Vorbach
Schrozberg
Leuzendorf
Bettenfeld
Lohr
Sigisweiler
Niederweiler
0
1
2
4 km

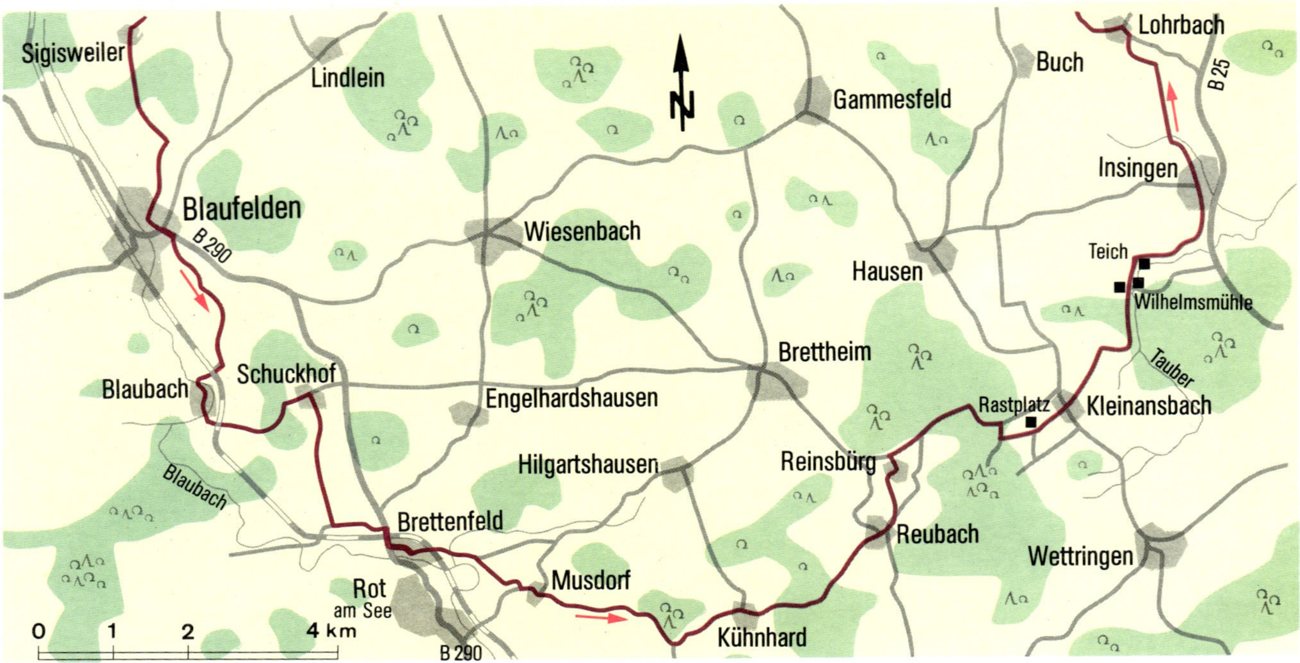

Sigisweiler
Lindlein
Gammesfeld
Buch
Lohrbach
B 25
Insingen
Blaufelden
B 290
Wiesenbach
Hausen
Teich
Wilhelmsmühle
Brettheim
Tauber
Blaubach
Schuckhof
Engelhardshausen
Rastplatz
Kleinansbach
Hilgartshausen
Reinsbürg
Blaubach
Brettenfeld
Reubach
Wettringen
Musdorf
Rot
am See
0
1
2
4 km
B 290
Kühnhard

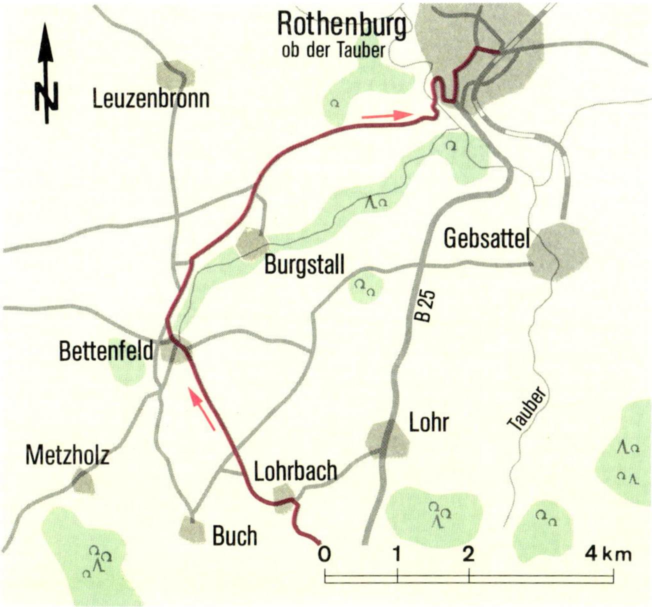

ter und beschilderungsgemäß ins 1 Kilometer entfernte *Musdorf*. Hier weiterfahren auf der Straße nach Hengstfeld; 2 Kilometer nach Musdorf links ab und über *Kühnhard* nach Reubach.

In *Reubach* geradeaus, später links ab nach *Reinsbürg:* hier kurz nach rechts, dann links und am Waldrand wieder nach rechts. Nach knapp 2 Kilometern fährt man nach Verlassen des Waldes auf dem Waldrandweg 200 Meter weit nach rechts, wendet sich dann nach links und passiert einen hübschen *Rastplatz* mit Feuerstelle.

In *Kleinansbach* radelt man in der bisherigen Nordostrichtung weiter, das heißt, an der Kirche vorbei in Richtung Insingen (Wegweiser). Nach 2 Kilometern beim Gehöft *Wilhelmsmühle* geradeaus (nicht nach rechts!), erst nach dem Teich hält man sich rechts.

Insingen durchfährt man strikt geradeaus, das heißt, bei der Kirche die »Hausener Straße« abwärts, dann weiter über die »Seegasse« und am 1 Kilometer nördlich des Dorfes gelegenen Sportplatz vorbei. In *Lohrbach* nach links und weiter nach *Bettenfeld*, hier müssen wir aufpassen: Bei den Wegweisern nicht (!) in Richtung Metzholz, sondern geradeaus, über die Brücke und in Richtung Leuzenbronn weiter. Bei Beginn der Lindenallee – knapp 1 Kilometer nach Bettenfeld – kann man geradeaus fahren (anstatt der Straße nach links zu folgen) und so den Rückweg nach Rothenburg etwas abkürzen.

17 Rothenburg ob der Tauber – Bettenfeld – Buch – Kleinansbach – Reubach – Michelbach – Gailroth – Wildenholz – Waldhausen – Wörnitz – Schillingsfürst – Stilzendorf – Gastenfelden – Oberndorf – Reinswinden – Aidenau – Neusitz – Rothenburg

Tourenlänge 50 km.
Fahrzeit 5 Stunden.
Gesamte Steigung 450 m.
Wanderkarte 1:50000 Blatt L 6726 Rothenburg ob der Tauber.
Wissenswertes Rothenburg siehe Tour Nummer 16. – Die Stadt Schillingsfürst hat eines der prächtigsten Barockschlösser Süddeutschlands (Residenz der Hohenlohe-Schillingsfürst): Prachtvolle Innenräume mit reichem Stuckwerk, Deckengemälden und Gobelins; Möbel, Porzellan und Bilder aus vergangenen Jahrhunderten. Das Schloßmuseum ist von April bis Ende Oktober geöffnet.
Anmerkung Fahrradverleih der Deutschen Bundesbahn am Bahnhof von Rothenburg.
Tourenbeschreibung An der östlichen *Stadtmauer* von Rothenburg halten wir uns nach Süden, umfahren den »Kappenzipfel« mit der Spitalbastei und radeln auf der Straße nach Langenburg talwärts, um anschließend wieder die Höhe zu »erstrampeln«. Nach etwa 2½ Kilometern dem Wegweiser »Burgstall« nur 100 Meter nach links folgen, dann auf dem von Apfelbäumen gesäumten *Feldweg* nach rechts; nach 1½ Kilometern auf der Asphaltstraße links.

Am Ortseingang von *Bettenfeld* zunächst dem Wegweiser »Reusch« folgen, auch danach geradeaus (Wegweiser »Metzholz«). An dem Steinbruchgelände wird der Weg schlechter und führt dann abwärts. Im Tal folgt man dem nun wieder guten, beschilderten Sträßchen nach *Buch.* Hier geradeaus, das heißt, den Weiler links liegen lassen.

500 Meter nach Buch die Straße verlassen und halblinks beziehungsweise geradeaus auf dem befestigten Feldsträßchen weiterradeln. Nach 1½ Kilometern auf der Vorfahrtstraße nach links, dann gleich wieder nach rechts. Nach gut 1 Kilometer dem Querweg nach links bis zu dem *Fischteich* (netter Rastplatz mit Sitzgelegenheit) folgen, dann nach rechts aufwärts halten.

In *Kleinansbach* nach rechts abbiegen (Wegweiser »Reubach«). Vor dem Weiler Reinsbürg links ab, auch in dem kleinen Waldstück kurz vor den Häusern nach links. In *Reubach* geht es auf beschilderter Straße nach links weiter über *Weikersholz* nach *Michelbach;* hier hält man sich an die Beschilderung nach Schnelldorf.

3 Kilometer nach *Gailroth* erreicht man im Wald einen *Wanderparkplatz* des Naturparks Frankenhöhe: Hier verlassen wir die Straße und radeln geradeaus (das heißt, den Parkplatz rechts liegen lassen) zunächst an Wiesen vorbei wieder in den Wald hinein. Auf der Anhöhe im Wald geradeaus und hinunter nach *Wildenholz.*

In Wildenholz geradeaus halten; nach dem Ortsende eine Vorfahrtstraße queren, desgleichen nach $1^1/_2$ Kilometern (Bottenwei-

Zu Tour 17 **Langenburg, Schloß**
(Foto: Ulrich Schnabel)

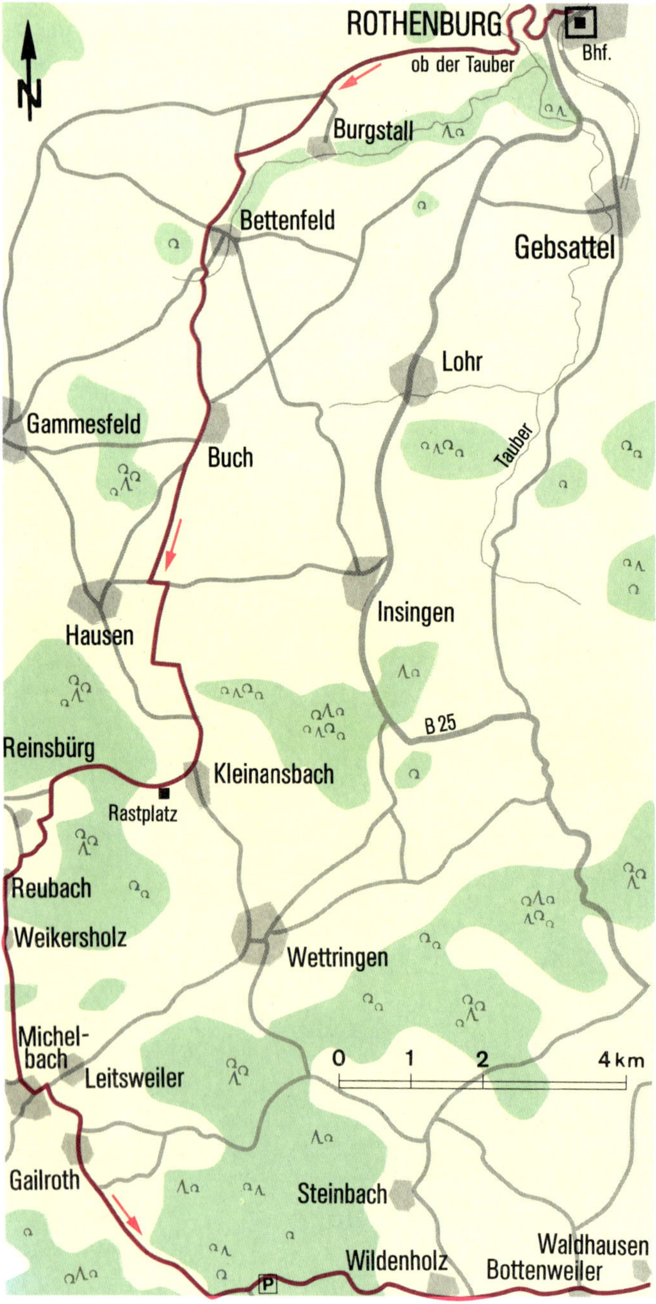
N
ROTHENBURG
ob der Tauber
Bhf.
Burgstall
Bettenfeld
Gebsattel
Lohr
Gammesfeld
Buch
Tauber
Insingen
Hausen
B 25
Reinsbürg
Kleinansbach
Rastplatz
Reubach
Weikersholz
Wettringen
Michel-
bach
Leitsweiler
0
1
2
4 km
Gailroth
Steinbach
Wildenholz
Waldhausen
Bottenweiler
P

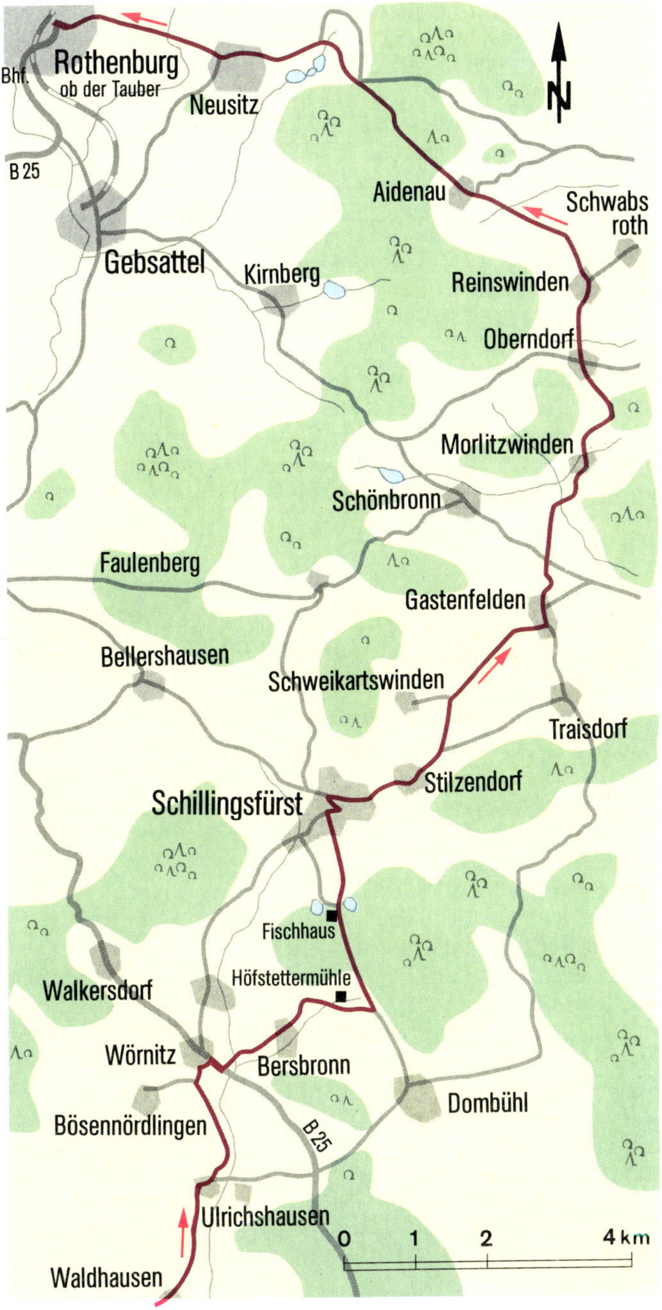
Rothenburg
ob der Tauber
Bhf.
Neusitz
B 25
Aidenau
Schwabs
roth
Gebsattel
Kirnberg
Reinswinden
Oberndorf
Morlitzwinden
Schönbronn
Faulenberg
Gastenfelden
Bellershausen
Schweikartswinden
Traisdorf
Stilzendorf
Schillingsfürst
Fischhaus
Höfstettermühle
Walkersdorf
Wörnitz
Bersbronn
Dombühl
Bösennördlingen
B 25
Ulrichshausen
Waldhausen
0
1
2
4 km

ler rechts liegen lassen). Der Weiterweg über *Waldhausen* nach *Wörnitz* ist beschildert.

In Wörnitz auf der B 25 wenige hundert Meter nach rechts, dann links ab (Wegweiser »Bersbronn«). Über *Bersbronn* erreicht man bergwärts die *Höfstettermühle.* Auf der Höhenstraße radeln wir nach links weiter. Nach dem Campingplatz beim *Fischhaus* die Straße verlassen und auf dem Feldweg geradeaus weiter!

In *Schillingsfürst* rechts ab und der Beschilderung nach Leutershausen folgen. Am östlichen Ortsende beim Wasserturm nach links halten. Über *Stilzendorf* erreichen wir nach 3 Kilometern *Gastenfelden;* hier hält man sich in Ortsmitte geradeaus. Später quert man eine Vorfahrtstraße und radelt über *Morlitzwinden* nach *Oberndorf.* Hier geradeaus weiter (Vorfahrt achten!); nach 1 Kilometer in *Reinswinden* links ab (Wegweiser »Gunzendorf«). Nach weiteren 700 Metern zeigt ein Schild den Weiterweg nach *Aidenau.*

Bergaufwärts erreicht man den Wald, trifft nach 1½ Kilometern auf eine Vorfahrtstraße, folgt dieser nach links abwärts und gelangt über *Neusitz* zurück nach Rothenburg.

18 Rothenburg ob der Tauber – Neusitz – Wachsenberg – Linden – Nordenberg – Burgbernheim – Mörlbach – Habelsee – Ohrenbach – Gickelhausen – Adelshofen – Bettwar – Detwang – Rothenburg

Tourenlänge 45 km.
Fahrzeit 4 Stunden.
Gesamte Steigung 300 m.
Wanderkarten 1:50000 Blatt L 6726 Rothenburg ob der Tauber und L 6526 Uffenheim.
Wissenswertes Rothenburg siehe Tour Nummer 16. – Das Dörfchen Detwang im Taubertal ist älter als Rothenburg. In der romanischen Kirche St. Peter und Paul (geweiht im Jahr 968) befindet sich ein schöner spätgotischer Altar (1508) des fränkischen Bildhauers Tilman Riemenschneider.
Anmerkung Fahrradverleih der Deutschen Bundesbahn am Bahnhof von Rothenburg.
Tourenbeschreibung Ausgangspunkt ist der Rothenburger Bahnhof, im Osten der Stadt gelegen. Auf der stärker frequentierten »Ansbacher Straße« (Wegweiser »Nürnberg/Ansbach«) verlassen wir die Stadt in östlicher Richtung. Wir durchradeln in weni-

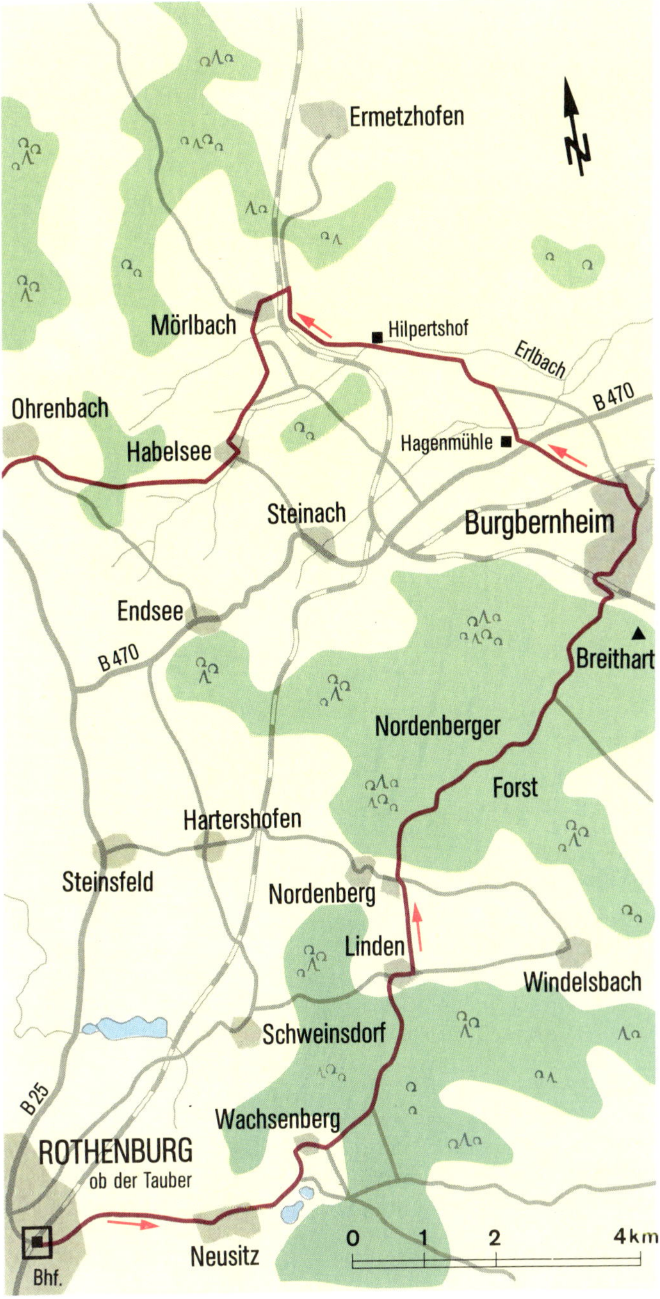
Ermetzhofen
N
Mörlbach
Hilpertshof
Erlbach
Ohrenbach
B 470
Hagenmühle
Habelsee
Steinach
Burgbernheim
Endsee
Breithart
B 470
Nordenberger
Forst
Hartershofen
Steinsfeld
Nordenberg
Linden
Windelsbach
Schweinsdorf
B 25
Wachsenberg
ROTHENBURG
ob der Tauber
0
1
2
4 km
Neusitz
Bhf.

gen Minuten das Dorf *Neusitz* und biegen 1 Kilometer nach dem Ortsende – bevor die Straße den Wald erreicht – links ab und schieben unser Stahlroß nach *Wachsenberg* hinauf; am Ortsende hält man sich nach links und gelangt auf beschilderter Straße in das 3 Kilometer entfernte Dörfchen *Linden*. Hier zunächst nach rechts, dann links ab!

Am Ortsanfang von *Nordenberg* geht es auf der nach Burgbernheim führenden Straße halbrechts beziehungsweise weiterhin nach Norden in den Wald hinein. Die folgenden 5 Kilometer Wegstrecke führen in nordöstlicher Richtung durch ein ausgedehntes Waldgebiet.

In der Mitte des Städtchens *Burgbernheim* folgen wir der Straße in Richtung Rothenburg nach links, queren nach 1 Kilometer die B 470 und radeln an der *Hagenmühle* vorbei. Nach wenigen Minuten passiert man den rechter Hand liegenden *Hilpertshof* und biegt nach 2 Kilometern links ab in das Dorf *Mörlbach.* Auf verkehrsarmer Straße geht es weiter über *Habelsee* nach *Ohrenbach,* das wir rechts liegen lassen.

Nach knapp 1 Kilometer kreuzen wir die B 25 und radeln weiter bis zum Ortsanfang von *Gickelhausen;* hier hält man sich nach links und erreicht über *Ruckertshofen* das Dorf *Adelshofen.* Hier zunächst der nach Tauberscheckenbach (Wegweiser) führenden Straße folgen, aber schon 100 Meter nach der Ortstafel halblinks abbiegen und immer nach Südwesten auf dem Feldsträßchen ins 3 Kilometer entfernte *Bettwar* im Taubertal (steile Abfahrt!).

Auf der Hauptstraße geht es nach links weiter, das Taubertal aufwärts. Über *Detwang* erreicht man Rothenburg, wo man außerhalb, der *Stadtmauer* entlang, wieder zum Bahnhof findet.

19 Schrozberg – Zell – Riedbach – Bartenstein – Zaisenhausen – Mulfingen – Heimhausen – Berndshofen – Buchenbach – Eberbach – Brüchlingen – Billingsbach – Raboldshausen – Wittenweiler – Blaubach – Schuckhof – Herbertshausen – Großbärenweiler – Schrozberg

Tourenlänge 49 km.
Fahrzeit 5 Stunden.
Gesamte Steigung 500 m.
Wanderkarten Rad- und Wanderkarte Landkreis Schwäbisch Hall (1:50000) oder 1:50000 Blatt L 6724 Künzelsau und L 6726 Rothenburg o.d.T.
Wissenswertes Das barocke Residenzschloß der Fürsten zu Hohenlohe-Bartenstein beherbergt ein interessantes Militärmuseum mit Uniformen, Waffen und Ausrüstungen in über zwanzig Räumen. Im ersten Stock ist das Schloßmuseum untergebracht. Geöffnet an Wochenenden und Feiertagen von April bis Ende Oktober.
Tourenbeschreibung In Schrozberg (im nördlichen Kreis Schwäbisch Hall gelegen) finden sich Parkplätze in größerer Zahl bei der Stadthalle im Westen. Am *Bahnhof* vorbei radeln wir zum Ort hinaus, biegen nach wenigen Minuten rechts ab und erreichen über *Zell* den Ort *Riedbach.* Wir folgen der B 290 nach rechts; nach

Zaisenhausen
Klopfhof
B 290
Ette
Bachmühle
Bartenstein
Riedbach
Zell
N
Mulfingen
SCHROZBERG
P
Jagstberg
Simprechtshausen
Herrentierbach
0
1
2
4 km
Heimhausen
B 290
Berndshofen
Buchenbach
Billingsbach
Hertensteiner Mühle
Blaufelden
Eberbach
Brüchlingen
P
Raboldshausen
Wittenweiler

1 Kilometer biegt man nach links ab und gelangt nach einem weiteren Kilometer in das langgestreckte Residenzstädtchen *Bartenstein* (die Eingemeindung von Bartenstein brachte Schrozberg Anfang der siebziger Jahre das Stadtrecht). Wir radeln vor bis zum *Schloß* und wenden uns hier nach rechts abwärts.

Am *Klopfhof* vorbei beschreibt unser Weg eine scharfe Linkskurve; nach 800 Metern geht es auf der Talstraße nach rechts weiter. Über *Zaisenhausen* (2½ Kilometer) gelangen wir ins Jagsttal. Wir halten uns nach links und erreichen den Ortsanfang von *Mulfingen.* Man radelt nach rechts über die Brücke (Richtung Künzelsau), fährt jedoch nach 1 Kilometer in der Spitzkehre geradeaus weiter!

Nach 1½ Kilometern geht es nach *Heimhausen* hinunter: nach dem Gasthaus »Lamm« scharf rechts ab und weiter über *Berndshofen* nach *Buchenbach.* Man überquert die Jagst (Richtung Langenburg) und ist nach 1½ Kilometern in *Eberbach.*

Am Ortsende von Eberbach führt eine Nebenstraße links aufwärts, auf der wir nach 3 Kilometern auf der Hochfläche das Dörfchen *Brüchlingen* erreichen. Der Weiterweg über *Billingsbach* nach *Raboldshausen* ist ausgeschildert.

In der Ortsmitte von Raboldshausen halten wir uns – wo die Straße eine Rechtskurve beschreibt – nach der Telefonzelle geradeaus! Nach knapp 1½ Kilometern auf dem Querweg kurz nach rechts, dann wieder links ab. Dem nächsten Querweg folgt man

Zu Tour 16, 19, 20 **Schrozberg, Schloß Bartenstein**
(Foto: Stadtverwaltung Schrozberg)

wieder nach rechts und hält sich in *Wittenweiler* wieder links; am Ortsende folgt man der Straße nach Amlishagen nach rechts.

600 Meter nach Wittenweiler – bevor die Straße eine leichte Rechtskurve beschreibt – biegt man in den *Feldweg* nach links ein. Man kreuzt den ersten Querweg und folgt dem zweiten vor der *Kläranlage* im Tal nach rechts. Nach 1½ Kilometern hält man sich nach links, in *Blaubach* unten wieder nach rechts. Nach dem Ortsende unterquert man die Bahnlinie, durchfährt nach wenigen Minuten den *Schuckhof* und trifft anschließend auf die *B 290.* Auf ihr geht es nur wenige Meter nach rechts, dann links ab und 3 Kilometer lang schnurgeradeaus bis nach *Herbertshausen.* Hier biegt man nach links ab und erreicht nach 2 Kilometern den Ortsrand von Wiesenbach, das man jedoch links liegen läßt!

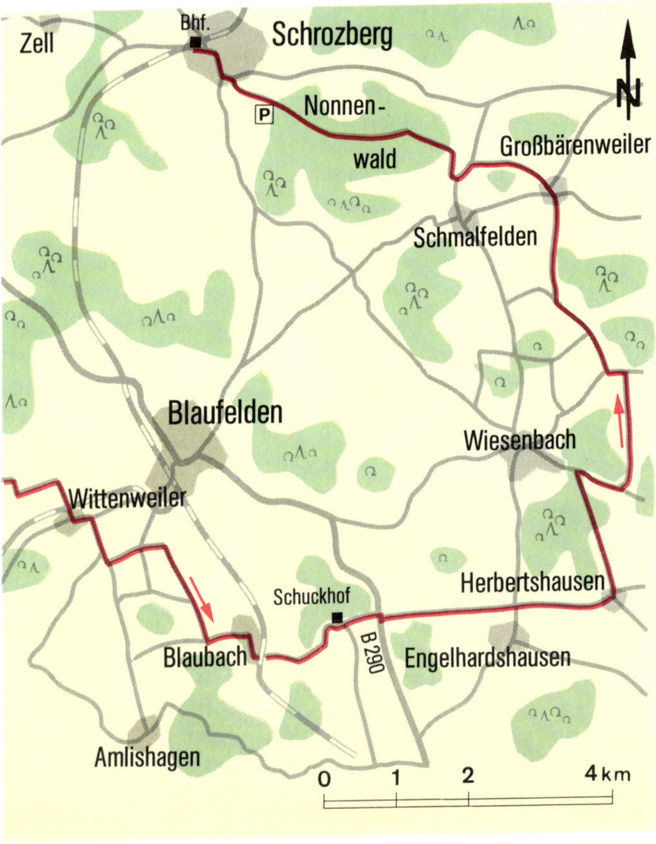

Auf der Landstraße geht es 700 Meter weit nach rechts (leicht abwärts) bis zu der Stelle, wo der linksseitige Wald durch ein Wiesenstück unterbrochen wird: Hier folgen wir dem befestigten *Feldsträßchen* nach links. Nach 1½ Kilometern geht es auf der Vorfahrtstraße wenige hundert Meter nach links, doch schon über den nächsten Feldweg wieder nach rechts ab!

Nach gut 1 Kilometer biegen wir nach der *Vertiefung* (rechts in der Wiese) nach rechts ab, streifen kurz den Waldrand und erreichen bald darauf *Großbärenweiler.* Auf der Vorfahrtstraße zunächst geradeaus, kurz danach links ab, Richtung Speckheim. An der Abzweigung nach 500 Metern geradeaus weiter.

Auf der Vorfahrtstraße bei dem *Steinbruch* hält man sich nur 200 Meter nach links und folgt dem nächsten Feldweg – noch auf der Höhe des Steinbruchgeländes – nach rechts! Nach wenigen hundert Metern führt uns der Weg nach links in den Wald hinein. Wir radeln immer geradeaus und erreichen nach 3½ Kilometern wieder den Ausgangspunkt.

20 Gerabronn – Rechenhausen – Raboldshausen – Herrentierbach – Ettenhausen – Bartenstein – Eichswiesen – Oberstetten – Reutalmühle – Krailshausen – Schrozberg – Sigisweiler – Blaufelden – Unterweiler – Gerabronn

Tourenlänge 39 km.
Fahrzeit 3½ Stunden.
Gesamte Steigung 400 m.
Wanderkarten Rad- und Wanderkarte Landkreis Schwäbisch Hall (1:50000) oder 1:50000 Blatt L 6724 Künzelsau.
Wissenswertes Gerabronn siehe Tour Nummer 12. – Bartenstein siehe Tour Nummer 19.
Tourenbeschreibung Ausreichend Parkplätze gibt es bei der Stadthalle und den Schulen im Südosten von Gerabronn. Wir durchradeln die ehemalige Oberamtsstadt zunächst auf der Straße nach Rothenburg/Blaufelden, halten uns jedoch bei der *Apotheke* halblinks und gelangen über die »Bahnhofstraße« in den nahen Weiler *Rechenhausen.* Hier geht es nach rechts, anschließend links ab.

Nach 1½ Kilometern folgen wir der Vorfahrtstraße nur kurz nach rechts und radeln dann geradeaus! (Vorfahrt von rechts beachten!). Von jetzt an bleiben wir auf der durchweg ausgeschilder-

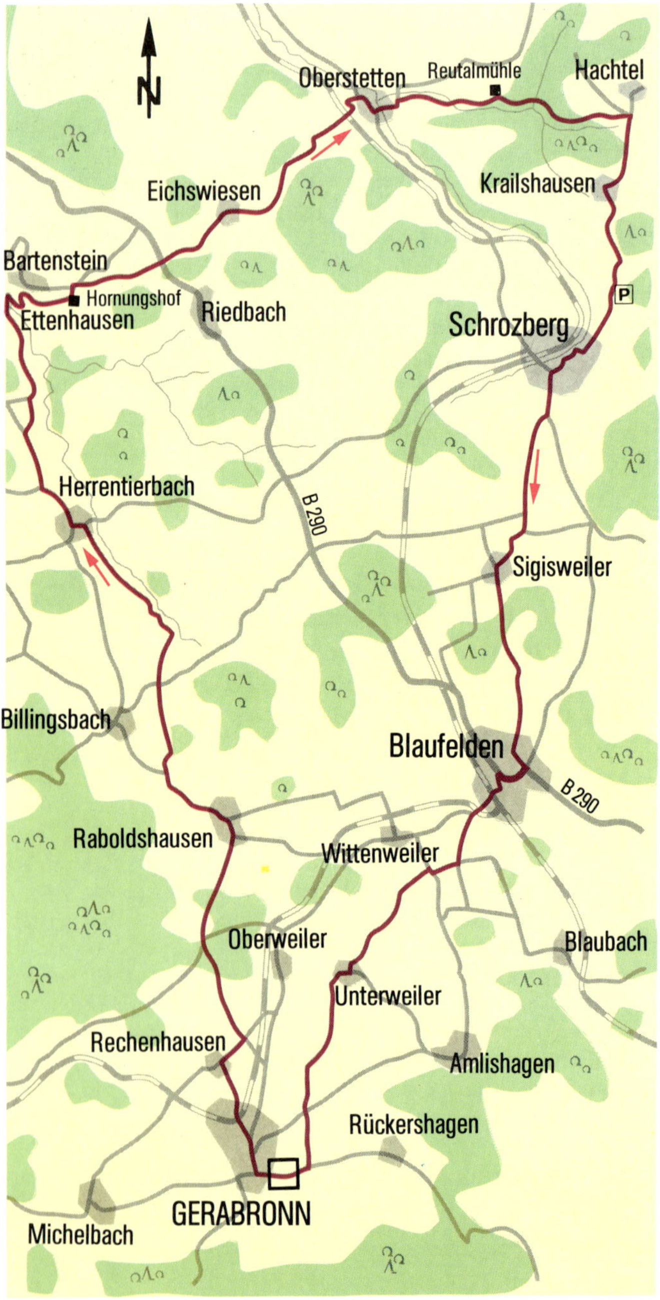
N
Oberstetten
Reutalmühle
Hachtel
Eichswiesen
Krailshausen
Bartenstein
Hornungshof
Ettenhausen
Riedbach
Schrozberg
P
Herrentierbach
B 290
Sigisweiler
Billingsbach
Blaufelden
B 290
Raboldshausen
Wittenweiler
Oberweiler
Blaubach
Unterweiler
Rechenhausen
Amlishagen
Rückershagen
GERABRONN
Michelbach

Zu Tour 16, 19, 20 **Schrozberg, Schloß Schrozberg** (Innenhof)
(Foto: Stadtverwaltung Schrozberg)

ten Straße nach Bartenstein, das heißt, man fährt über *Raboldshausen* und *Herrentierbach* nach *Ettenhausen* hinunter: hier scharf rechts abbiegen und hinauf bis zum östlichen Ortsrand von *Bartenstein,* dann nach rechts (Richtung Schrozberg/Blaufelden).

Nach 1½ Kilometern die B 290 kreuzen und geradeaus weiterfahren über *Eichswiesen* (hier rechts ab) nach *Oberstetten* im Vorbachtal. In der Ortsmitte fährt man nach Überqueren der Bahnlinie geradeaus! Am Ortsende geht es auf dem beschilderten Weg zur Reutalmühle nach Osten durch das Tal weiter.

Wenige hundert Meter nach der *Reutalmühle* gelangt man über eine Brücke auf die andere Bachseite, wählt bei der folgenden Gabel den linken Weg, quert nochmals einen Bach und fährt dann nach rechts – immer am *Bächlein* entlang – talaufwärts. Auf der waldfreien Höhe trifft man auf eine Straße, ihr folgt man nach rechts über *Krailshausen* nach *Schrozberg.*

Auf der nach Blaufelden führenden Straße erreicht man den südlichen Ortsrand von Schrozberg: Hier zeigt uns ein Schild nach rechts den Weg nach *Sigisweiler.* Bei dem roten Backsteinhaus mit den vielen Fenstern geradeaus halten (nicht nach rechts!). Nach 2½ Kilometern in *Blaufelden* über die »Schulstraße« nach links, dann auf der Hauptstraße nach rechts (Richtung Bad Mergentheim), später der Beschilderung »Gerabronn/Langenburg« nach links folgen!

Nach den letzten Häusern von Schrozberg verlassen wir die Straße wo sie eine leichte Rechtskurve beschreibt und fahren auf dem 3,5-t-Sträßchen geradeaus weiter. Nach der *Bahnlinie* führt unser Weg leicht nach links, nach 500 Metern an der *Kreuzung* rechts ab. Nach weiteren 500 Metern auf der Vorfahrtstraße nur wenige Meter (!) nach rechts, dann auf dem *Anliegersträßchen* nach links.

In *Unterweiler* erst nach rechts, am Ortsende wieder nach links und nun immer geradeaus (nach 2 Kilometern kreuzt man eine Vorfahrtstraße) bis zum Ausgangsort Gerabronn.

21 Mulfingen – Jagstberg – Hohenrot – Büttelbronn – Berndshausen – Nitzenhausen – Laßbach – Nesselbach – Dünsbach – Leofels – Hessenau – Liebesdorf – Michelbach – Rechenhausen – Raboldshausen – Billingsbach – Mittelbach – Simprechtshausen – Mulfingen

Tourenlänge 55 km.
Fahrzeit 5 Stunden.
Gesamte Steigung 600 m.
Wanderkarten Rad- und Wanderkarte Landkreis Schwäbisch Hall (1:50000) oder 1:50000 Blatt L 6724 Künzelsau.
Wissenswertes Leofels siehe Tour Nummer 11.
Tourenbeschreibung Die Gemeinde Mulfingen liegt an der Jagst, etwa 10 Kilometer nordöstlich von Künzelsau. Wir folgen zunächst der Straße in Richtung Künzelsau über die Jagst, biegen jedoch schon wenige hundert Meter nach der Brücke scharf rechts ab, um auf dem Anliegersträßchen hinauf nach *Jagstberg* zu gelangen. Hier hält man sich beim *Waaghäuschen* (kurz vor Erreichen der Vorfahrtstraße) nach rechts! Auf freiem Feld nach der Hochspannungsleitung auf dem 4-t-Weg links!

In der Ortsmitte von *Hohenrot* nach der Kapelle nach links halten, am Ortsende nochmals nach links. Bald erreicht man eine Vorfahrtstraße, diese quert man und radelt auf dem *Landwirtschaftsweg* weiter: schon bald nach rechts, am Waldrand nach links und nach knapp 1 Kilometer wieder nach rechts. Man folgt dem Landsträßchen nach links und passiert den *Unteren Railhof* (der Obere Railhof bleibt links liegen).

Wir bleiben vorerst rechts von der Hochspannungsleitung und gelangen auf dem Asphaltsträßchen nach *Büttelbronn.* Geradeaus

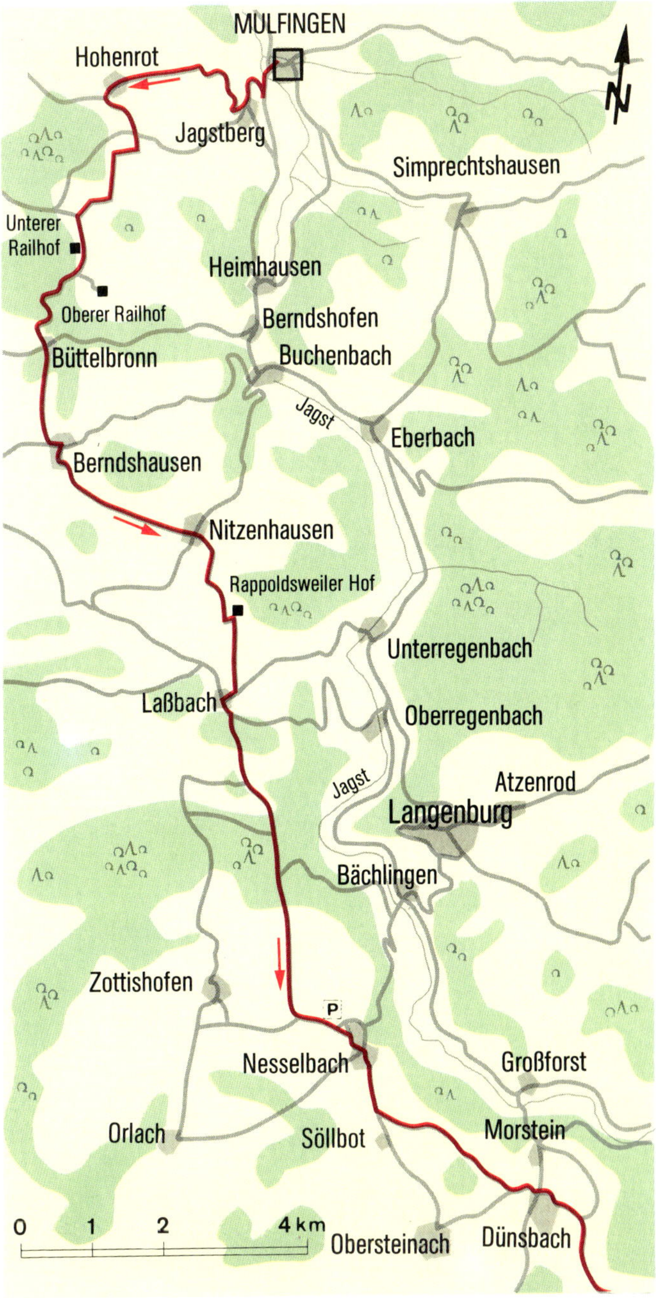
MULFINGEN
Hohenrot
Jagstberg
Simprechtshausen
Unterer Railhof
Heimhausen
Oberer Railhof
Berndshofen
Büttelbronn
Buchenbach
Jagst
Eberbach
Berndshausen
Nitzenhausen
Rappoldsweiler Hof
Unterregenbach
Laßbach
Oberregenbach
Jagst
Atzenrod
Langenburg
Bächlingen
Zottishofen
P
Nesselbach
Großforst
Orlach
Söllbot
Morstein
0 1 2 4 km
Obersteinach
Dünsbach
N

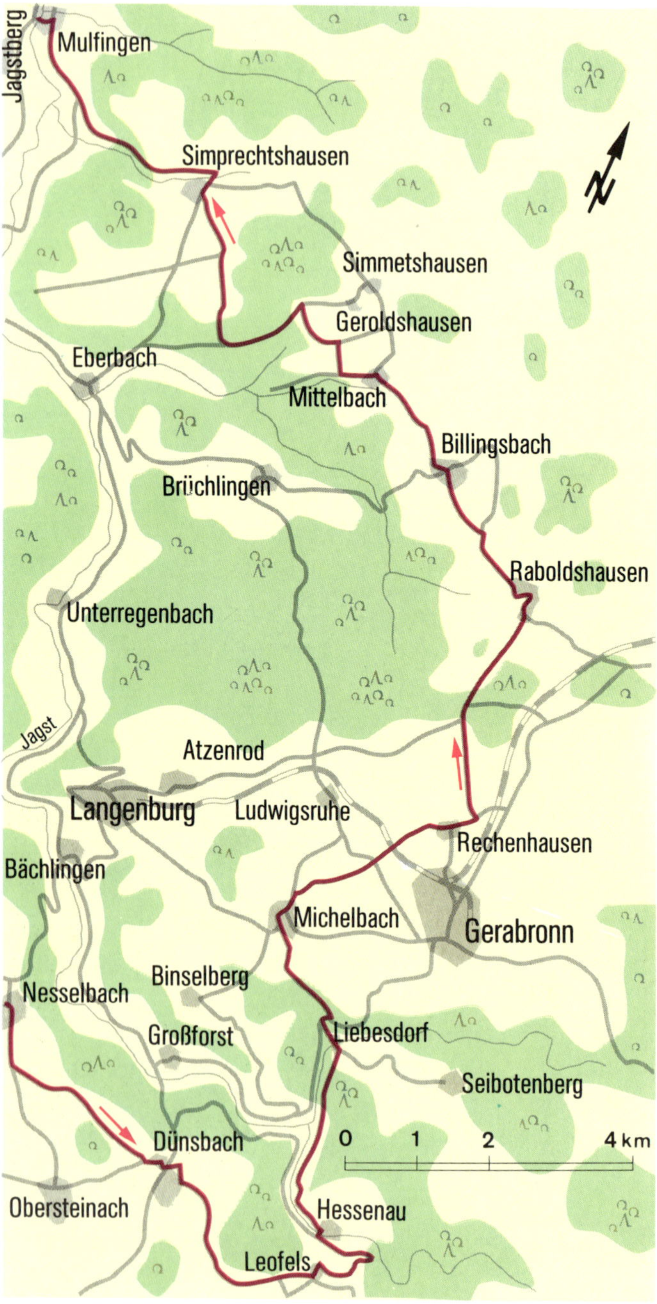

Jagstberg
Mulfingen
Simprechtshausen
Simmetshausen
Geroldshausen
Eberbach
Mittelbach
Billingsbach
Brüchlingen
Raboldshausen
Unterregenbach
Jagst
Atzenrod
Langenburg
Ludwigsruhe
Rechenhausen
Bächlingen
Michelbach
Gerabronn
Binselberg
Nesselbach
Liebesdorf
Großforst
Seibotenberg
Dünsbach
0
1
2
4 km
Obersteinach
Hessenau
Leofels

geht es weiter nach *Berndshausen,* wo man zunächst der Vorfahrtstraße nach links folgt und anschließend über die »Nitzenhäuser Straße« rechts weiterfährt.

Wir queren in *Nitzenhausen* die Hauptstraße und radeln auf beschildertem Sträßchen zum *Rappoldsweiler Hof* und weiter nach *Laßbach.* Auf dem »Regenbacher Weg« nach rechts, auf der Vorfahrtstraße nach links. An der Gabelung nach dem Ortsende nach rechts weiter in Richtung Ilshofen. Nach gut 5 Kilometern Fahrt auf verkehrsarmer Straße erreicht man *Nesselbach.* Der Weiterweg über *Dünsbach* nach *Leofels* ist beschildert.

In Leofels nach links hinunterradeln ins Jagsttal bis zum Ortsanfang von *Hessenau:* Hier fährt man nach rechts über die Brücke und unmittelbar danach (!) auf dem Feldweg nach links weiter. Nach 3 Kilometern erreicht man wieder eine Straße, ihr folgt man nach links durch *Liebesdorf* und beschilderungsgemäß weiter ins nahe Michelbach hinauf.

In *Michelbach* zunächst nach rechts halten, anschließend dem Schild »Ludwigsruhe« folgen, danach zeigt uns ein Schild den Weg nach *Rechenhausen.* Wenige hundert Meter hinter Rechenhausen folgt man dem Flursträßchen nach links und trifft nach etwa 1½ Kilometern auf eine Autostraße, der man nur ganz kurz nach rechts folgt, um dann geradeaus weiterzufahren (Vorfahrt von rechts achten!). Auf ruhiger Landstraße radeln wir über *Raboldshausen* und *Billingsbach* nach *Mittelbach.*

Zu Tour 16, 20 **Blaufelden, Wandergebiet Blaubachtal**
(Foto: Bürgermeisteramt Blaufelden)

In Mittelbach bei dem *Verkehrsspiegel* nach links abbiegen (zum Wanderparkplatz/Rastplatz), 200 Meter vor dem Rastplatz nach rechts, auf der Höhe nach links, an einem kleinen Waldstück vorbei und in langer Rechtskurve zum gegenüberliegenden Waldrand. Auf dem *Quersträßchen* am Waldrand noch knapp 1½ Kilometer nach links bis zum Ende der Felder: Jetzt geht es nach rechts in den Wald hinein; schon nach 300 Metern ist wieder freies Feld erreicht.

Ständig geradeaus gelangen wir in wenigen Minuten nach *Simprechtshausen* und von dort wieder hinunter ins Jagsttal nach Mulfingen.

22 Hohebach – Wendischenhof – Stachenhausen – Weldingsfelden – Büttelbronn – Berndshausen – Nitzenhausen – Laßbach – Hürden – Elpershofen – Binselberg – Michelbach – Brüchlingen – Eberbach – Buchenbach – Mulfingen – Ailringen – Hohebach

Tourenlänge 56 km.
Fahrzeit 5 Stunden.
Gesamte Steigung 460 m.
Wanderkarten Radwanderkarte Hohenlohekreis (1:50000) und Rad- und Wanderkarte Landkreis Schwäbisch Hall (1:50000) oder 1:50000 Blatt L 6724 Künzelsau.
Anmerkung Man kann ab Mulfingen auch den Weg am linken Jagstufer benutzen, muß jedoch nach 3½ Kilometern ein kurzes Stück Gelände ohne Weg bewältigen, bis der von Ailringen herkommende Anschlußweg befahren werden kann.

Auf der Höhe von Ailringen kann man nach links hochschieben und im Wald oberhalb der Jagst nach Hohebach radeln; damit erspart man sich die Autostraße auf dem rechten Flußufer.

Tourenbeschreibung Hohebach liegt an der B 19 im Jagsttal, zwischen Künzelsau und Bad Mergentheim. Parkplätze gibt es unter anderem am Sportplatz auf dem linken Jagstufer, westlich der Brücke. Von der Jagstbrücke geht es zunächst auf der Hauptstraße nach Süden. Nach der *Kirche* biegt man rechts ab und radelt nach Westen; der Friedhof bleibt links liegen. Nach einer Spitzkehre (Linkskurve) erreicht man immer geradeaus aufwärts die *Hochfläche.* Bald durchradelt man den *Wendischenhof* und folgt daraufhin der Vorfahrtstraße nach links ins nahe *Stachenhausen.*

HOHEBACH
P
0
1
2
4 km
Jagst
N
Wendischenhof
Stachenhausen
B 19
Hohenrot
Mulfingen
Eschenhof
Weldingsfelden
Jagstberg
P
Hermuthausen
Unterer Railhof
Heimhausen
Oberer Railhof
Berndshofen
Büttelbronn
Buchenbach
Berndshausen
Eberbach
Amrichshausen
Nitzenhausen
Rappoldsweiler Hof
Kocherstetten
Unterregenbach
Laßbach
Vogelsberg
Oberregenbach
Tierberg
Kocher
Steinkirchen
Bächlingen
Zottishofen
Döttingen
Jungholzhausen
Nesselbach

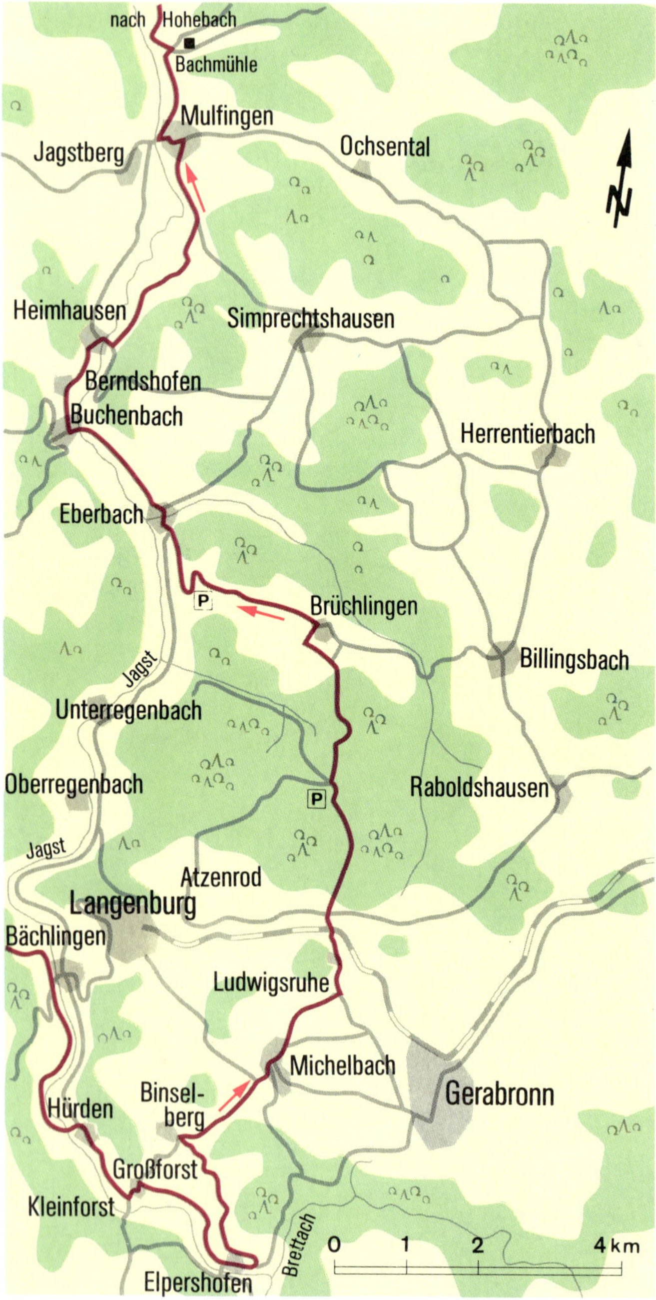
nach Hohebach
Bachmühle
Mulfingen
Jagstberg
Ochsental
N
Heimhausen
Simprechtshausen
Berndshofen
Buchenbach
Herrentierbach
Eberbach
P
Brüchlingen
Billingsbach
Jagst
Unterregenbach
Oberregenbach
P
Raboldshausen
Jagst
Atzenrod
Langenburg
Bächlingen
Ludwigsruhe
Michelbach
Gerabronn
Binsel-
berg
Hürden
Großforst
Kleinforst
Brettach
Elpershofen
0
1
2
4 km

In Stachenhausen fährt man nach links weiter, überquert am östlichen Ortsende die B 19 (Vorsicht!) und radelt beschilderungsgemäß immer geradeaus an den südlichen Rand von *Weldingsfelden;* wir queren die Vorfahrtstraße, radeln auf dem »Buchweg« weiter und halten uns anschließend halbrechts (»Brechdarrweg«). Der Autostraße auf dem Höhenrücken folgen wir 1½ Kilometer nach links, um dann am Ende des Waldes nach rechts abzubiegen und am *Unteren Railhof* vorbei nach *Büttelbronn* zu gelangen.

Geradeaus geht es weiter nach *Berndshausen,* wo man sich zuerst nach links, dann nach rechts hält (»Nitzenhäuser Straße«). In *Nitzenhausen* wird die Vorfahrtstraße überquert und es geht weiter über den *Rappoldsweiler Hof* nach *Laßbach.*

Am Ortsanfang von Laßbach nach rechts fahren bis zur Vorfahrtstraße, dieser folgt man nach links. An der anschließenden Gabelung nach rechts in Richtung Ilshofen.

Achtung: 1½ Kilometer nach der Abzweigung der Straße nach Tierberg führt von links das obere Ende einer *Waldschlucht* an unsere Straße heran. Nach Passieren dieses Schluchteinschnittes verlassen wir die Straße und biegen in den mit blauem Punkt markierten Waldweg nach links ein, der nach 400 Metern einen Rechtsbogen beschreibt, aber noch immer auf der Hochfläche verläuft. Erst nach weiteren 400 Metern geht es talwärts nach links (weiterhin dem blauen Punkt folgen).

Im Tal erreicht man eine Straße, die man – nur wenige Meter nach rechts haltend – quert und auf schönem Landwirtschaftsweg jagstaufwärts weiterfährt. Über *Hürden* und *Großforst* gelangen wir nach *Elpershofen.* Hier geht es beim *Altenheim* nach links und

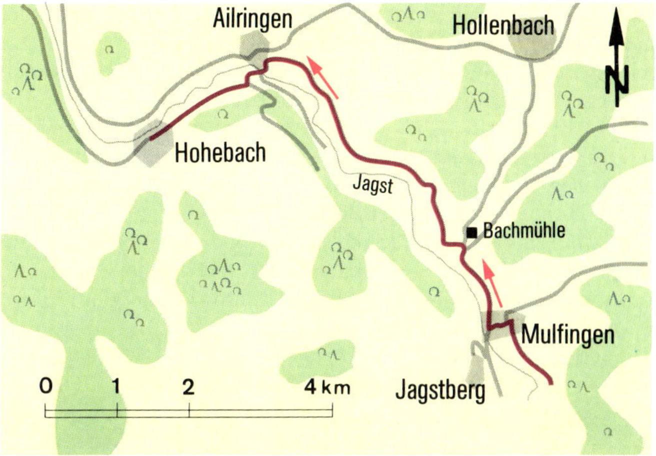

am Ortsende über eine Spitzkehre nach links aufwärts zur Hochfläche über der Jagst.

Man läßt den Hubertushof rechts liegen, biegt in *Binselberg* scharf rechts ab und hält sich in *Michelbach* geradeaus (Richtung Ludwigsruhe). Nach dem Gutshof *Ludwigsruhe* überqueren wir die Vorfahrtstraße und fahren auf einsamem Sträßchen durch den Brüchlinger Wald ins knapp 5 Kilometer entfernte Dörfchen *Brüchlingen.* Hier halten wir uns nach links und radeln allmählich talwärts (Vorsicht: zwei Spitzkehren!) nach *Eberbach* an der Jagst.

Auf der Talstraße geht es weiter über *Buchenbach, Berndshofen* und *Heimhausen* nach *Mulfingen.* Weiterhin an der Jagst entlang kommt man über *Ailringen* zurück nach Hohebach.

23 Dörzbach – Hohebach – Heßlachshof – Seidelklingen – Weldingsfelden – Eschenhof – Hochholzhöfe – Eberstal – Altkrautheim – Dörzbach

Tourenlänge 32 km.
Fahrzeit 3 Stunden.
Gesamte Steigung 420 m.
Wanderkarten Radwanderkarte Hohenlohekreis (1:50000) oder 1:50000 Blatt L 6724 Künzelsau und L 6722 Öhringen.
Tourenbeschreibung Der Ausgangsort Dörzbach liegt im nordöstlichen Hohenlohekreis an der Jagst und an der B 19 (zwischen Künzelsau und Bad Mergentheim). Zunächst radelt man auf der nach Meßbach führenden Straße über die *Jagstbrücke;* unmittelbar nach der Brücke biegt man nach links ab und fährt auf dem »Kapellenweg« flußaufwärts nach *Hohebach.*

In Hohebach auf der Hauptstraße zunächst nach links halten, bei der *Kirche* jedoch geradeaus und auf bezeichneter Straße zum gut 3 Kilometer entfernten *Heßlachshof* hinauf. Hier nach rechts halten; einige hundert Meter später nochmals rechts ab und weiter über *Seidelklingen* nach *Weldingsfelden.* Wir fahren ständig geradeaus und erreichen 1 1/2 Kilometer nach Weldingsfelden den *Eschenhof,* wo wir nach links abbiegen! Auf der vorfahrtberechtigten *Höhenstraße* geht es nach rechts weiter.

Nach gut 1 Kilometer kreuzt man die B 19 und folgt der Landstraße noch 1 Kilometer, dann folgen wir dem Schild »Bühlhof« nach halbrechts. Südlich vom Bühlhof queren wir eine Straße und folgen der Markierung »blauer Balken« geradeaus. An den *Hoch-*

N
Krautheim
Klepsau
DÖRZBACH
Jagst
Altkrautheim
Ailringen
Meßbach
Gommersdorf
Unterginsbach
Oberginsbach
Hohebach
Heßlachshof
Sindeldorf
Eberstal
Seidelklingen
Jagstberg
Dörrenzimmern
Diebach
Hohenrot
Stachenhausen
Hochholzhöfe
Bühlhof
Eschenhof
Weldings-
felden
B19
0
1
2
4 km

holzhöfen vorbei trifft man nach 1 Kilometer auf eine *Vorfahrtstraße,* der man nach rechts folgt.

Der Weg von *Eberstal* nach *Altkrautheim* ist ausgeschildert. Am Ortsanfang von Altkrautheim biegt man vor dem *Lindenbaum* nach rechts in die »Kirchgasse« ein. An der *Kirche* nach links halten (»Hofweg«), später wieder nach rechts. Am Ortsende folgen wir der Straße nach Meßbach links hoch. 1 Kilometer vor Meßbach biegen wir nach links ab und radeln hinunter ins nahe Dörzbach.

24 Dörzbach – Ailringen – Assamstadt – Laibach – Dörzbach

Tourenlänge 28 km.
Fahrzeit 2 1/2 Stunden.
Gesamte Steigung 270 m.
Wanderkarten Radwanderkarte Hohenlohekreis (1:50000) oder Rad- und Wanderkarte Main-Tauber-Kreis (1:50000) oder 1:50000 Blatt L 6724 Künzelsau und L 6524 Bad Mergentheim.
Tourenbeschreibung Dörzbach liegt im Jagsttal an der B 19, zwischen Künzelsau und Bad Mergentheim. Man verläßt den Ort auf der Bundesstraße in Richtung Künzelsau. Nach den letzten Häusern kann man von der Straße weg und auf dem parallelen Landwirtschaftsweg weiterradeln. Hohebach lassen wir rechts liegen und fahren auf der Straße in Richtung Langenburg weiter.

In *Ailringen* biegt man nach dem *Kirchlein* an der Hauptstraße nach links ab und radelt in das nördliche Seitental hinein. Bei dem *Kruzifix* unterhalb des Schützenhauses hält man sich zunächst nach rechts, fährt dann aber geradeaus aufwärts (Wegmarkierung »Eichhörnchen«) und passiert bald danach einen *Waldspielplatz.*

Auf der waldfreien Hochfläche beschreibt unser Weg einen weiten Rechtsbogen. Bei der Gabelung am Waldrand verlassen wir die Wanderwegmarkierung und fahren nach links in den Wald hinein. Nach 1 1/2 Kilometern kommen wir an einem *Wegweiser* vorbei: ab hier noch etwa 250 Meter geradeaus (Richtung Hachtel), am Waldende in den Forstweg nach links einbiegen!

Nach gut 1 Kilometer kreuzen wir (beim Schild »9/3 Stöckich«) eine Straße und radeln geradeaus auf dem *Waldweg* weiter; nach 700 Metern folgen wir dem asphaltierten Weg nach links. Die B 19 kreuzt man nach gut 1 1/2 Kilometern und folgt weiterhin dem asphaltierten Waldsträßchen.

Nach etwa 3 Kilometern trifft unser Weg am Ende des Waldes auf eine *Landstraße,* dieser folgen wir 300 Meter nach rechts, dann geht es links hoch in den Wald (Schild »Fußweg zum Hexenhäusle«)! 300 Meter nach dem »Hexenhäusle« auf dem Querweg nach links, nach 1 Kilometer auf dem Asphaltweg nochmals links ab, das heißt zum Wald hinaus.

Unser Weg mündet nach gut 1 Kilometer in eine breitere Straße, der man nach links (!) folgt. An der Kreuzung in der Ortsmitte von *Assamstadt* zunächst noch geradeaus (Richtung Krautheim), nach 100 Metern jedoch links ab und auf der nächsten Straße wieder nach rechts! Man läßt die moderne Kirche rechts liegen und erreicht leicht aufwärts den Wald.

An der Abzweigung auf freiem Feld (2 Kilometer nach Assamstadt) hält man sich nach links und radelt hinunter nach *Laibach*.

Auf der Hauptstraße fährt man nach rechts weiter. Kurz vor Klepsau biegen wir direkt vor dem Gleis der Schmalspurbahn in den Feldweg nach links ein und radeln am Fuße des rebenbestandenen Altenbergs zurück ins nahe Dörzbach.

25 Krautheim – Altkrautheim – Gommersdorf – Marlach – Sindeldorf – Eberstal – Dörrenzimmern – Stachenhausen – Weldingsfelden – Hohebach – Dörzbach – Klepsau – Krautheim

Tourenlänge 33 km.
Fahrzeit knapp 3 Stunden.
Gesamte Steigung 150 m.
Wanderkarten Radwanderkarte Hohenlohekreis (1:50000) oder 1:50000 Blatt L 6722 Öhringen und L 6724 Künzelsau.
Wissenswertes Krautheim siehe Tour Nummer 2.
Tourenbeschreibung Wir beginnen unsere Tour im Tal und radeln über die Jagst nach *Altkrautheim* hinüber. Auf der »Eberstaler Straße« hält man sich zunächst nach rechts, verläßt diese jedoch in der Linkskurve am Ortsende und folgt dem *Feldsträßchen* gera-

Zu Tour 12, 16, 19, 20, 21 **Blaufelden, Billingsbacher See**
(Foto: Bürgermeisteramt Blaufelden)

KRAUTHEIM
Klepsau
B19
Dörzbach
N
Ailringen
Altkrautheim
Meßbach
Gommersdorf
Unterginsbach
Marlach
Jagst
Hohebach
Oberginsbach
Altdorf
Wendischenhof
Sindeldorf
Eberstal
Dörrenzimmern
Diebach
Stachenhausen
Seidelklingen
Mulfingen
Eschenhof
Weldingsfelden
0
1
2
4 km

Zu Tour 16, 20 **Blaufelden, Waldspielplatz »Hegenest«** in Geroldshausen (Foto: Bürgermeisteramt Blaufelden)

deaus! Nach 1½ Kilometern führt unser Weg unmittelbar am *Jagstufer* entlang: Nach wenigen hundert Metern fährt man nach rechts über den Fluß und hält sich in *Gommersdorf* wieder nach links.

Nach weiteren 1½ Kilometern überquert man die Jagst erneut und radelt in *Marlach* an der abknickenden Vorfahrt bei der *Kirche* geradeaus! Vor dem Aussiedlerhof scharf rechts ab, den Weiler Altdorf links liegen lassen und am Sindelbach aufwärts fahren über *Sindeldorf* nach *Eberstal.* Auf der Landstraße geht es weiter talaufwärts nach *Dörrenzimmern.*

In Dörrenzimmern bei der Kirche nach rechts über den *Bach* und weiter talaufwärts – immer parallel zu Bach und Straße. In *Stachenhausen* halten wir uns ständig geradeaus (auch bei der abknickenden Vorfahrt) und verlassen das Dorf auf dem »Weldingsfelder Weg«; wenig später quert man die B 19 und fährt geradeaus weiter.

Nach 1½ Kilometern an der Kreuzung halblinks und in *Weldingsfelden* geradeaus. Knapp 2 Kilometer nach Weldingsfelden tritt der Wald von der Straße nach links zurück: Hier fahren wir auf dem asphaltierten Parallelweg weiter.

In *Hohebach* geradeaus halten und über die Brücke aufs andere Jagstufer. Anstatt auf der Bundesstraße nach links weiterzufahren, wählt man den für Kraftfahrzeuge verbotenen, zunächst an der Straße entlangführenden Feldweg. In der Ortsmitte von *Dörzbach* geradeaus (Richtung Jagsthausen), aber schon nach wenigen hundert Metern auf dem »Mühlgartenweg« nach rechts und vor dem Kirchlein nach links (»Altenberg«, dann »Sonnenhalde«).

Nach 2 Kilometern trifft unser Feldweg auf eine Straße, der wir nach links über die *Schmalspurbahn* nach *Klepsau* folgen. Man kreuzt die Hauptstraße, dann geht es weiter über »Bachstraße«, »Lindenstraße« und »Auweg«. Beim *Pumpwerk* wechseln wir auf die linke Flußseite und radeln gemütlich durch die Jagstwiesen zurück nach Krautheim.

26 Krautheim – Assamstadt – Rengershausen – Laibach – Klepsau – Krautheim

Tourenlänge 22 km. **Fahrzeit** 2 Stunden.
Gesamte Steigung 200 m.
Wanderkarten Radwanderkarte Hohenlohekreis (1:50000) oder Rad- und Wanderkarte Main-Tauber-Kreis (1:50000) oder 1:50000 Blatt L 6722 Öhringen, L 6522 Walldürn, L 6524 Bad Mergentheim und L 6724 Künzelsau.
Wissenswertes Krautheim siehe Tour Nummer 2.
Tourenbeschreibung Von der Krautheimer Altstadt auf dem Berg radeln wir nach Norden (»Assamstadter Weg«, 6 t, Markie-

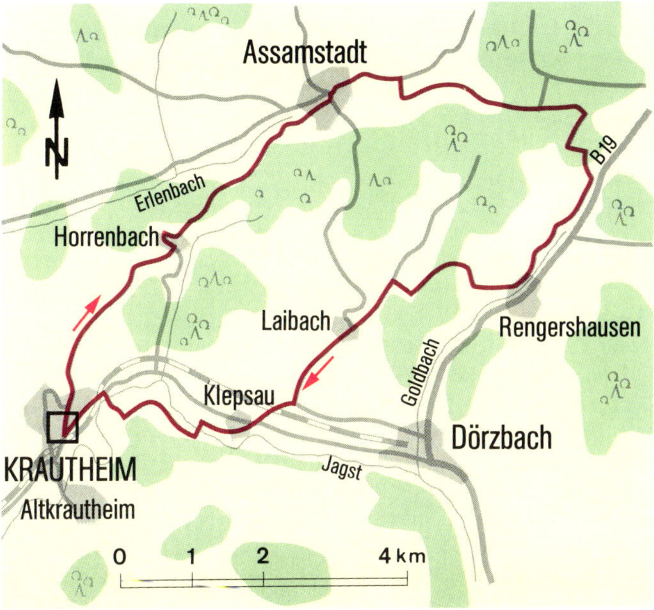

rung »blauer Balken«). Nach wenigen Kilometern trifft man oberhalb des Dörfchens Horrenbach auf eine Landstraße, der man nach links folgt, um nach 2½ Kilometern *Assamstadt* zu erreichen.

In Assamstadt hält man sich an die Beschilderung nach Bad Mergentheim, biegt jedoch am Ortsende (etwa 100 Meter nach der Ortstafel) nach rechts ab, anschließend geht es auf dem 6-t-Weg nach links weiter. Nach kurzer Zeit erreicht man den Wald und folgt immer dem Asphaltweg. Wo dieser in die B 19 mündet, fahren wir auf dem parallel zur Bundesstraße verlaufenden Nebensträßchen nach rechts ins nahe *Rengershausen.*

Gegen Ortsende von Rengershausen bei der Kirche rechts aufwärts und am Friedhof vorbei über den Höhenzug nach *Laibach* im gleichnamigen Tal.

Im Jagsttal queren wir die Vorfahrtstraße und radeln in das alte Weindorf *Klepsau* hinein. Über »Bachstraße«, »Lindenstraße« und »Auweg« geht es weiter nach Westen, an der Jagst entlang. Beim *Pumpwerk* wechseln wir auf die linke Flußseite und radeln über die Jagstwiesen zurück nach Krautheim.

27 Krautheim – Klepsau – Dörzbach – Hohebach – Ailringen – Hollenbach – Hachtel – Assamstadt – Krautheim

Tourenlänge 39 km.
Fahrzeit 3½ Stunden.
Gesamte Steigung 300 m.
Wanderkarten Radwanderkarte Hohenlohekreis (1:50000) oder Rad- und Wanderkarte Main-Tauber-Kreis (1:50000) oder 1:50000 Blatt L 6722 Öhringen, L 6724 Künzelsau, L 6524 Bad Mergentheim und L 6522 Walldürn.
Wissenswertes Krautheim siehe Tour Nummer 2.
Tourenbeschreibung Wir beginnen die Tour in Krautheim/Tal auf der Hauptstraße in Richtung Dörzbach; nach einigen hundert Metern geht es am Ortsende über das Gleis der *Schmalspurbahn* und auf dem parallelen Landwirtschaftssträßchen weiter. Bald darauf gelangt man über die *Jagstbrücke* und fährt über die »Brühlwiesen« weiter talaufwärts. Bei der *Pumpstation* überqueren wir den Fluß nochmals und gelangen auf dem Uferweg ins Weindorf *Klepsau.* Bei der Kirche nach links halten, am Ortsrand die Vorfahrtstraße queren und noch 500 Meter geradeaus weiterfahren in Richtung Laibach. Unmittelbar nach der *Bahnlinie* ra-

deln wir auf dem *Feldweg* nach rechts weiter! Am Ortseingang von *Dörzbach* bei dem *Kirchlein* nach rechts, später auf der Vorfahrtstraße nach links zur Ortsmitte. Hier folgen wir der bezeichneten Straße in Richtung Meßbach nach rechts über die Jagst; unmittelbar nach der Brücke geht es auf dem »Kapellenweg« nach links weiter. Ständig geradeaus (also parallel zum Fluß) erreicht man – an der Kapelle »St. Wendel zum Stein« vorbei – nach 3½ Kilometern das Dorf *Hohebach.*

In Hohebach fährt man auf der Hauptstraße kurz nach links, nach der Kirche in Richtung Hermuthausen, beim Schild »Kün-

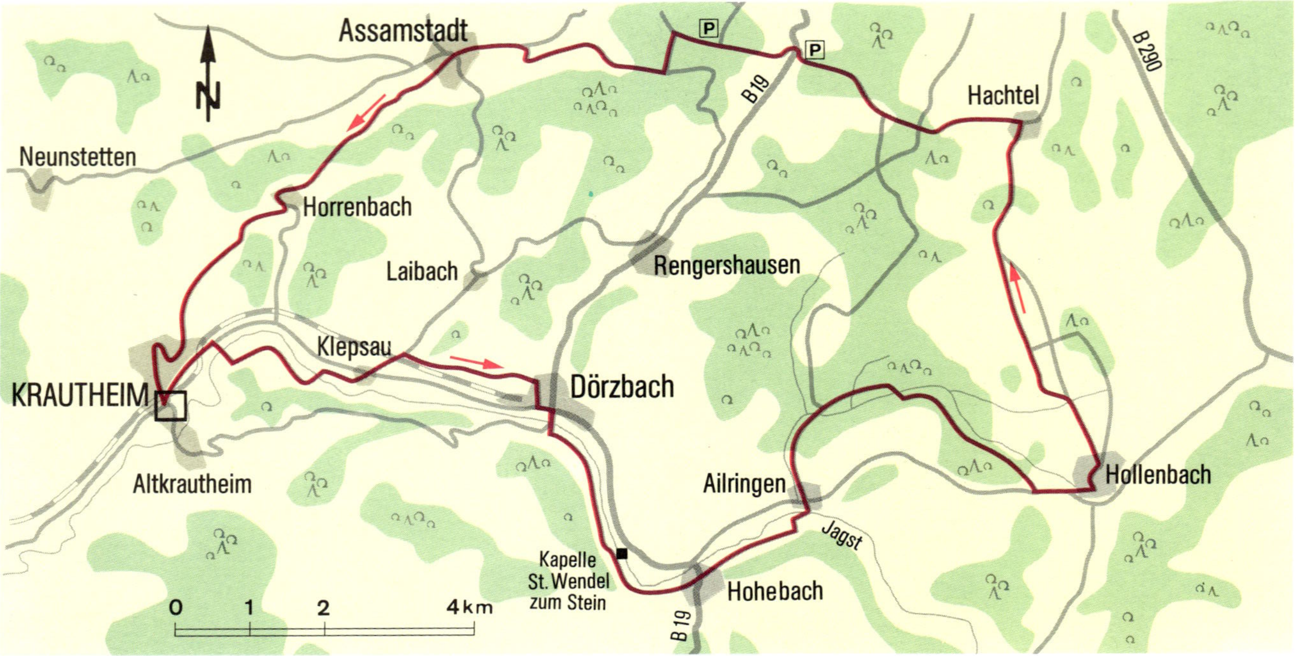
Assamstadt
P
P
B 19
Hachtel
B 290
N
Neunstetten
Horrenbach
Laibach
Rengershausen
Klepsau
KRAUTHEIM
Dörzbach
Altkrautheim
Ailringen
Hollenbach
Jagst
Kapelle
St. Wendel
zum Stein
Hohebach
B 19
0
1
2
4 km

zelsau« nach links und auf dem 8-t-Weg geradeaus, das heißt bald aufwärts. Ständig geradeaus radelt man auf halber Höhe zwischen Jagst und Hochfläche auf dem Feldweg (später Waldweg), bis man oberhalb von Ailringen einen *Asphaltweg* erreicht, dem man nach links abwärts folgt. Nach der Jagstbrücke geht es nach links in das Dorf *Ailringen* hinein.

In der Ortsmitte nur kurz nach rechts halten (Richtung Crailsheim) und gleich nach dem *Kirchlein* wieder nach links abbiegen, um auf dem Talsträßchen das Dorf nach Norden zu verlassen. Nach gut 1 Kilometer unterhalb vom Schützenhaus bei dem *Kruzifix* nach rechts halten; an der bald folgenden Gabelung wieder nach rechts, das heißt unten auf dem Talsträßchen bleiben. Nach 1 Kilometer radelt man über die *Dammkrone* nach rechts und fährt anschließend nach links auf dem mit Schranke versehenen Waldweg aufwärts.

Nach $2^1/_2$ Kilometern folgen wir auf der waldfreien Hochfläche der Straße kurz nach links und radeln dann – links ab – nach *Hollenbach* hinein. Beim Gasthaus »Adler« links ab, an der Kirche nach rechts und dann dem beschilderten Sträßchen nach Atzenweiler folgen. Nach 2 Kilometern halten wir uns beim Schild »Siedlung Atzenweiler« nach halbrechts und radeln – die Häuser links liegen lassend – talwärts weiter.

In *Hachtel* vor der Kirche nach links abbiegen und auf der »Reformstraße« in Richtung Rengershausen bergauf weiter. Oben im Wald fährt man – in der Linkskurve der Straße – auf dem 5,5-t-Weg geradeaus! Nach gut 2 Kilometern queren wir die B 19 und setzen die Fahrt auf dem asphaltierten Waldweg fort. 400 Meter nach dem *Wanderparkplatz* folgen wir dem Waldweg zwischen den Schildern »7/9 Goldacker« und »7/10 Eybhütte« nach links! Nach $^1/_2$ Kilometer geht es auf dem asphaltierten Querweg rechts weiter.

In *Assamstadt* folgen wir dem Wegweiser »Krautheim«. Nach etwa 3 Kilometern beschreibt die Straße oberhalb des Dörfchens Horrenbach eine Linkskurve: Wenige hundert Meter danach biegen wir nach rechts ab und gelangen auf ruhigem Seitensträßchen – zunächst leicht aufwärts – zurück nach Krautheim.

28 Creglingen – Münster – Schmerbach – Blumweiler – Schwarzenbronn – Detwang – Bettwar – Tauberschecken-bach – Tauberzell – Archshofen – Creglingen

Tourenlänge 30 km.
Fahrzeit $2^1/_2$ Stunden.
Gesamte Steigung 170 m.
Wanderkarten Rad- und Wanderkarte Main-Tauber-Kreis (1:50000) oder 1:50000 Blatt L 6526 Uffenheim und L 6726 Rothenburg ob der Tauber.
Wissenswertes Creglingen bekam 1349 das Stadtrecht verliehen, wechselte in der Folgezeit oft die Herrschaft und kam zu Beginn des 19. Jahrhunderts aus preußischem Besitz über Bayern an das Königreich Württemberg. 1 Kilometer südlich der Stadt steht die 1384 erbaute Herrgottskirche, die alljährlich von vielen Tausenden hauptsächlich wegen des dort seit 1505 stehenden prächtigen Marienaltars von Tilman Riemenschneider besucht wird. Die Kirche wurde erbaut von den Grafen von Brauneck, deren Stammsitz als Ruine mit mächtigem Bergfried 5 Kilometer nordnordöstlich von Creglingen liegt. – Zwischen Finsterlohr und Tauberzell liegt auf der Hochfläche unmittelbar am Steilabfall zum Taubertal eine sogenannte keltische Volksburg (Befestigungsanlagen einer ehe-

CREGLINGEN
Freudenbach
Craintal
Archshofen
Münster
Neustett
Holdermühle
Tauberzell
Finsterlohr
Tauberscheckenbach
Tauber
Schonach
Lichtel
Schmerbach
Oberrimbach
Wolfsbuch
Bettwar
Blumweiler
Steinbach
Böhmweiler
Schwarzenbronn
Reutsachsen
Heiligenbronn
Vorbach
Detwang
Dürrenhof
0
1
2
4 km
Hemmendorf
Rothenburg
ob der Tauber

maligen »Keltenstadt« mit Wällen und Tordurchlässen). – Detwang siehe Tour Nummer 18.

Tourenbeschreibung Wir beginnen unsere Tour auf der nach Süden führenden Straße nach Münster. Nach 1 Kilometer passieren wir die »Herrgottskirche« (hier gibt es viele Parkplätze, d.h. evtl. erst hier starten) und erreichen nach weiteren $1^1/_2$ Kilometern den Stadtteil *Münster,* wo wir uns geradeaus halten.

Bald kommen wir an zwei *Stauseen* vorbei (einer davon mit Campingplatz und Freizeiteinrichtungen); allmählich steigt die Straße an. Über *Schmerbach* gelangt man auf der Hochfläche nach *Blumweiler;* auch hier – wie schon in Schmerbach – geradeaus fahren. 1 Kilometer nach Blumweiler hält man sich nach links, läßt die Weiler *Schwarzenbronn* und *Reutsachsen* links liegen und gelangt – mit prächtiger Sicht auf Rothenburg, das »fränkische Jerusalem« – hinunter ins Taubertal.

Nach der Tauberbrücke wenden wir uns nach links und radeln über *Detwang* – ständig im Tal – zurück nach Creglingen. Unterwegs passieren wir die Orte *Bettwar, Tauberscheckenbach, Tauberzell* (am Ortsende führt der Radweg nach links) und *Archshofen;* Craintal bleibt rechts liegen.

Zu Tour 28 **Im Taubertal**
(Foto: Reinhard Kuntzke)

29 Weikersheim – Tauberrettersheim – Röttingen – Riedenheim – Stalldorf – Nassau – Elpersheim – Weikersheim

Tourenlänge 31 km.
Fahrzeit $2^1/_2$ Stunden.
Gesamte Steigung 260 m.
Wanderkarten Rad- und Wanderkarte Main-Tauber-Kreis (1:50000) oder 1:50000 Blatt L 6524 Bad Mergentheim.
Wissenswertes Stadt und Schloß Weikersheim sind das Musterbeispiel einer kleinen Residenz. 1156 erstmalige Erwähnung Weikersheims als Stammsitz des Hauses Hohenlohe. 1313 Verleihung des Stadtrechts. 1587 Verlegung der Residenz von Langenburg nach Weikersheim. 1595 Baubeginn des Schlosses, das als eines der prächtigsten Renaissanceschlösser Europas gilt. Die Gebäude mit so gut wie vollständig erhaltener Inneneinrichtung und der nach 1710 angelegte Garten mit Orangerie stellen eine einzigartige Sehenswürdigkeit dar. Zwischen dem Schloß und der spätgotischen Stadtkirche liegt der reizvolle Marktplatz mit dem Marktbrunnen von 1768. Mit dem »Tauberländer Dorfmuseum« besitzt Weikersheim das reichhaltigste Museum dörflicher Kultur in Nordwürttemberg. Auf dem Karlsberg im Osten der Stadt ist ein Wild- und Freizeitpark mit Forstmuseum.
Anmerkung Fahrradverleih der Deutschen Bundesbahn am Bahnhof von Weikersheim.
Tourenbeschreibung Vom Bahnhof radeln wir vor bis an den Rand der Altstadt. Dort biegt man rechts ab, folgt später der Vorfahrtstraße nach links und biegt vor der Tauber nach rechts ab! Auf dem Radwanderweg »Liebliches Taubertal« (grüne Markierung) erreichen wir über *Tauberrettersheim* das alte Weinstädtchen *Röttingen.*

Am östlichen Stadtrand biegt man nach links ab und pedalt auf bezeichneter Straße die nächsten 5 Kilometer hinauf nach *Riedenheim.* Am Ortsanfang müssen wir nach links abbiegen (»Hauptstraße«)! Dann folgt man der Beschilderung »Stalldorf«.

Das Dörfchen *Stalldorf* ist nach $2^1/_2$ Kilometern erreicht; hier zunächst nach links halten (Richtung Bad Mergentheim), jedoch bei dem *Verkehrsspiegel* geradeaus weiter zum Dorf hinaus! Die folgenden 5 Kilometer Fahrt auf dem ruhigen Feldsträßchen durch das Tal des Stalldorfer Bachs stellen eine echte »Radwander-Delikatesse« dar.

In *Nassau* auf der »Bernsfelder Straße« nach rechts, bei den letzten Häusern folgt man dem Schild »Lichtenhöfe« nach links. Nach

knapp 2 Kilometern erreicht unsere Straße auf der Höhe den *Waldrand:* An dieser Stelle biegen wir nach links ab!

An einem *Aussiedlerhof* vorbei radelt man die folgenden Kilometer ständig geradeaus nach Süden. Nachdem wir das linksseitige Waldstück passiert haben, müssen wir bald darauf eine Vorfahrtstraße queren und radeln die folgenden 500 Meter geradeaus weiter am rechtsseitigen Waldrand entlang. Wo der Hauptweg nach rechts abknickt und dem Waldrand folgt, halten wir uns jedoch geradeaus (!), um nach wenigen hundert Metern den linksseitigen Waldrand zu erreichen, an dem entlang es weiterhin südlich geht.

Die nächsten 2 Kilometer Wegstrecke führen ständig bergab (Bremsen überprüfen!). Im Taubertal quert man die vorfahrtberechtigte Hauptstraße und radelt nach *Elpersheim* hinein; dort finden wir wieder die grüne Radwegmarkierung, die uns gegen Ortsende (links ab) den Rückweg nach Weikersheim weist.

30 Weikersheim – Queckbronn – Neubronn – Rinderfeld – Wildentierbach – Wolkersfelden – Spielbach – Leuzenbronn – Detwang – Bettwar – Tauberscheckenbach – Tauberzell – Archshofen – Creglingen – Niederrimbach – Neubronn – Queckbronn – Weikersheim

Tourenlänge 56 km.
Fahrzeit $5^1/_2$ bis 6 Stunden.
Gesamte Steigung 430 m.
Wanderkarten Rad- und Wanderkarte Main-Tauber-Kreis (1:50000) oder 1:50000 Blatt L 6524 Bad Mergentheim, L 6724 Künzelsau, L 6726 Rothenburg ob der Tauber und L 6526 Uffenheim.
Anmerkung Fahrradverleih der Deutschen Bundesbahn am Bahnhof in Weikersheim.
Tourenbeschreibung Vom Weikersheimer Bahnhof bis zum Altstadtrand fahren, dann nach rechts halten. Man quert beim *Industriegebiet* im Norden der Stadt zuerst die Vorfahrtstraße, anschließend die Bahnlinie und radelt dann nach links weiter. Wenig später schieben wir das Rad nach rechts aufwärts (Wanderwegmarkierung des Main-Donau-Wegs; über den »Lerchenweg« geht es weiter nach rechts, später nach links (»Karlsberg«).

Auf der Höhe fahren wir am Nordrand des *Karlsberg-Waldes* entlang. Über *Queckbronn* erreicht man nach knapp 2 Kilometern *Neubronn.* Hier nach rechts halten und das Dorf durchqueren; am Ortsende links ab und auf bezeichnetem Sträßchen weiter ins 5 Kilometer südlich gelegene *Rinderfeld,* wo es nach rechts weitergeht (also immer noch nach Süden).

An der Gabelung südlich von Rinderfeld geradeaus (Richtung Wildentierbach), nach 400 Metern links ab, nach weiteren 400 Metern (am Ortsanfang von Dunzendorf) nach rechts abbiegen! Auf ruhigem 6-t-Sträßchen erreicht man *Wildentierbach.* Hier ändert

WEIKERSHEIM
Queckbronn
Niederrimbach
Laudenbach
Neubronn
Vorbach
Ebertsbronn
Oberndorf
Wermutshausen
Rinderfeld
Streichental
Dunzendorf
Lichtel
Wildentierbach
Oberrimbach
Landturm
Wolkersfelden
Hachtel
Heimberg
Spielbach
Untereichenrot
0
1
2
4 km
Hummertsweiler

Neubronn
Tauber
Niederrimbach
Creglingen
Oberndorf
Craintal
Freudenbach
Münster
Archshofen
Schön
Hautschenmühle
Lichtel
Tauberzell
Finsterlohr
Schmerbach
Oberrimbach
Tauberscheckenbach
Schonach
Spielbach
Wolfsbuch
Böhmweiler
Bettwar
Hummertsweiler
Heiligenbronn
Reutsachsen
Steinbach
Hemmendorf
Leuzenbronn
Vorbach
Detwang
Rothenburg
ob der Tauber
0
1
2
4 km

sich unsere bisherige Nord-Süd-Fahrtrichtung nach Osten, das heißt, wir halten uns links (Richtung Spielbach).

Unmittelbar nach dem Gehöft *Landturm* (hier stand in früheren Zeiten ein Turm zur Sicherung der Westgrenze des reichsstädtisch-rothenburgischen Territoriums, der sogenannten »Landhege«) geht es auf der neuen 6-t-Landstraße nach links weiter! Nach $2^1/_2$ Kilometern am Ortsende von *Wolkersfelden* nach rechts (Wegweiser »Spielbach«).

Am Ortseingang von *Spielbach* nach links halten, dann nach rechts (Richtung Heiligenbronn). Auf der Höhe östlich von Spielbach nach rechts abbiegen in das 3,5-t-Sträßchen! Nach 1 Kilometer im Gehöft *Hummertsweiler* rechts ab, nach 500 Metern wieder

Zu Tour 29, 30, 33, 48 **Weikersheim, Schloß**
(Foto: Ulrich Schnabel)

nach links. Die folgenden 3 Kilometer Wegstrecke führen schnurgeradeaus nach Osten.

In der Ortsmitte von *Leuzenbronn* links ab und weiter über *Hemmendorf* und *Vorbach* ins Taubertal hinunter. Jetzt ändert sich unsere Fahrtrichtung nach Norden beziehungsweise Nordwesten, das heißt, wir folgen der Tauber talwärts. Über *Detwang, Bettwar* und *Tauberscheckenbach* erreicht man auf der Talstraße das Dorf *Tauberzell;* am Ortsende verläßt man die Autostraße und wechselt bei der *Hautschenmühle* auf die linke Flußseite. Auf dem Radwanderweg »Liebliches Taubertal« pedalen wir über *Archshofen* – an Craintal vorbei – nach *Creglingen.*

In Creglingen fährt man an allen Abzweigungen und Kreuzungen geradeaus, das heißt, weiter talwärts in Begleitung der Tauber zur Rechten. 1 Kilometer nach den letzten Häusern von Creglingen verläßt man jedoch das Taubertal, indem man den Bergsporn nach links umfährt und in das Rimbachtal hineinradelt.

Über *Niederrimbach* (hier Richtung Weikersheim) erreicht man wieder *Neubronn* und fährt das bereits anfangs dieser Tour zurückgelegte Wegstück über *Queckbronn* zum Ausgangsort Weikersheim.

31 Bad Mergentheim – Edelfingen – Unterbalbach – Lauda – Oberlauda – Oberschüpf – Unterschüpf – Schweigern – Bobstadt – Althausen – Neunkirchen – Bad Mergentheim

Tourenlänge 37 km.
Fahrzeit 3 bis 3½ Stunden.
Gesamte Steigung 340 m.
Wanderkarten Rad- und Wanderkarte Main-Tauber-Kreis (1:50000) oder 1:50000 Blatt L 6524 Bad Mergentheim und L 6522 Walldürn.
Wissenswertes Bad Mergentheim, eines der größten Heilbäder Deutschlands, bekam 1340 das Stadtrecht. Von 1525–1809 war die Stadt Residenz der Hoch- und Deutschmeister. 1809 kam Mergentheim an Württemberg, Residenz des Hochmeisters wurde nun Wien. Das hübsche mittelalterliche Stadtbild weist einige besondere Sehenswürdigkeiten auf: das Deutschordensschloß (Baubeginn im 12. Jahrhundert, Bauabschluß im 18. Jahrhundert) mit Museum, die barocke Schloßkirche, die Kapuzinerkirche (1628),

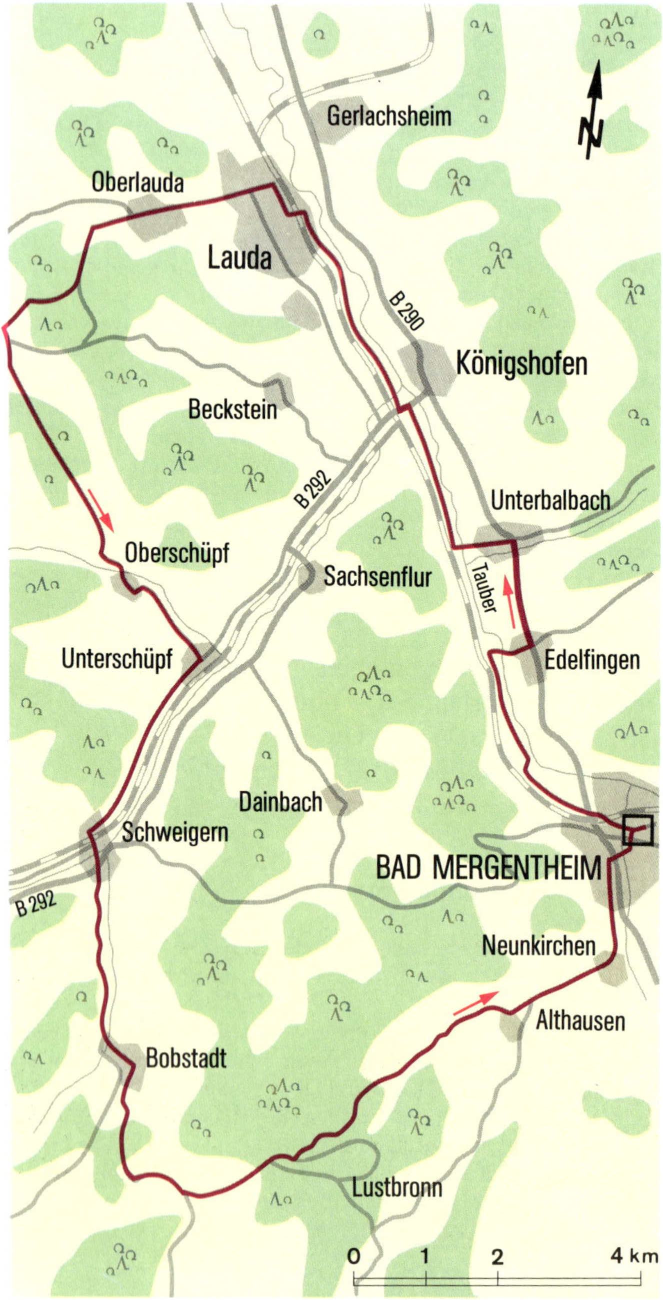
Gerlachsheim
Oberlauda
Lauda
B 290
Königshofen
Beckstein
B 292
Unterbalbach
Oberschüpf
Sachsenflur
Tauber
Unterschüpf
Edelfingen
Dainbach
Schweigern
BAD MERGENTHEIM
B 292
Neunkirchen
Althausen
Bobstadt
Lustbronn
0 1 2 4 km
N

die Marienkirche (1320–30), die Stadtkirche St. Johannes (1250–70) und das staffelgiebelige Rathaus aus dem Jahr 1564. – Das Renaissanceschloß in Oberschüpf stammt aus dem Jahr 1587, der Fachwerkbau »Fischhaus« ist von 1619. – Lauda (seit 1344 Stadt) hat sich seine hübsche Altstadt nahezu vollständig bewahrt. Während das benachbarte Tauberbischofsheim bis zum Ende des alten Reiches kurmainzischer Besitz war, gehörte Lauda jahrhundertelang zu Würzburg. 1806 wurden Lauda und Tauberbischofsheim badisch. Die Laudaer Marienkirche hat schöne Barockaltäre. Sehenswert ist auch das Heimatmuseum. – Die »Hakenkirche« in Unterschüpf weist Bausubstanz aus drei Epochen auf: Gotik, Renaissance, Rokoko (Hochaltar). Das ehemalige Wasserschloß von Unterschüpf stammt aus dem Jahr 1616.

Anmerkung Fahrradverleih der Deutschen Bundesbahn am Bahnhof von Bad Mergentheim.

Tourenbeschreibung Vom Bad Mergentheimer Bahnhof geht es über die Straße »Unterer Graben« nach Südwesten, dann über die »Mörikestraße« nach rechts, später halbrechts ab (»Flürlesweg«). Man trifft auf die grüne Markierung des Radwanderwegs »Liebli-

Zu Tour 31, 32, 33, 48 **Bad Mergentheim, Deutschordensschloß**
(Foto: Ulrich Schnabel)

ches Taubertal«, an die wir uns bis nach Lauda (12 Kilometer) halten. Zuvor jedoch fährt man durch die Orte *Edelfingen* und *Unterbalbach* (hier nach links weg von der Bundesstraße); Königshofen bleibt rechts liegen.

In *Lauda* verläßt man die Radwegmarkierung. Wir fahren über die »Rathausstraße« durch die schöne Altstadt. Durch das »Obere Tor« verläßt man die Altstadt und radelt gleich anschließend auf der »Rebgutstraße« geradeaus (!) weiter. Später gelangen wir auf der »Schulstraße« nach *Oberlauda.* Auch hier immer geradeaus: Über die »Vorstadtstraße« fährt man zum Dorf hinaus!

Der Weg führt uns bald nach links talaufwärts in den Wald hinein. An der markanten Wegegabel bei der *Waldhütte* biegen wir nach rechts ab. Nach gut 1 Kilometer ist die waldfreie Hochfläche erreicht. Auf dem Querweg nach links weiterfahren. An der Kreuzung geradeaus und markierungsgemäß hinunter nach *Oberschüpf* und *Unterschüpf.*

In Unterschüpf beim Gasthaus »Adler« nach rechts abbiegen (»Römerstraße«); über die »Brunnengasse« geht es nach links weiter. An der Bahnlinie entlang radeln wir auf ruhigem Asphaltweg in das 3 Kilometer entfernte Dorf *Schweigern;* hier geht es beim Stoppschild nach links unter der Bahnlinie hindurch in die Ortsmitte hinein. Nach der *Kirche* auf der Hauptstraße kurz nach rechts, beim *Friedhof* nach links und auf beschilderter Straße nach *Bobstadt.*

Zu Tour 28, 30, 33, 48 **Creglingen, Wasserschloß Waldmannshofen**
(Foto: Bürgermeisteramt Creglingen)

Auf der nach Assamstadt führenden Straße gelangt man hinter Bobstadt waldaufwärts auf die freie Hochfläche (2 Kilometer). Wenige hundert Meter bevor dann die Straße wieder in den Wald eintaucht, zweigt nach links ein asphaltiertes *Feldsträßchen* ab, auf dem wir nach gut 1 Kilometer den Wald erreichen und durch das Rechental hinabgelangen nach *Althausen;* auf der »Bobstadter Straße« geradeaus.

Über *Neunkirchen* (beim Gasthaus »Löwen« geradeaus) erreicht man wieder Bad Mergentheim: Auf der »Breslauer Straße« vorfahren bis zur »Boxberger Straße«, auf dieser nach rechts in die Stadt hinein. Bei der Ampel steigt man ab, überquert schiebend die Straße und fährt zurück zum Ausgangspunkt (Wegweiser »Bahnhof«).

32 Bad Mergentheim – Löffelstelzen – Rekkerstal – Neubronn – Oesfeld – Bowiesen – Vilchband – Marstadt – Deubach – Unterbalbach – Edelfingen – Bad Mergentheim

Tourenlänge 28 km.
Fahrzeit 2 1/2 Stunden.
Gesamte Steigung 280 m.
Wanderkarten Rad- und Wanderkarte Main-Tauber-Kreis (1:50000) oder 1:50000 Blatt L 6524 Bad Mergentheim.
Wissenswertes Bad Mergentheim siehe Tour Nummer 31.
Anmerkung Fahrradverleih der Deutschen Bundesbahn am Bahnhof in Bad Mergentheim.
Tourenbeschreibung Vom nördlichen Altstadtrand, wo sich der Bahnhof befindet, hält man sich nach Norden, indem man zunächst die Gleise überquert, sich geradeaus (!) hält und nach der *Tauberbrücke* nach rechts in Richtung Löffelstelzen fährt. Wo die Straße eine scharfe Rechtskurve beschreibt, geht es für uns geradeaus bergwärts auf der 3-t-Straße!

Auf der Höhe durchradeln wir das Dorf *Löffelstelzen* und halten uns an der Abzweigung nach 1 1/2 Kilometern nach rechts. Wäre das häßliche umzäunte *Militärareal* nicht im Weg, könnte man dort geradeaus weiterradeln, so jedoch müssen wir es – zuerst nach rechts, dann nach links – umfahren. Nach rechts geht es dann weiter auf dem mit rotem Eichenblatt markierten Feldsträßchen.

In *Reckerstal,* wo nur die nach Harthausen führende Straße beschildert ist, müssen wir nach links (!) abbiegen und auf unbezeich-

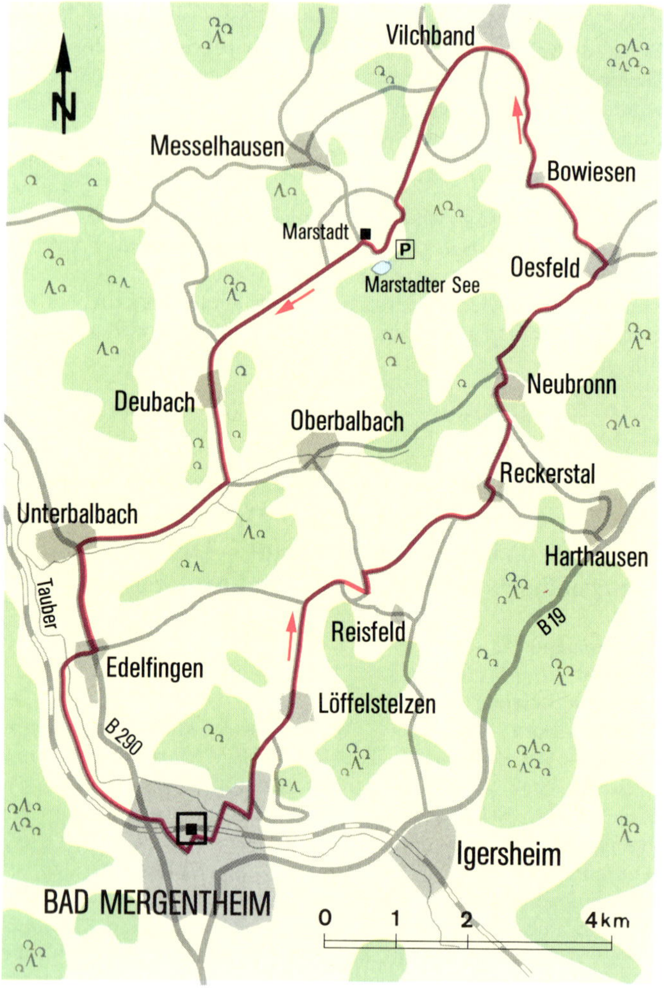

netem Sträßchen weiterpedalen. Nach wenigen Minuten läßt man – abwärts radelnd – Neubronn rechts liegen und fährt anschließend nach rechts weiter ins 2 Kilometer entfernte *Oesfeld.* Hier nach links abbiegen und auf ruhiger Straße über *Bowiesen* nach *Vilchband.*

Am Ortsanfang von Vilchband nach links! Später an der Abzweigung zunächst geradeaus (Richtung Messelhausen), aber schon nach 200 Metern geht es links in das Tal hinein! Nach $1^1/_2$ Kilometern fährt man auf dem Querweg nach links in den Wald hinein, wo unser Weg bald eine Rechtskurve beschreibt. Nach wenigen Minuten haben wir den Wald wieder verlassen; links erblickt man den Marstadter See. Wir fahren nach rechts, am Ortsanfang des Gehöfts *Marstadt* nach links.

Geradeaus geht es jetzt ständig talwärts über *Deubach* nach *Unterbalbach.* Von hier geht es links ab und weiter nach *Edelfingen.* Wir biegen in Edelfingen nach rechts ab und fahren zum *Bahnhof* jenseits der Tauber. Vor den Gleisen hält man sich nach links und gelangt auf dem markierten Radwanderweg zwischen Bahnlinie und Tauber zurück in die Kurstadt Bad Mergentheim.

33 Bad Mergentheim – Markelsheim – Elpersheim – Weikersheim – Tauberrettersheim – Röttingen – Bieberehren – Creglingen – Standorf – Streichental – Rinderfeld – Wermutshausen – Niederstetten – Eichhof – Adolzhausen – Schönbühl – Apfelbach – Markelsheim – Bad Mergentheim

Tourenlänge 55 km.
Fahrzeit $5^1/_2$ bis 6 Stunden.
Gesamte Steigung 480 m.
Wanderkarten Rad- und Wanderkarte Main-Tauber-Kreis (1:50000) oder 1:50000 Blatt L 6524 Bad Mergentheim, L 6526 Uffenheim und L 6724 Künzelsau.
Wissenswertes Bad Mergentheim siehe Tour Nummer 31. – Stadt und Schloß Weikersheim siehe Tour Nummer 29. – Creglingen siehe Tour Nummer 28.
Anmerkung Fahrradverleih der Deutschen Bundesbahn am Bahnhof von Bad Mergentheim.
Tourenbeschreibung Vom Nordrand der Mergentheimer Altstadt (hier befindet sich der Bahnhof) schiebt man sein Stahlroß durch den als Fußgängerzone ausgewiesenen schönen Stadtkern am *Deutschordensschloß* vorbei nach Südosten. Auf der B 19 geht es ein paar hundert Meter nach links, anschließend auf dem als Radweg ausgewiesenen Parallelweg rechts von der Straße weiter.

Die weitere Strecke bis Creglingen verläuft ständig im Taubertal und ist nicht zu verfehlen, wenn man sich an die grüne Markierung des Radwanderwegs »Liebliches Taubertal« hält. Unterwegs passieren wir die Orte *Markelsheim* (hier nach links über die Tauber), *Elpersheim* (hier wieder die Flußseite wechseln und am Ortsende

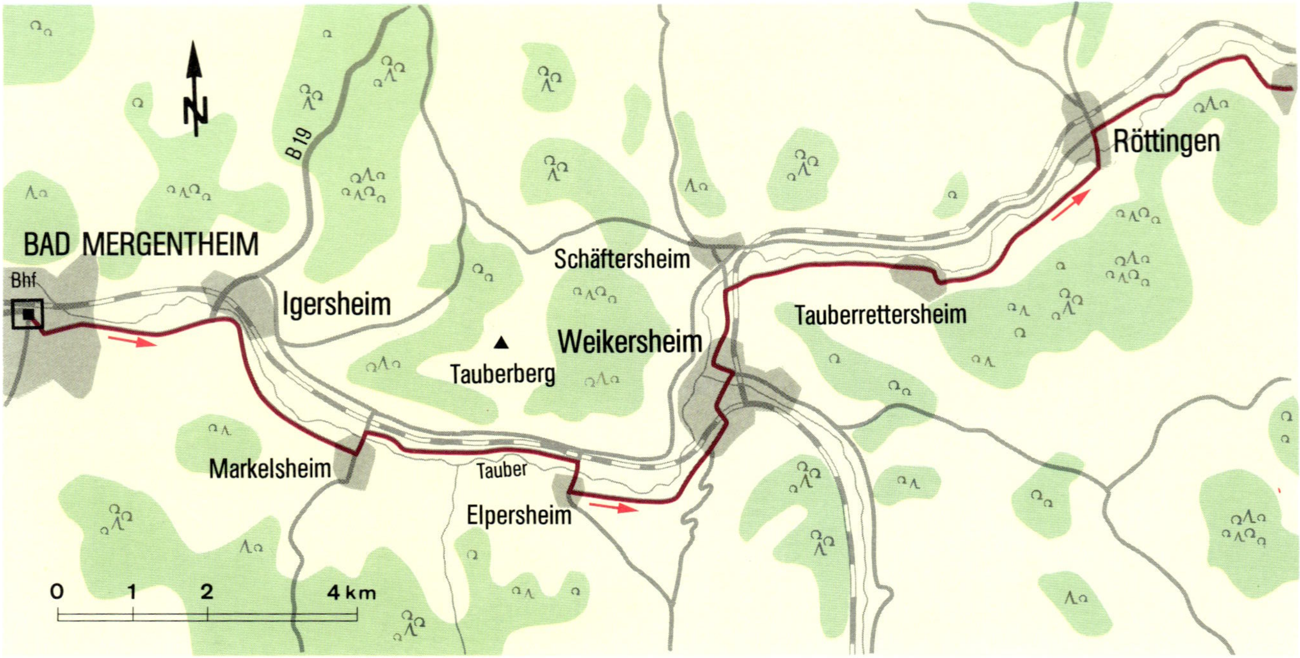
N
BAD MERGENTHEIM
Bhf
B 19
Igersheim
Markelsheim
Tauberberg
Schäftersheim
Weikersheim
Tauber
Elpersheim
Tauberrettersheim
Röttingen
0
1
2
4 km

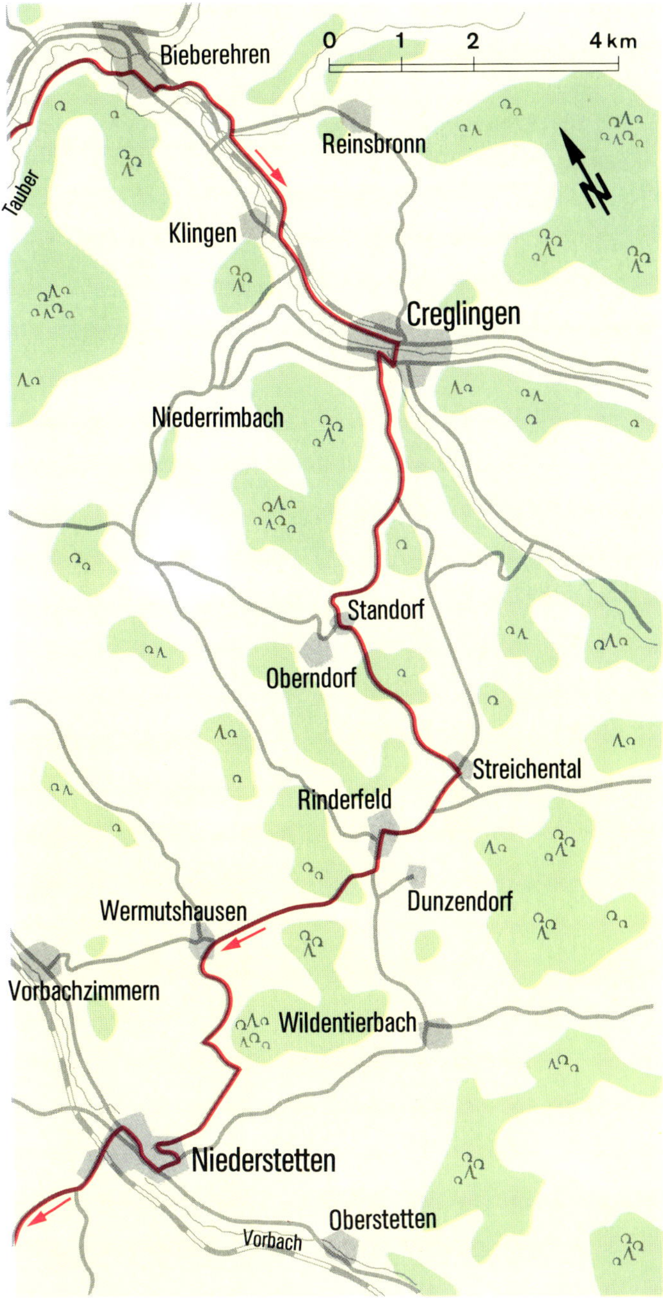

Bieberehren
0
1
2
4 km
Reinsbronn
N
Tauber
Klingen
Creglingen
Niederrimbach
Standorf
Oberndorf
Streichental
Rinderfeld
Dunzendorf
Wermutshausen
Vorbachzimmern
Wildentierbach
Niederstetten
Oberstetten
Vorbach

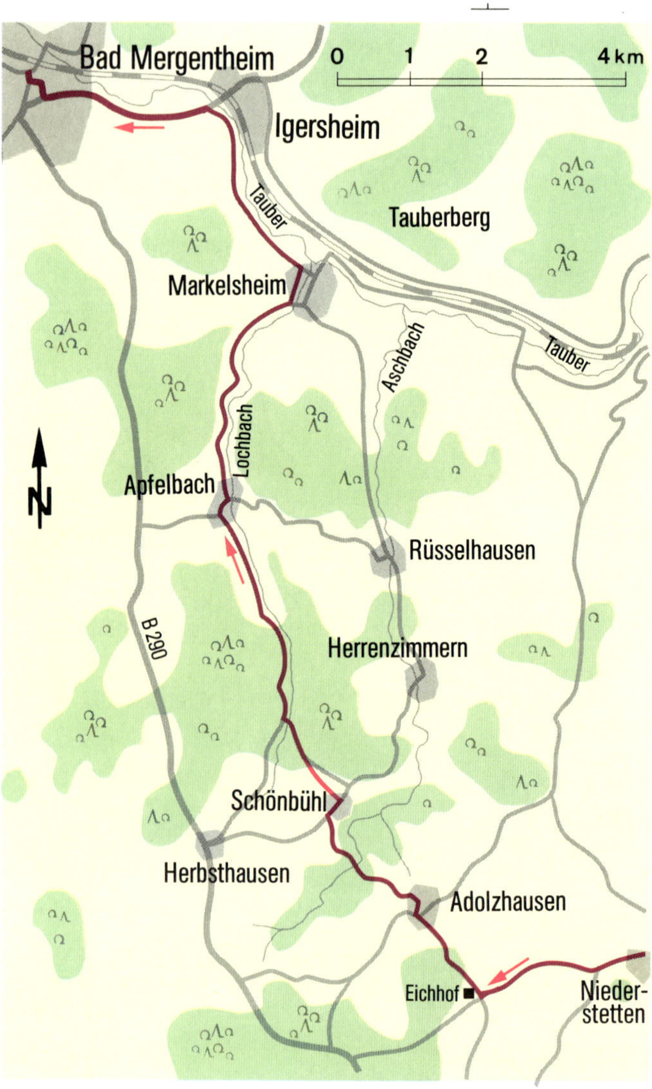
Bad Mergentheim
0 1 2 4 km
Igersheim
Tauber
Tauberberg
Markelsheim
Tauber
Aschbach
Lochbach
Apfelbach
N
Rüsselhausen
B 290
Herrenzimmern
Schönbühl
Herbsthausen
Adolzhausen
Eichhof
Nieder-
stetten

nach links), *Weikersheim, Tauberrettersheim, Röttingen, Bieberehren* und *Creglingen.*

In der Ortsmitte von Creglingen halten wir uns nach rechts, folgen der Straße nach Weikersheim jedoch nur bis zum Ortsende, wo wir uns geradeaus (!) halten und weiterfahren in das 3½ Kilometer entfernte Dörfchen *Standorf.* Hier an der zweiten Abzweigung nach rechts abbiegen (die erste Abzweigung führt nach Oberndorf); am Ortsende zeigt uns ein Schild den Weiterweg nach Streichental (links ab).

In *Streichental* am Ortsende nach rechts weiterradeln. Über *Rinderfeld* gelangt man auf beschilderter Straße an Wermutshausen vorbei hinunter nach *Niederstetten* im Vorbachtal. Der Weiterweg führt nach Westen (Richtung B 290). Nach 2 Kilometern beim *Eichhof* nach rechts abbiegen und weiterfahren bis *Adolzhausen,* wo man sich nach der Kirche nach links hält. Nach 2 Kilometern erreichen wir *Schönbühl* und zweigen an der Gabelung nach den letzten Häusern nach links ab! Im Wald immer geradeaus abwärts.

Der Autostraße im Tal folgen wir nach rechts, also talwärts. Über *Apfelbach* hat man nach wenigen Minuten *Markelsheim* erreicht, wo man sich in der Ortsmitte nach links hält. Auf dem Taubertalradweg, auf dem wir diese Tour begonnen haben, radeln wir zurück nach Bad Mergentheim.

34 Boxberg – Schweigern – Unterschüpf – Beckstein – Dittwar – Gissigheim – Pülfringen – Schwarzenbrunn – Buch – Gräffingen – Uiffingen – Wölchingen – Boxberg

Tourenlänge 42 km.
Fahrzeit 3½ bis 4 Stunden.
Gesamte Steigung 450 m.
Wanderkarten 1:50000 Rad- und Wanderkarte Main-Tauber-Kreis oder Blatt L 6522 Walldürn und L 6524 Bad Mergentheim.
Wissenswertes Bis ins beginnende 19. Jahrhundert gehörte die Stadt Boxberg zur Kurpfalz; 1806 kam der Ort an Baden. Sehenswert sind die barocke Stadtkirche (1709–12 nach Balthasar Neumann erbaut), die Burgruine und die Stadtmauer, das Heimatmuseum im Alten Rathaus (1610), das jetzige Rathaus von 1748 (Kurpfälzisches Amtshaus). – Unterschüpf siehe Tour Nummer 31. – Die spätromanische Kirche von Wölchingen (13. Jahrhundert) wird auch »Dom des Frankenlandes« genannt.

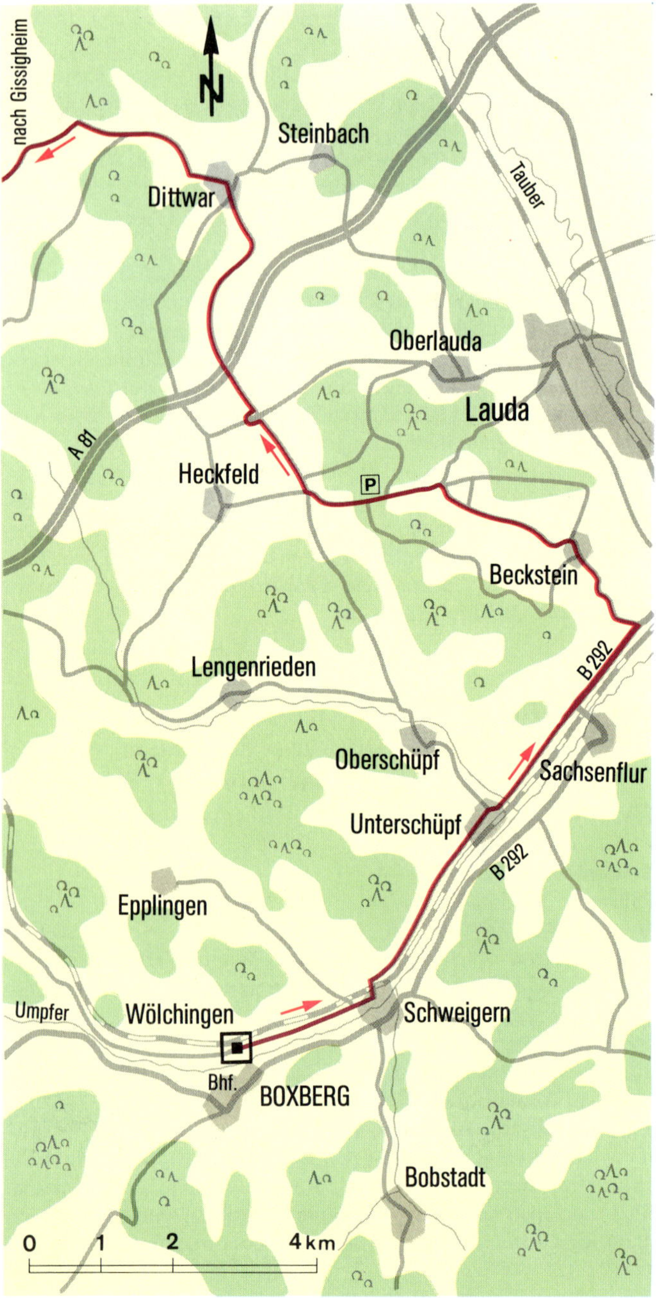
nach Gissigheim
Steinbach
Dittwar
Tauber
A 81
Oberlauda
Lauda
Heckfeld
P
Beckstein
B 292
Lengenrieden
Oberschüpf
Sachsenflur
Unterschüpf
B 292
Epplingen
Umpfer
Wölchingen
Schweigern
Bhf.
BOXBERG
Bobstadt
0
1
2
4 km

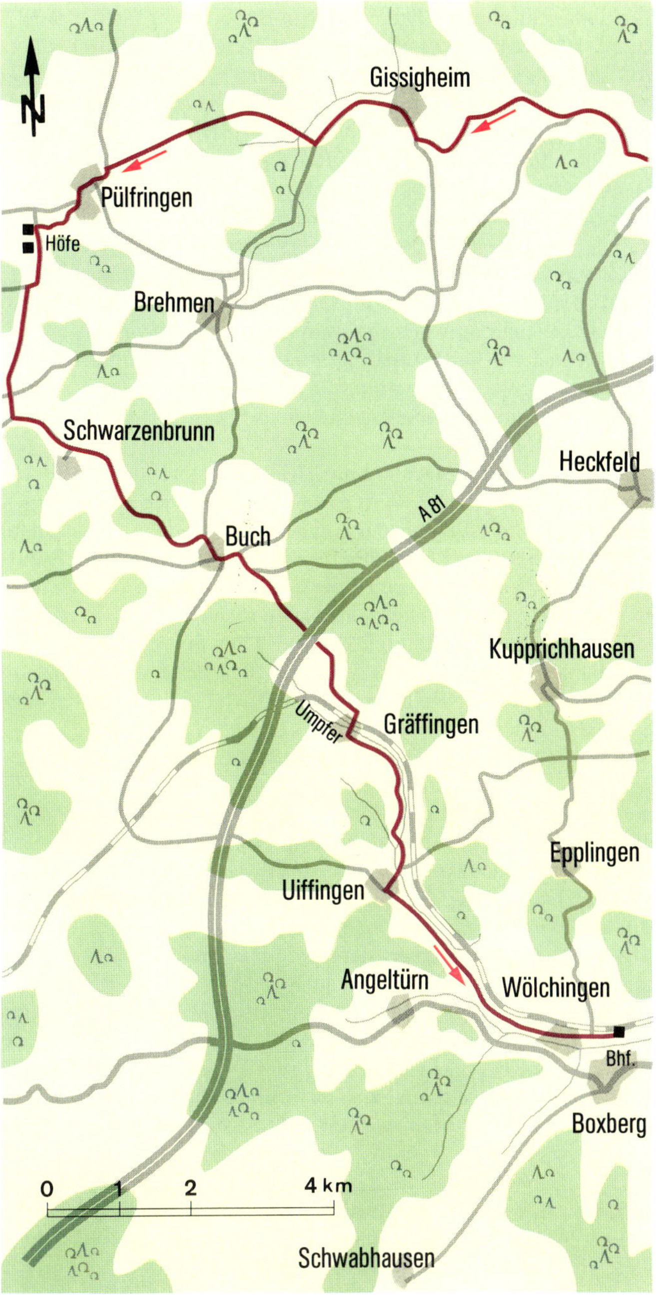
N
Gissigheim
Pülfringen
Höfe
Brehmen
Schwarzenbrunn
Heckfeld
A 81
Buch
Kupprichhausen
Umpfer
Gräffingen
Epplingen
Uiffingen
Angeltürn
Wölchingen
Bhf.
Boxberg
0
1
2
4 km
Schwabhausen

Tourenbeschreibung Das Städtchen Boxberg liegt an der B 292, knapp 10 Kilometer westlich von Bad Mergentheim. Vom außerhalb der Stadt gelegenen Bahnhof radeln wir auf dem Nebensträßchen nach Osten, halten uns also unmittelbar rechts von der Bahnlinie. In *Schweigern* geht es bei dem Raiffeisen-Lagerschuppen links ab, unter den Gleisen hindurch und anschließend sofort nach rechts weiter, die Bahnlinie verläuft nun zu unserer Rechten.

In *Unterschüpf* auf der Hauptstraße kurz nach rechts, vor der Bahnlinie wieder nach links und immer geradeaus weiter, das heißt direkt an den Gleisen entlang. Bei Sachsenflur gelangt man auf die B 292, der man gut 1 Kilometer folgt; dann biegt man nach links ab und radelt leicht aufwärts in das Weindorf *Beckstein.*

Auch nach der Durchquerung von Beckstein führt unsere Straße unterhalb der Weinberge weiterhin aufwärts. An der Kreuzung auf der Höhe – wir haben soeben ein kleines Waldstück durchfahren – geht es nach links!

An der Kreuzung nach knapp 2 Kilometern auf der waldfreien Hochfläche nach rechts weiter (links geht es nach Oberschüpf). Um nach gut 1 Kilometer die Landstraße überqueren zu können, muß man eine kurze Linksschleife ausfahren. Nach wenigen Minuten überquert man die *Autobahn,* biegt 2 Kilometer danach links ab und radelt hinunter nach *Dittwar.* Hier hält man sich immer geradeaus (Wegweiser »Laurentiushalle«), um den westlichen Ortsausgang zu erreichen. An der Abzweigung bei dem *Kruzifix* am Ortsende in gerader Richtung weiter! Auch bei der nächsten Wegegabel geradeaus.

Nach Erreichen der Hochfläche geht es hinunter nach *Gissigheim.* Der Weiterweg nach Pülfringen (4 1/2 Kilometer) ist beschildert. In *Pülfringen* fahren wir zunächst auf der »Dorfstraße« geradeaus, biegen jedoch nach dem Wegweiser »Bretzingen« links ab und radeln auf der Straße »Gützenberg« bis zu dem *Verkehrsspiegel:* hier nach rechts. Nach 800 Metern an der Kreuzung bei den *Aussiedlerhöfen* links ab!

Nach 2 1/2 Kilometern passieren wir eine Kreuzung mit markantem *Wegweiserstein:* Wir fahren noch 400 Meter weit geradeaus bis zum Waldrand. Jetzt halten wir uns nach links. Das Dörfchen Schwarzenbrunn bleibt rechts liegen. In *Buch* bei der Kirche nach links und auf der »Lindenstraße« zum Dorf hinaus. Der Straße nach Kupprichhausen folgt man nur kurze Zeit, denn schon bei der ersten Linkskurve radelt man auf dem 3,5-t-Sträßchen geradeaus weiter!

In *Gräffingen* gelangt man auf die andere Seite der Bahnlinie. In *Uiffingen* hält man sich nach links und erreicht über *Wölchingen* wieder den Ausgangspunkt dieser Tour durchs nördliche Bauland.

35 Unterschüpf – Schweigern – Boxberg – Windischbuch – Oberwittstadt – Uiffingen – Unterschüpf

Tourenlänge 32 km.
Fahrzeit 3 Stunden.
Gesamte Steigung 460 m.
Wanderkarten Rad- und Wanderkarte Main-Tauber-Kreis (1:50000) oder 1:50000 Blatt L 6524 Bad Mergentheim und L 6522 Walldürn.
Wissenswertes Boxberg und Wölchingen siehe Tour Nummer 34. – Unterschüpf siehe Tour Nummer 31.
Tourenbeschreibung Der Weinort Unterschüpf, ein Stadtteil von Boxberg, liegt wenige Kilometer westlich von Bad Mergentheim. In der Ortsmitte beim Brunnen gibt es Parkplätze. Man verläßt das Dorf nach Südwesten über die »Römerstraße« und die »Brunnengasse«. Immer an den Gleisen entlang ereicht man nach $2^1/_2$ Kilometern *Schweigern.* Beim *Stoppschild* die Bahnlinie unterqueren, dann rechts ab über die »Bahnhofstraße«, später über die »Schulstraße« weiter (also am Ortsende nicht [!] rechts aufwärts).

Wir fahren noch $1^1/_2$ Kilometer an der Bahnlinie entlang und radeln dann nach links in das Städtchen *Boxberg* hinein. Man folgt zunächst der Hauptstraße nach rechts in Richtung Karlsruhe, biegt jedoch nach der *Kirche* links ab, um auf dem »Talweg« sofort wieder nach rechts weiterzufahren! Auf ruhigem Seitensträßchen geht es die folgenden 4 Kilometer Wegstrecke in das höhergelegene Dorf *Windischbuch.* Man durchfährt den Ort geradeaus und gelangt über *Schollhof* nach *Oberwittstadt.*

Wir verlassen Oberwittstadt in westlicher Richtung auf der Straße nach Rosenberg. Nach gut 2 Kilometern kommt man waldabwärts in ein reizvolles *Wiesental:* Hier verlassen wir die Straße, indem wir vor dem *Bach* in den Feldweg nach rechts einbiegen. Nach 700 Metern wechselt unser Weg nach links über den Bach und führt dann weiter talaufwärts bis man nach 2 Kilometern wieder auf eine *Autostraße* trifft.

Auf dem *Parkplatz* vor dieser Straße kurz nach links, dann die Straße überqueren und auf dem landwirtschaftlichen Parallelweg weiter. Schon bald schwenkt der Weg nach rechts von der Straße weg und führt uns – teils durch den Wald, meist aber am Rand desselben entlang – in nordöstlicher Richtung allmählich aufwärts. Nach 2 Kilometern geht es auf der B 292 kurz nach rechts, dann (bei dem Parkplatz zur Linken) nach links ab (Vorsicht beim Abbiegen!).

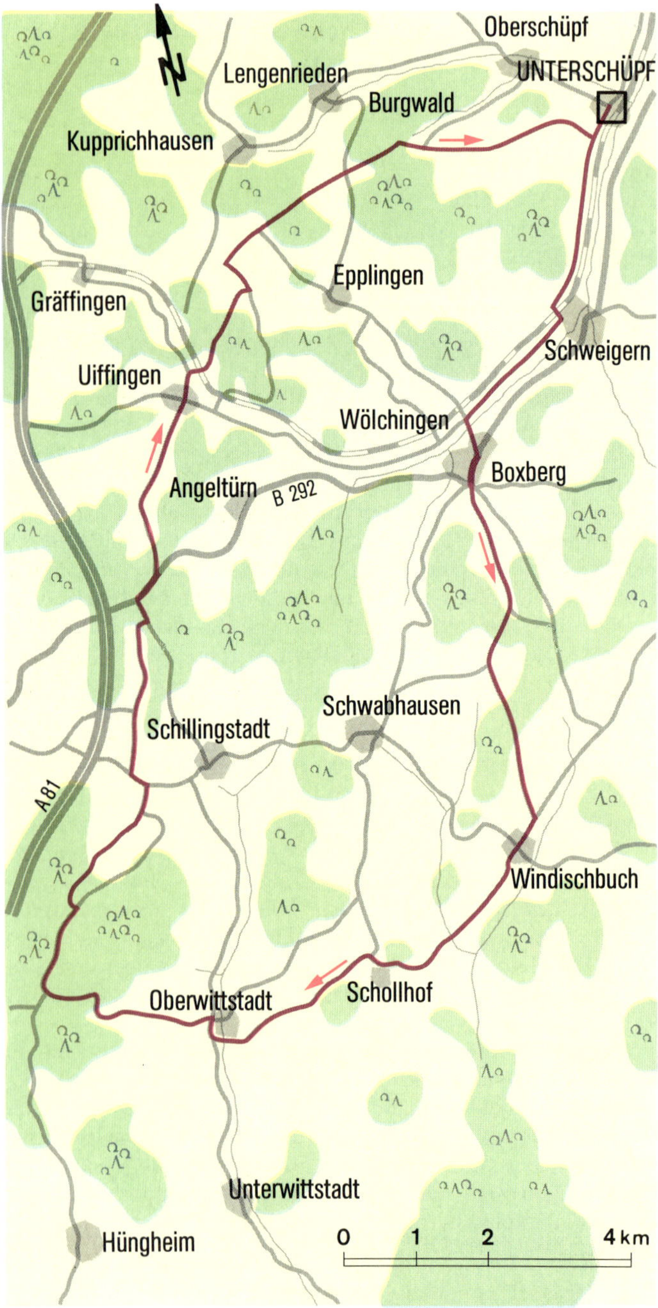

N
Oberschüpf
UNTERSCHÜPF
Lengenrieden
Burgwald
Kupprichhausen
Epplingen
Gräffingen
Uiffingen
Schweigern
Wölchingen
Boxberg
Angeltürn
B 292
Schwabhausen
Schillingstadt
A81
Windischbuch
Oberwittstadt
Schollhof
Unterwittstadt
Hüngheim
0
1
2
4 km

Nach 2½ Kilometern erholsamer Talfahrt geht es in *Uiffingen* weiter auf der bezeichneten Straße in Richtung Kupprichhausen. Unmittelbar nach Unterquerung der *Bahnlinie* hält man sich geradeaus (während die Autostraße nach links weiterführt!). Man schiebt sein Stahlroß das steil aufwärts führende Feldsträßchen hinauf. Ganz oben auf dem waldfreien Höhenrücken links ab; an dem kleinen Waldstück nach links weiter und nach 300 Metern in spitzem Winkel nach rechts!

Während der restlichen 5 Kilometer unserer Tour geht es an sämtlichen Gabelungen und Kreuzungen ständig geradeaus, das heißt, man bleibt immer auf dem Höhenrücken (also nicht nach Epplingen hinunter!). Am Ende des zweiten größeren Waldstücks, das man durchquert hat, geht es am rechtsseitigen Waldrand entlang weiter. Nach dem *Segelfluggeländeplatz* von Unterschüpf gelangt man rasch talwärts zum Ausgangspunkt.

36 Tauberbischofsheim – Hochhausen – Werbach – Werbachhausen – Wenkheim – Steinbach – Altertheim – Gerchsheim – Schönfeld – Ilmspan – Paimar – Grünsfeldhausen – Grünsfeld – Dittigheim – Tauberbischofsheim

Tourenlänge 38 km.
Fahrzeit 3 Stunden.
Gesamte Steigung 340 m.
Wanderkarten Rad- und Wanderkarte Main-Tauber-Kreis (1:50000) oder 1:50000 Blatt L 6322 Wertheim und L 6324 Würzburg Süd.
Wissenswertes Tauberbischofsheim: Bischof Bonifatius gründete um 730 das Benediktinerinnenkloster Bischofsheim, nach dem die Stadt benannt ist (Stadtrechtsverleihung Ende des 13. Jahrhunderts). Sehenswürdigkeiten: Landschaftsmuseum im Kurmainzischen Schloß; Liobakirche. – Im Stadtteil Dittigheim eine durch Balthasar Neumann erbaute Barockkirche (1748–52). – Grünsfeldhausen ist vielen Kunstfreunden wegen seiner Achatiuskapelle aus dem 12. Jahrhundert bekannt. Der tief in der Erde steckende Bau wurde 1903–05 ausgegraben und restauriert. – Die katholische Stadtpfarrkirche von Grünsfeld besitzt ein sehr schönes Werk von Tilman Riemenschneider: das steinerne Grabmal der Gräfin Dorothea von Rieneck.
Anmerkung Fahrradverleih der Deutschen Bundesbahn am Bahnhof in Tauberbischofsheim.
Tourenbeschreibung Vom Bahnhof geht es auf der »Richard-Trunk-Straße« bis zur Ampel, dann nach links, um später nochmals links abzubiegen (Wegweiser »Hochhausen«). Über *Hochhausen* erreicht man *Werbach.* Hier die Bundesstraße queren und auf der »Liebfrauenbrunnenstraße« weiter nach *Werbachhausen.* Ständig talaufwärts durchfährt man die Dörfer *Wenkheim, Steinbach, Unter-* und *Oberaltertheim.*

400 Meter nach dem Ortsende von Oberaltertheim nach rechts in den befestigten Feldweg (3,5 t) einbiegen, nach weiteren 800 Metern nach links aufwärts. ½ Kilometer nach Überqueren des höchsten Geländepunktes kreuzt man die B 27 (Vorsicht!) und biegt in *Gerchsheim* bei dem *Verkehrsspiegel* nach der Kirche rechts ab (»Vordere Zeil«). Unten geht es auf der »Steinstraße« nur kurz nach links, dann rechts aufwärts (»Renzenbergweg«).

500 Meter nach Unterquerung der Autobahn hält man sich am Waldrand nach rechts und radelt am *Grünbach* entlang nach *Schönfeld;* hier fahren wir auf der »Dorfstraße« weiter nach *Ilm-*

0
1
2
4 km
N
Oberaltertheim
Unteraltertheim
Gerchsheim
Neubrunn
Steinbach
Wenkheim
Böttigheim
B 27
Werbachhausen
Großrinderfeld
Werbach
Welzbach
Hochhausen
Impfingen
Tauber
B 27
TAUBERBISCHOFSHEIM
Bhf.
A 81
B 290
Dittigheim

Gerchsheim
A 81
Schönfeld
Ilmspan
B 27
Großrinderfeld
Krensheim
Paimar
Grünbach
Grünsfeldhausen
B 27
Tauberbischofsheim
Grünsfeld
Bhf.
Dittigheim
B 290
Tauber
Gerlachsheim
0
1
2
4 km

span. Nach der Kirche nach links (»Rinderfelder Straße«), dann rechts hoch (»Krensheimer Straße«). Zunächst bewegt man sich auf der Höhenstraße, später geht es dann abwärts nach *Paimar* und *Grünsfeldhausen.* Hier folgen wir der »Kapellenstraße« nach rechts über den Grünbach und radeln dann auf dem »Frankenweg« nach links weiter talwärts.

Wir lassen die Altstadt von Grünsfeld links liegen, indem wir über den »Rankweg« und die »Rötensteinstraße« den rechtsseitigen bewaldeten Höhenrücken umfahren (also nicht auf die Autostraße) und uns später an der *Wegegabel* links aufwärts halten.

An der Gabelung bei dem *Steinkruzifix* auf halber Höhe halbrechts weiterfahren, nach 400 Metern (fast auf der Höhe) nach links. Unmittelbar nach Überquerung der *Autobahn* biegen wir nach links ab und radeln immer talwärts bis nach *Dittigheim* (vorher müssen wir die B 290 queren). In Dittigheim nach der Tauberbrücke rechts ab (»Untere Torstraße«) und zurück ins nahe Tauberbischofsheim.

37 Tauberbischofsheim – Dittigheim – Lauda – Königshofen – Balbach – Oesfeld – Vilchband – Zimmern – Krensheim – Paimar – Großrinderfeld – Tauberbischofsheim

Tourenlänge 42 km.
Fahrzeit $3^1/_2$ bis 4 Stunden.
Gesamte Steigung 400 m.
Wanderkarten Rad- und Wanderkarte Main-Tauber-Kreis (1:50000) oder 1:50000 Blatt L 6322 Wertheim, L 6324 Würzburg Süd und L 6524 Bad Mergentheim.
Wissenswertes Tauberbischofsheim siehe Tour Nummer 36. – Lauda siehe Tour Nummer 31.
Anmerkung Fahrradverleih der Deutschen Bundesbahn am Bahnhof in Tauberbischofsheim.
Tourenbeschreibung Vom Bahnhof folgt man zunächst der bezeichneten Straße in Richtung Mosbach/Külsheim, biegt dann aber in die »Dittigheimer Straße« nach links ein! Man hält sich ab jetzt während der folgenden 11 Kilometer Wegstrecke an die grüne Markierung des Radwanderwegs »Liebliches Taubertal«. Man gelangt so über *Dittigheim* (»Obere Torstraße«, »Klesbergstraße«) an Distelhausen vorbei nach *Lauda* (auf der »Bahnhofstraße« nach links, nach 700 Metern über die »Inselstraße« abermals nach links,

Zu Tour 36, 37, 38, 39, 47, 48 **Tauberbischofsheim, Blick von der Stadtkirche St. Martin auf das Kurmainzische Schloß**
(Foto: Bürgermeisteramt Tauberbischofsheim)

dann nach rechts weiter auf der»Tauberstraße«). Königshofen bleibt links liegen; beim Bahnübergang der B 292 nur gute hundert Meter nach links folgen, dann auf dem *Feldweg* rechts ab!

In *Unterbalbach* verlassen wir den (meist) markierten Radweg, indem wir nicht (!) nach rechts, sondern geradeaus fahren nach *Oberbalbach* und *Oesfeld.* Hier biegt man links ab und radelt über *Bowiesen* und *Vilchband* (am Ortsanfang nach links!) hinunter nach *Zimmern.*

In Zimmern geht es auf der »Vorstadtstraße« nach rechts ab. Ständig talaufwärts passiert man nach 3 Kilometern den Weiler *Uhlberg.* 1 Kilometer danach geht es links ab nach *Krensheim.*

Der Weiterweg nach *Paimar* ist beschildert; auf der Straße nach Großrinderfeld halten wir uns am Ortsende von Paimar nach rechts und radeln etwa 700 Meter weit in das kleine *Seitental* hinein, dann geht es über den nördlich des zweiten Seitenbächleins verlaufenden Feldweg nach links aufwärts und in mehrmaligem Zickzack (siehe Kartenskizze) unter der Autobahn hindurch nach *Großrinderfeld.*

In Großrinderfeld folgen wir der *B 27* nach links, verlassen diese jedoch schon nach 400 Metern, indem wir die geradeaus führende Seitenstraße befahren (die Bundesstraße beschreibt hier eine

0
1
2
4 km
N
Großrinderfeld
TAUBERBISCHOFSHEIM
A 81
B 27
Gerchs-
heimer
Grund
Dittigheim
Paimar
Krensheim
Distelhausen
B 290
Tauber
Grünsfeld
Uhlberg
Gerlachsheim
Lauda
Zimmern
Kützbrunn
Vilchband
Messelhausen
Königshofen
Bowiesen
Deubach
Unterbalbach
Oesfeld
Oberbalbach
Neubronn
Edelfingen

leichte Linkskurve). Wir bewältigen die letzte kleinere Steigung dieser Tour und erreichen nach knapp 5 Kilometern wieder unseren schön gelegenen Ausgangsort.

38 Tauberbischofsheim – Königheim – Külsheim – Gamburg – Hochhausen – Tauberbischofsheim

Tourenlänge 38 km.
Fahrzeit 3½ Stunden.
Gesamte Steigung 250 m.
Wanderkarten Rad- und Wanderkarte Main-Tauber-Kreis (1:50000) oder 1:50000 Blatt L 6322 Wertheim.
Wissenswertes Tauberbischofsheim siehe Tour Nummer 36. – Külsheim, »die Bergstadt des badischen Frankenlandes«, bekam 1292 das Stadtrecht. Es wurde durch eine Mauer mit achtzehn Türmen befestigt. Jahrhundetelang war Külsheim kurmainzisch, 1806 kam es an Baden. Die Stadt besitzt zahlreiche alte Brunnen; der »Dreischalenbrunnen« aus dem 14. Jahrhundert ziert das Stadtwappen. Spätgotische Katharinenkapelle (1468), Stadtkirche (1471), Schloß mit Bergfried aus staufischer Zeit. – Das Dorf Gamburg wird überragt von der gleichnamigen Burg mit staufischem Bergfried. Tauberabwärts liegt die prächtige Eulschirbenmühle, ein herrlicher Renaissancebau (1590–95) mit Erker und Treppenturm. Interessant sind die historischen Hochwassermarkierungen.
Anmerkung Fahrradverleih der Deutschen Bundesbahn am Bahnhof in Tauberbischofsheim.

Tourenbeschreibung Vom Bahnhof folgt man der Straße nach Mosbach/Külsheim. Am Ortsende bei der Telefonzelle geradeaus (*Königheimer Straße*, als Radweg markiert!). Nach knapp 2 Kilometern überqueren wir die B 27, halten uns aber sofort danach (noch vor dem Bach!) auf dem Feldweg mit grüner Radwegmarkierung nach rechts und radeln – zwischen Straße und Bach – ins 3,5 Kilometer entfernte Dorf *Königheim.*

In Königheim bei dem Steinkruzifix in spitzem Winkel nach rechts abbiegen (»Dr. Bechtold-Straße«), später bei der alten Kapelle nach links und auf dem 6-t-Sträßchen in den *Haigergrund* hinein.

Nach knapp 3 Kilometern führt das Fahrsträßchen aufwärts durch den Wald. Nach weiteren 1,5 Kilometern geht es ganz oben auf der

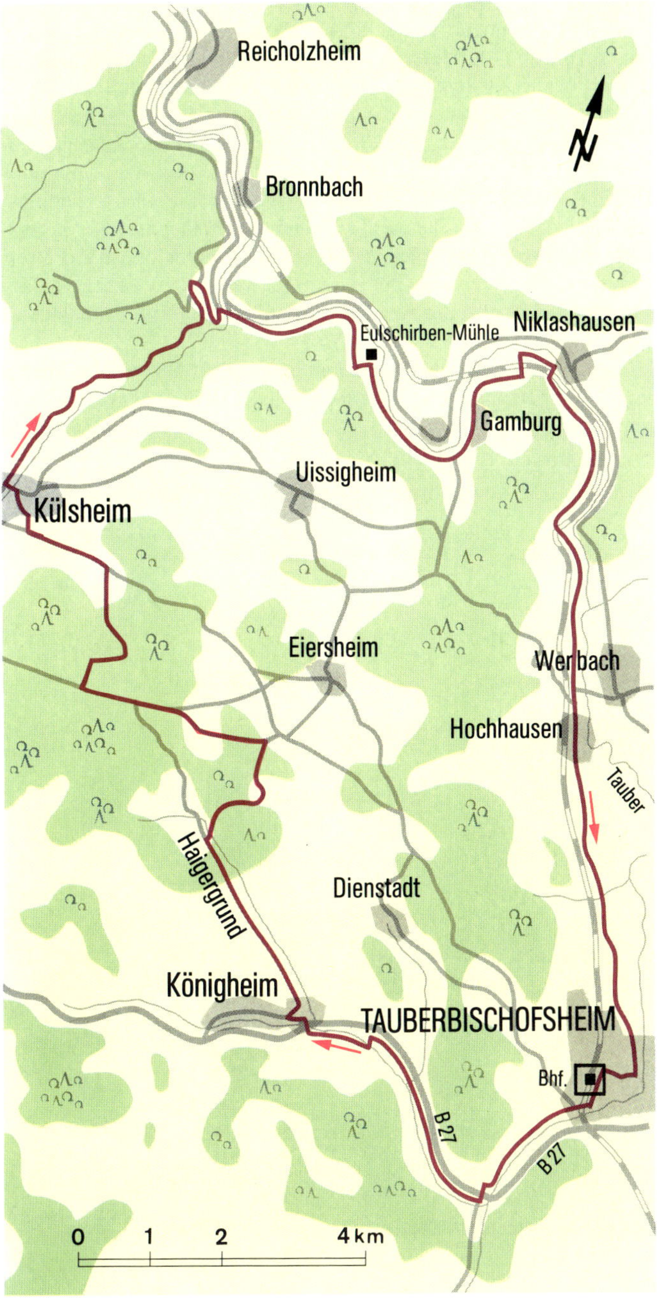
Reicholzheim
Bronnbach
Eulschirben-Mühle
Niklashausen
Gamburg
Uissigheim
Külsheim
Eiersheim
Werbach
Hochhausen
Tauber
Haigergrund
Dienstadt
Königheim
TAUBERBISCHOFSHEIM
Bhf.
B 27
B 27
0
1
2
4 km

Hochfläche (100 Meter vor der Landstraße Tauberbischofsheim – Külsheim) in spitzem Winkel links ab. Nach 3 Kilometern biegen wir nach rechts ab (100 Meter vor der Militärgelände-Lichtung).

Nach knapp 2 Kilometern – wir haben den Wald nun hinter uns – folgen wir unmittelbar vor der Landstraße dem landwirtschaftlichen Parallelweg nach links. Später unterqueren wir die Straße und radeln durch das reizvolle Städtchen *Külsheim.* Bei der Volksbank folgt man der Vorfahrtstraße nach rechts. Nach 4 Kilometern müssen wir jedoch – wo die Straße beinahe im Tal ihre erste Rechtskurve beschreibt – in spitzem Winkel nach rechts abbiegen! Nach weiteren 500 Metern beschreibt unser Weg eine Linkskurve, anschließend trifft man auf den markierten *Taubertalradweg,* dem man nach rechts folgt.

Talaufwärts durchradeln wir *Gamburg,* lassen Niklashausen links liegen und kommen über *Hochdorf* wieder zurück zum Ausgangspunkt.

39 Tauberbischofsheim – Dittwar – Esselbrunn – Brehmen – Schwarzenbrunn – Buch – Gräffingen – Uiffingen – Wölchingen – Schweigern – Unterschüpf – Lauda – Dittigheim – Tauberbischofsheim

Tourenlänge 43 km.
Fahrzeit $3^1/_2$ bis 4 Stunden.
Gesamte Steigung 320 m.
Wanderkarten Rad- und Wanderkarte Main-Tauber-Kreis (1:50000) oder 1:50000 Blatt L 6322 Wertheim, L 6522 Walldürn, L 6524 Bad Mergentheim und L 6324 Würzburg Süd.
Wissenswertes Tauberbischofsheim siehe Tour Nummer 36. – Lauda siehe Tour Nummer 31.
Anmerkung Fahrradverleih am Bahnhof Tauberbischofsheim durch die Deutsche Bundesbahn.
Tourenbeschreibung Vom Bahnhof hält man sich auf der Straße nach Mosbach/Külsheim in Richtung Süden. Am Ortsende bei der *Telefonzelle* geradeaus fahren (»Königheimer Straße«). Nach knapp 2 Kilometern die Bundesstraße überqueren und auf bezeichneter Straße weiter in das Dorf *Dittwar.* Nach Überqueren des *Dorfbachs* folgt man dem Wegweiser »Laurentiushalle« nach rechts, fährt jedoch am westlichen Ortsende bei dem *Kruzifix* geradeaus!

An der Abzweigung nach 1 Kilometer wählen wir den anfangs auch asphaltierten Weg nach links (!) und radeln – nun in Südwestrichtung – stetig aufwärts. Bei der zweiten Gruppe von *Aussiedlerhöfen* (links vom Weg) nach rechts abbiegen, auf der Landstraße kurz nach links und nach wenigen hundert Metern rechts ab!

Über *Esselbrunn* (hier geradeaus) gelangt man weiter nach *Brehmen.* Auch hier geht es geradeaus weiter.

Nach 3 Kilometern biegt man an der Kreuzung auf der waldfreien Hochfläche nach links ab, 400 Meter weiter geht es am Waldrand auf dem Asphaltsträßchen nach links. Schwarzenbrunn bleibt rechts liegen. Nach $2^1/_2$ Kilometern erreichen wir das Dorf *Buch;* bei der Kirche nach links und auf der »Lindenstraße« zum Ort hinaus.

Nur für kurze Zeit folgt man der Straße nach Kupprichhausen, denn bei der ersten Linkskurve geht es auf dem 3,5-t-Sträßchen geradeaus weiter! In *Gräffingen* wechselt man auf die andere Seite der Bahnlinie.

Von *Uiffingen* (hier nach links) bis *Wölchingen* sind es nur 3 Kilometer. Man passiert den *Bahnhof* Wölchingen-Boxberg (läßt

TAUBERBISCHOFSHEIM
Bahnhof
N
Königheim
B 27
Dittwar
A 81
Gissigheim
Aussiedlerhöfe
Esselbrunn
Pülfringen
Heckfeld
Brehmen
Buch
Schwarzenbrunn
Kupprichhausen
Gräffingen
Gerichtstetten
Uiffingen
0
1
2
4 km

Tauberbischofsheim
Bhf.
B 27
A 81
Grünsfeld
N
Dittigheim
Distelhausen
Tauber
Dittwar
Gerlachsheim
Oberlauda
Lauda
Königshofen
Beckstein
Heckfeld
Umpfer
Sachsenflur
Oberschüpf
Lengenrieden
Unterschüpf
Kupprichhausen
B 292
Schweigern
Uiffingen
Wölchingen
Angeltürn
Boxberg
0
1
2
4 km

aber das Städtchen Boxberg rechts liegen), fährt auf der »Ramstalstraße« kurz (!) nach links, bleibt dann jedoch weiterhin rechts von der Bahnlinie und ist nach 2 Kilometern in *Schweigern.*

Man radelt in der bisherigen Richtung in den Ort hinein bis zu dem *Lagerschuppen* linker Hand: hier auf der Vorfahrtstraße nach links unter der Bahnlinie hindurch, dann sofort nach rechts weiter, das heißt, der Weg verläuft ab jetzt bis ins Taubertal links der Gleise.

In der Ortsmitte von *Unterschüpf* kurz nach rechts halten, vor der Bahnlinienunterführung jedoch wieder nach links und auf dem Feldweg unmittelbar an den *Gleisen* bleiben. Beim *Bahnhof* der Ortschaft Sachsenflur setzen wir die Fahrt auf der B 292 fort, bis wir nach gut 2 Kilometern nach Überquerung der Bahnlinie kurz vor Königshofen auf den markierten *Radwanderweg* »Liebliches Taubertal« treffen. Diesem folgen wir nach links, also tauberabwärts. Die grüne Radwegmarkierung läßt uns über *Lauda* und *Dittigheim* nach Tauberbischofsheim zurückfinden (knapp 10 Kilometer).

40 Wertheim – Waldenhausen – Reicholzheim – Bronnbach – Gamburg – Niklashausen – Wertheim

Tourenlänge 29 km.
Fahrzeit 2½ Stunden.
Gesamte Steigung 250 m.
Wanderkarten Rad- und Wanderkarte Main-Tauber-Kreis (1:50000) oder 1:50000 Blatt L 6322 Wertheim.
Wissenswertes Wertheim, am Zusammenfluß von Tauber und Main gelegen, bekam 1306 das Stadtrecht. Es war Mittelpunkt der Grafschaft Wertheim (seit dem 17. Jahrhundert Löwenstein-Wertheim). Die Burg über der Stadt wurde im 12. Jahrhundert begonnen, im Dreißigjährigen Krieg zerstört. Wertheim wurde 1806 badisch. Die historische Altstadt besitzt viele schöne Fachwerkbauten (meist aus dem 16. Jahrhundert) und Reste der Stadtbefestigung (vor allem 15. und 16. Jahrhundert). In der »Mühlenstraße« Glasmuseum und Historisches Museum. Sehenswert außerdem das Rathaus, der Engelsbrunnen, die Stiftskirche und die Kilianskapelle. – Das ehemalige Zisterzienserkloster Bronnbach (1157 begonnen) weist eine großartige Kirche im Übergangsstil von Romanik zu Gotik auf. Die dreischiffige Säulenbasilika hat ba-

rocke Altäre, Bilder und ein wundervolles Chorgestühl (1776). Der spätromanische Kreuzgang, das Brunnenhaus, die Klosterbibliothek und die gotische Tauberbrücke sind weitere sehenswerte Zeugnisse klösterlicher Kultur. – Gamburg siehe Tour Nummer 38. – In Niklashausen steht das Denkmal vom »Pfeiferhannes«, dem Viehhirten und Dorfmusikanten, der ein halbes Jahrhundert vor dem Bauernkrieg in Niklashausen gegen ungerechte Obrigkeit predigte und das Dorf zu einem Wallfahrtsort machte; er wurde als Aufrührer und Ketzer am 19. Juli 1476 in Würzburg verbrannt.

Anmerkung Fahrradverleih der Deutschen Bundesbahn am Bahnhof in Wertheim.

Tourenbeschreibung Günstige Parkmöglichkeiten gibt es am nordwestlichen Altstadtrand, wo Tauber und Main zusammenflie-

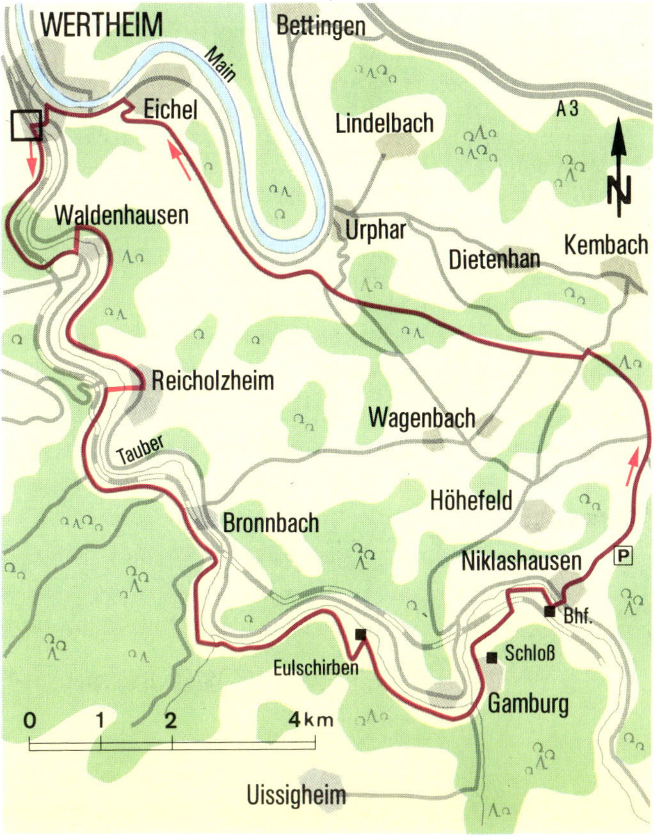

ßen oder am Tauberufer beim Bahnhof. Wir beginnen die Tour von der Altstadt kommend über die *Tauberbrücke,* dann folgt man der »Hämmelsgasse« nach links. Man bleibt rechts von der Bahnlinie und fährt auf dem *Radwanderweg* »Liebliches Taubertal« (grüne Markierung) talaufwärts nach Süden, später Südosten.
3 Kilometer nach Wertheim folgen wir in *Waldenhausen* dem Radwegschild nach links über den Fluß und radeln auf der Autostraße bis *Reicholzheim.* Hier zeigt uns die Radwegausschilderung den Weiterweg auf der anderen Flußseite. Am *Kloster Bronnbach* vorbei passieren wir nach einigen Kilometern die reizvolle Mühle *Eulschirben* und gelangen über *Gamburg* nach *Niklashausen.*

In Niklashausen verläßt man den markierten Radweg, indem man beim Bahnhof nach links abbiegt, die Tauber überquert und auf der Straße nach Neubrunn/Urphar ein Seitental aufwärtsradelt. Auf der Hochfläche der *Vorfahrtstraße* nach links folgen, an der anschließenden Kreuzung geradeaus halten und nach $1^1/_2$ Kilometern links ab (wo es rechts nach Kembach geht). Nach 200 Metern dem *Landwirtschaftssträßchen* nach rechts folgen!

Nach $1^1/_2$ Kilometern gelangt man an ein Waldstück, dieses wird geradeaus durchfahren; bald geht es abwärts. Nach Verlassen des Waldstücks kreuzen wir das Verbindungssträßchen Höhefeld–Urphar. Nach 800 Metern an der Gabelung geradeaus, das heißt die Aussiedlerhöfe der Eichgrundsiedlung links liegen lassen. Wir passieren bald eine *Rasthütte* mit Feuerstelle und schönem Ausblick auf die bayerische Mainseite.

Immer geradeaus erreicht man nach knapp 2 Kilometern den Waldrand. Jetzt geht es recht steil hinunter in den Wertheimer Stadtteil *Eichel.* Wir folgen der dritten Querstraße nach rechts und fahren über die »Hofgartenstraße« nach links weiter abwärts. Auf der Vorfahrtstraße im Tal halten wir uns nach links und sind in wenigen Minuten wieder in Wertheim.

41 Wertheim – Waldenhausen – Hundheim – Vorderer Meßhof – Külsheim – Reicholzheim – Waldenhausen – Wertheim

Tourenlänge 31 km.
Fahrzeit 2 1/2 Stunden.
Gesamte Steigung 250 m.
Wanderkarten Rad- und Wanderkarte Main-Tauber-Kreis (1:50000) oder 1:50000 Blatt L 6322 Wertheim.
Wissenswertes Wertheim siehe Tour Nummer 40. – Külsheim siehe Tour Nummer 38.
Anmerkung Fahrradverleih der Deutschen Bundesbahn am Bahnhof in Wertheim.
Tourenbeschreibung Von der Wertheimer Altstadt radeln wir über die *Tauberbrücke* und halten uns anschließend sofort nach links (»Hämmelsgasse«). Rechts der Bahnlinie fährt man durchs Taubertal bis *Waldenhausen.* Hier halten wir uns nach rechts aufwärts (»Steige«)!

Auf dem höchsten Punkt der freien Hochfläche beschreibt unser Sträßchen eine Linkskurve und führt nun genau nach Süden. Wir kreuzen eine Vorfahrtstraße, lassen Sachsenhausen rechts liegen, queren nach kurzer Zeit eine weitere Straße und radeln auf dem befestigten Feldweg geradeaus weiter.

Zu Tour 40, 41, 42, 47 **Wertheim, Blick auf das Taubertal am Kittsteintor** (Foto: Fremdenverkehrsamt Wertheim)

Bei Dörlesberg setzt man die Fahrt auf der Landstraße nach Hundheim in gewohnter Nord-Süd-Richtung fort. In *Hundheim* bei der Kirche auf der Vorfahrtstraße zunächst nach links, jedoch beim *Telefonhäuschen* geradeaus (!) und über den »Meßhofweg« nach rechts zum Dorf hinaus.

Beim *Vorderen Meßhof* an der Kreuzung bei der *Kapelle* nach links! An der nächsten Kreuzung nach 800 Metern im rechten Winkel nach rechts über den *Graben* und geradeaus nach Südosten. 400 Meter vor dem Waldrand folgt man dem *Querweg* nach links am Graben entlang. Bald trifft man auf eine *Autostraße,* folgt ihr nur kurz nach rechts und radelt dann auf dem links der Straße verlaufenden landwirtschaftlichen *Parallelweg* noch einige hundert Meter nach Süden weiter. Dann biegt unser Sträßchen nach links ab und führt uns nach *Külsheim.*

In Külsheim bei der Volksbank links ab und gleich wieder nach rechts (Wegweiser »Roter Rain«)! Nach $1^1/_2$ Kilometern bei den *Aussiedlerhöfen* dem Schild nach rechts zum Wanderparkplatz folgen. Auf der alten Bronnbacher Straße durchquert man – an der *Waldkapelle* vorbei – geradeaus das Waldgebiet »Schönert«.

Unten im Tal biegen wir in spitzem Winkel nach links ab und gelangen auf dem markierten Radwanderweg »Liebliches Taubertal« an Reicholzheim vorbei über *Waldenhausen* zurück nach Wertheim.

42 Wertheim – Höhefeld – Gamburg – Uissigheim – Külsheim – Hundheim – Sachsenhausen – Vockenrot – Wertheim

Tourenlänge 35 km.
Fahrzeit $3^1/_2$ Stunden.
Gesamte Steigung 470 m.
Wanderkarten Rad- und Wanderkarte Main-Tauber-Kreis (1:50000) oder 1:50000 Blatt L 6322 Wertheim.
Wissenswertes Wertheim siehe Tour Nummer 40. – Gamburg und Külsheim siehe Tour Nummer 38.
Anmerkung Fahrradverleih der Deutschen Bundesbahn am Bahnhof in Wertheim.
Tourenbeschreibung Wir verlassen Wertheim mainaufwärts auf der Straße nach Würzburg. Nach gut 1 Kilometer geht es über die »Hofgartenstraße« nach rechts hinauf durch den Stadtteil *Eichel.* Später über die »Gerhart-Hauptmann-Straße« nach rechts, am Waldrand die »Eichelsteige« hinauf.

Auf der Hochfläche halten wir uns geradeaus. Nach einiger Zeit passiert man eine *Rasthütte* mit Feuerstelle unmittelbar auf der südlichen Hangkante des Maintals. Nach $1^1/_2$ Kilometern geht es – bevor der Weg hinauf in den Wald führt – nach rechts weiter und an etlichen *Aussiedlerhöfen* vorbei nach *Höhefeld.* Man durchfährt das Dorf immer geradeaus (der Ortskern bleibt links liegen), also auch beim Friedhof geradeaus und diese Richtung beibehalten.

Allmählich gelangen wir talwärts. Beim *Bahnhof* von Gamburg treffen wir auf die Talstraße, der wir etwa 600 Meter weit nach

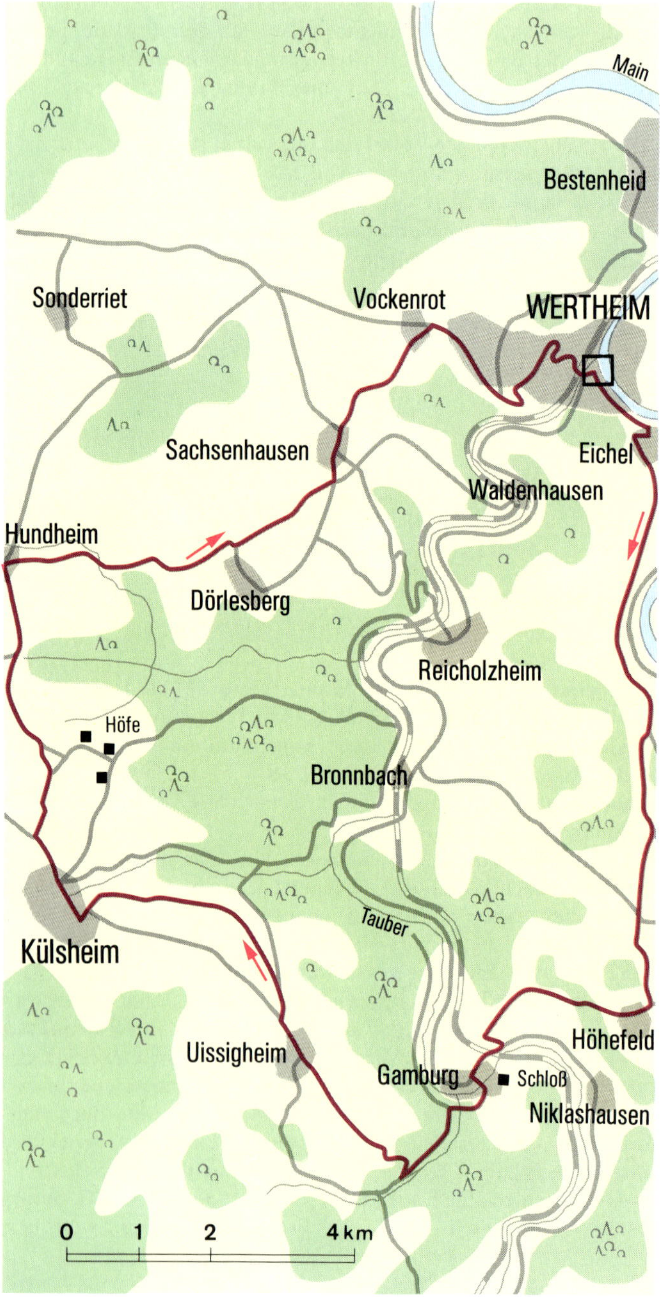

Main
Bestenheid
Sonderriet
Vockenrot
WERTHEIM
Sachsenhausen
Eichel
Waldenhausen
Hundheim
Dörlesberg
Reicholzheim
Höfe
Bronnbach
Tauber
Külsheim
Uissigheim
Höhefeld
Gamburg
Schloß
Niklashausen
0 1 2 4 km

rechts folgen. Dann geht es nach links über die Tauber, in *Gamburg* nach rechts weiter. Nach der *Dorfmühle* auf der Straße nach links und 3 Kilometer weiter ins höhergelegene Dorf *Uissigheim* (in der Pfarrkirche interessanter Grabstein des Raubritters Arnold von Uissigheim aus dem Jahr 1336). Am Ortsende fahren wir nach dem *Sportplatz* auf dem 1,5-t-Sträßchen nach rechts weiter; an der Gabelung nach 500 Metern links halten!

In kurzer Zeit haben wir die Brunnenstadt *Külsheim* erreicht; man durchfährt die Altstadt, kreuzt bei der Volksbank eine Vorfahrtstraße und fährt – am *Friedhof* vorbei – geradeaus weiter. Bei dem *Steinkruzifix* nach rechts halten, nach 700 Metern an der Gabelung wieder nach links und – das Dorf Steinbach links liegen lassend – nach *Hundheim.*

Nach der Hundheimer Kirche folgen wir der »Dörlesberger Straße« nach rechts (Richtung Reicholzheim). Kurz vor Dörlesberg beschreibt die Straße eine Rechtskurve: Hier radeln wir auf befestigtem Feldweg geradeaus! Nach knapp 2 Kilometern geht es auf der Vorfahrtstraße nach links. Über *Sachsenhausen* und *Vokkenrot* pedalen wir auf beschilderter Straße zurück nach Wertheim.

43 Ravenstein-Merchingen – Bronnacker – Rosenberg – Sindolsheim – Neidelsbach – Eubigheim – Schillingstadt – Hüngheim – Merchingen

Tourenlänge 36 km.
Fahrzeit 3 Stunden.
Gesamte Steigung 370 m.
Wanderkarten Rad- und Wanderkarte Hohenlohekreis und Rad- und Wanderkarte Main-Tauber-Kreis (beide 1:50000) oder 1:50000 Blatt L 6522 Walldürn.
Tourenbeschreibung Merchingen, der Ausgangsort zu dieser Tour ins östliche Bauland, ist ein Ortsteil der neugebildeten Gemeinde Ravenstein im Neckar-Odenwald-Kreis (zu erreichen über die A 81, Ausfahrt Osterburken). Parkplätze in ausreichender Zahl findet man hinter der Apotheke am »Zedernweg«. Am Gasthaus »Lamm« geradeaus (nicht rechts ab!) und auf dem »Buchenweg« zum nördlichen Ortsrand radeln. Beim letzten Gehöft geht es rechts ab (»Bronnacker«)!

Nach 4½ Kilometern durchfährt man den Weiler *Bronnacker,* kreuzt wenig später die *B 292* und fährt hinunter nach *Rosenberg.*

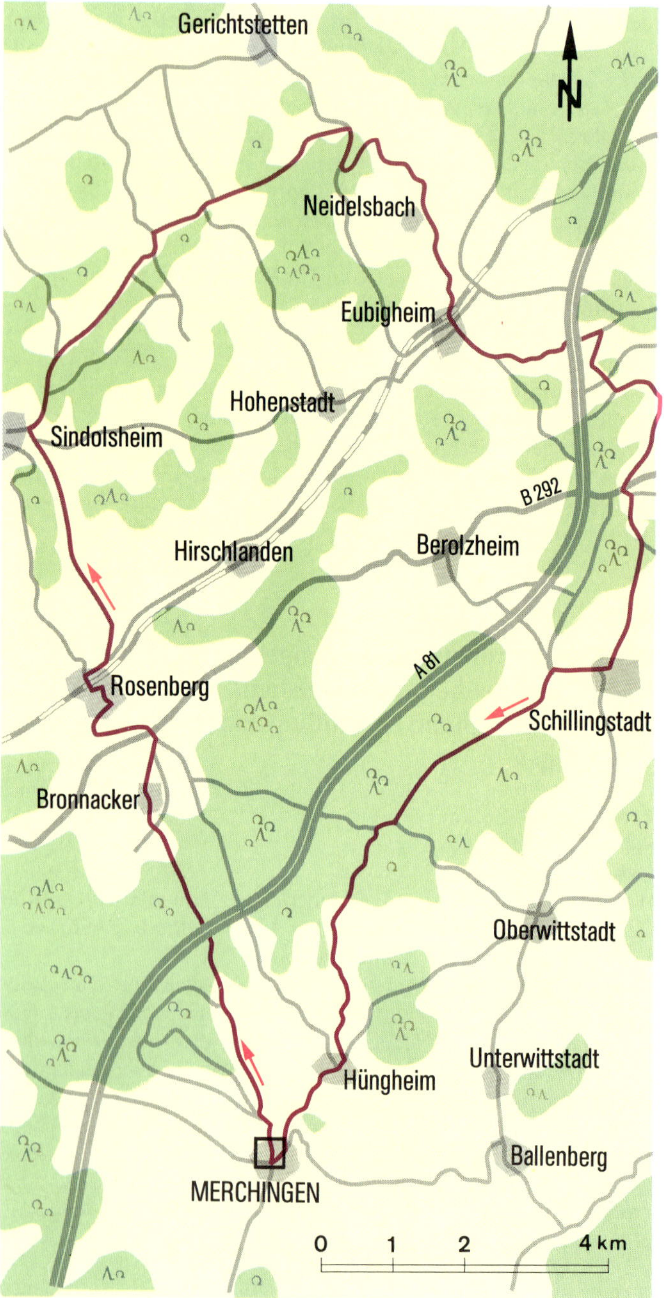
Gerichtstetten
Neidelsbach
Eubigheim
Hohenstadt
Sindolsheim
B 292
Hirschlanden
Berolzheim
Rosenberg
A 81
Schillingstadt
Bronnacker
Oberwittstadt
Unterwittstadt
Hüngheim
Ballenberg
MERCHINGEN
0
1
2
4 km

Hier folgen wir der Straße in Richtung Eubigheim, das heißt, nach der Bahnlinie rechts ab (»Hermann-Hagenmeyer-Straße«). Nach der Fabrik am Ortsende auf dem 6-t-Sträßchen nach links weiter und durch das *Kirnautal* 3 Kilometer weit bis zum Ortsanfang von *Sindolsheim:* Wir folgen dem Wegweiser »Gerichtstetten« nach rechts.

Immer geradeaus erreichen wir nach 3 Kilometern die aussichtsreiche *Hochfläche* mit weitem Blick über das Bauland. Auch jetzt immer noch geradeaus fahren, bis unser Weg – jetzt dem Waldrand folgend – vor der breiten Autostraße einen Rechtsbogen beschreibt.

Nach wenigen hundert Metern überqueren wir die breite Straße, fahren auf der gegenüberliegenden Seite geradeaus weiter und folgen dann – nach rechts am Waldrand entlang – dem Feldsträßchen nach *Eubigheim* (zuvor passiert man den rechter Hand liegenden Weiler Neidelsbach). In Eubigheim kreuzen wir die Vorfahrtstraße in der Ortsmitte und fahren auf der »Schulstraße« weiter; nach der Schule halblinks halten und an dem kleinen *Friedhof* vorbei auf freies Feld.

500 Meter nach Unterquerung der *Autobahn* biegen wir im Talgrund in spitzem Winkel nach rechts ab. Nach weiteren 500 Metern knickt unser Weg nach links ab, führt über einen kleinen *Höhenzug* und in dem sich anschließenden kleinen Tal nochmals nach links. Am gegenüberliegenden Hang trifft man auf eine kleine *Landstraße,* ihr folgt man nach rechts hinauf in den Wald.

Nach wenigen Minuten trifft man auf der Höhe im Wald auf die B 292; wir überqueren sie und finden auf der gegenüberliegenden Straßenseite einen *Waldweg:* Schon nach wenigen Metern (!) biegt man nach rechts ab, hält sich an der Gabelung nach 800 Metern halbrechts, dann immer geradeaus.

Schillingstadt passieren wir auf dem Weg »Ölmühle« am nordwestlichen Ortsrand. Wenige hundert Meter nach dem Ortsende verlassen wir auf dem *Höhenzug* die nach Berolzheim führende Straße und biegen links ab! Wir halten uns nun immer geradeaus, das heißt nach Südwesten, um ein stilles, waldumsäumtes *Wiesental* zu erreichen. Bis Hüngheim halten wir uns an die Wanderwegmarkierung »weißer Balken«. Zwischendurch trifft man auf eine Asphaltstraße, folgt ihr einige hundert Meter nach rechts und verläßt sie dann wieder am gegenüberliegenden Waldrand auf dem nach halblinks weiterhin im Tal verlaufenden Weg (Markierung »weißer Strich«).

In *Hüngheim* folgen wir der beschilderten Straße zum nur noch 2 Kilometer entfernten Ausgangsort Merchingen.

44 Osterburken – Bofsheim – Götzingen – Rinschheim – Dörntal – Kudach – Sindolsheim – Rosenberg – Osterburken

Tourenlänge 32 km.
Fahrzeit knapp 3 Stunden.
Gesamte Steigung 350 m.
Wanderkarten 1:50000 Blatt L 6522 Walldürn.
Wissenswertes Osterburken, die alte Stadt im Bauland, entstand nahe den Resten eines römischen Kastells (2. Jahrhundert) am obergermanischen Limes. Um 1390 bekam der Ort die Stadtrechte. Deutlich sichtbare Reste des Limes mit zum Teil rekonstruierten Wachttürmen sowie Mauerfundamenten des Kastells demonstrieren die Präsenz Roms vor fast zweitausend Jahren. Bei Tiefbauarbeiten im Spätsommer 1982 stieß man auf sensationell gut erhaltene römische Weihealtäre aus der Zeit Kaiser Marc Aurels. Wie das ebenfalls bedeutende Mithrasrelief werden sie wahrscheinlich bald im Badischen Landesmuseum in Karlsruhe zu sehen sein.

Tourenbeschreibung Osterburken im Neckar-Odenwald-Kreis ist zu erreichen über die A 81 (Stuttgart – Würzburg). Sollte im Stadtkern kein Parkplatz mehr frei sein, parkt man am besten beim Sportplatz (im Norden, zwischen Flüßchen und Bahnlinie). Auf bezeichneter Straße nach Buchen/Bofsheim verlassen wir die Stadt in nördlicher Richtung. Nach etwa 1 Kilometer folgt man dem Weg zum *Schützenhaus* nach rechts, läßt dieses jedoch rechts liegen und gelangt auf dem für Kraftfahrzeuge gesperrten Wald- und Feldsträßchen – zunächst leicht ansteigend, später abwärts – nach 3 Kilometern in das Dorf *Bofsheim.*

Der Weiterweg über *Götzingen* nach *Rinschheim* ist beschildert. In Rinschheim am Stoppschild beim Gasthaus »Engel« auf dem 6-t-Sträßchen geradeaus weiter! Nach knapp 1 Kilometer hält man sich bei den Aussiedlerhöfen nach rechts aufwärts (läßt die Höfe also links liegen) und trifft oben im Wald auf eine *Vorfahrtstraße.* Dieser folgt man 400 Meter nach links, um dann in den Waldweg nach rechts abzubiegen.

Die nun folgenden 4 Kilometer Wegstrecke unserer Bauland-Tour verlaufen auf gleicher Höhe ständig geradeaus: zunächst links vom Wald flankiert, dann (nach der Kreuzung) über freies Feld, später ganz im Wald, an einem *Militärlager* entlang. Am Ende der militärischen Anlage beschreibt unser Weg eine leichte Rechtskurve und trifft bald auf eine Asphaltstraße, dieser folgen wir nach rechts!

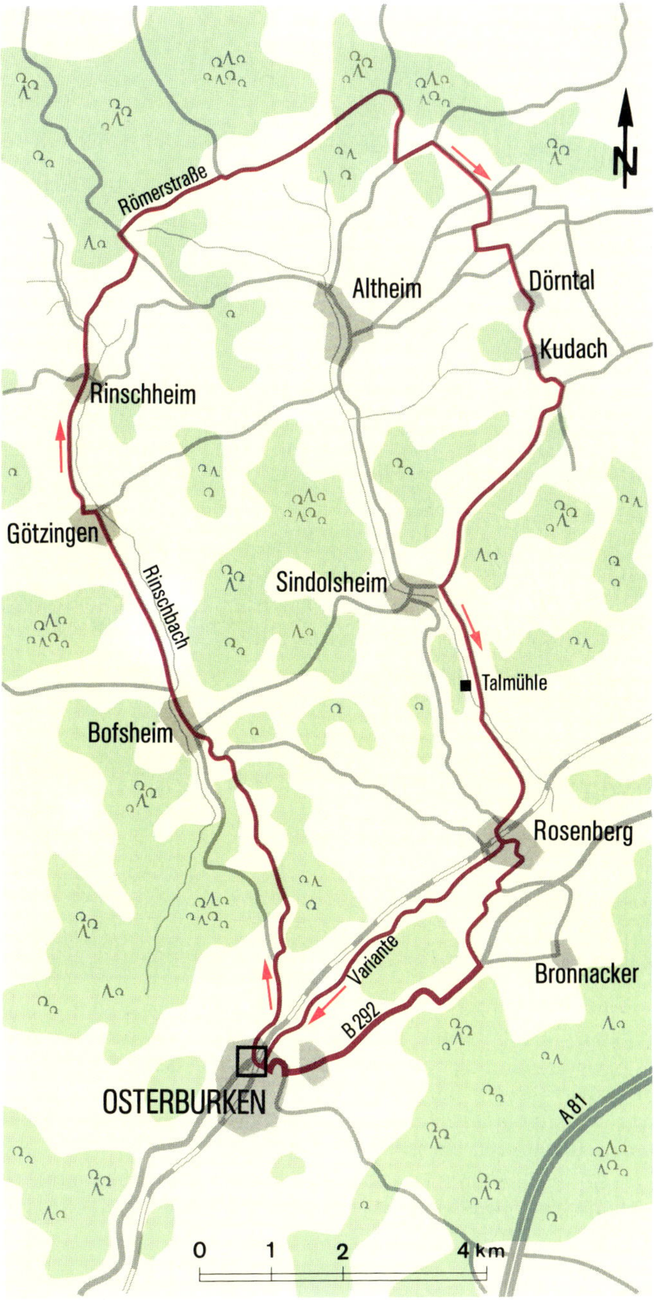

Römerstraße
Altheim
Dörntal
Kudach
Rinschheim
Götzingen
Rinschbach
Sindolsheim
Talmühle
Bofsheim
Rosenberg
Variante
Bronnacker
B 292
OSTERBURKEN
A 81
0
1
2
4 km
N

Nach knapp 1 Kilometer an der Abzweigung nach links (Richtung Erfeld), aber schon nach 500 Metern geht es – von links reicht der Wald jetzt wieder an die Straße heran – auf dem unbefestigten Weg nach rechts! Nach einem weiteren Kilometer wählen wir an dem markanten *Wegekreuz* den geradeaus beziehungsweise halbrechts (nicht scharf rechts!) hinunterführenden Feldweg. Unten hält man sich 300 Meter nach rechts, anschließend links aufwärts, an der folgenden Abzweigung nochmals links, dann nach rechts vor bis zur *Autostraße.*

Man kreuzt die Vorfahrtstraße und radelt weiter über die Gehöfte *Dörntal* und *Kudach*. 700 Meter nach Kudach wendet man sich auf dem Höhenzug nach rechts, desgleichen am nahen Waldrand (Wegweiser »Sindolsheim«). Nach $2^1/_2$ Kilometern geht es am Ortseingang von *Sindolsheim* scharf links ab und nach dem *Sportplatz* nach rechts, das heißt, wir bleiben im Tal, um nach 3 Kilometern die Ortschaft *Rosenberg* zu erreichen.

Falls feuchte Witterung herrscht beziehungsweise vorausgegangen ist, müssen wir *Rosenberg* ganz durchfahren und auf bezeichneter Straße – eine letzte Steigung bewältigend – zurück nach Osterburken (an der großen Linkskurve oberhalb von Rosenberg kann man nach rechts abkürzen). Bei Trockenheit bleibt uns diese letzte Steigung erspart, indem wir uns in Rosenberg nach Überquerung der Bahnlinie auf der »Talstraße« nach rechts halten. Nach gut 1 Kilometer vor der Talmühle unten auf dem Querweg wenige Meter nach rechts und auf dem als Sackgasse bezeichneten Feldweg halblinks weiter. Am Ende der *Ferienhauskolonie* absteigen und das Rad abwärts schieben, bis man im Tal wieder auf einen Weg trifft, auf dem es – immer zwischen Flüßchen und Bahnlinie – nach Osterburken zurückgeht (auf der Kartenskizze gestrichelt).

45 Walldürn – Hettingen – Eberstadt – Bofsheim – Sindolsheim – Walldürn

Tourenlänge 37 km.
Fahrzeit 3 Stunden.
Gesamte Steigung 330 m.
Wanderkarte 1:50000 Blatt L 6522 Walldürn.
Wissenswertes Walldürn wurde vor 1250 zur Stadt erhoben. Römische Vergangenheit: Kastell und römisches Bad im Osten der Stadt; Limes. Seit dem 14. Jahrhundert Wallfahrtsort. Barocke Pfarr- und Wallfahrtskirche Hl. Blut mit Heiligblutaltar. Elfenbeinmuseum.
Anmerkung Fahrradverleih durch Firma Kreis in Walldürn.

Tourenbeschreibung Von der Stadtmitte hält man sich nach Süden und radelt am Bahnhof vorbei in Richtung Buchen. Man befährt jedoch nicht die B 27, sondern das parallel zur Bundesstraße verlaufende Sträßchen, das beschilderungsgemäß in das 6 Kilometer entfernte Dorf *Hettingen* führt. Auf der Hauptstraße des Dorfes geht es halblinks weiter in Richtung Rinschheim.

Auf der *Höhe* südlich von Hettingen fährt man auf dem 3,5-t-Sträßchen bei der *Hochspannungsleitung* geradeaus (!) weiter; auch bei den folgenden Abzweigungen geradeaus halten! Im Waldstück »Buchenberg« – gleich zu Beginn passiert man eine Schranke – wendet sich unser Weg allmählich nach links, um dann eine Rechtskurve zu beschreiben. Bei Gabelungen bleibt man immer auf dem Höhenweg (das heißt nicht links ab)!

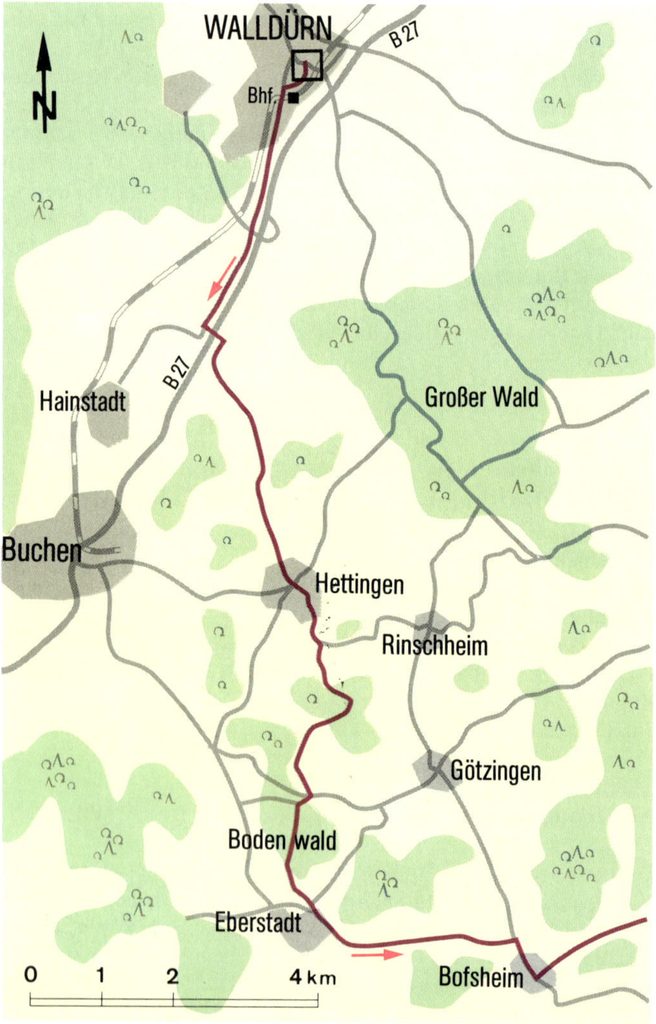

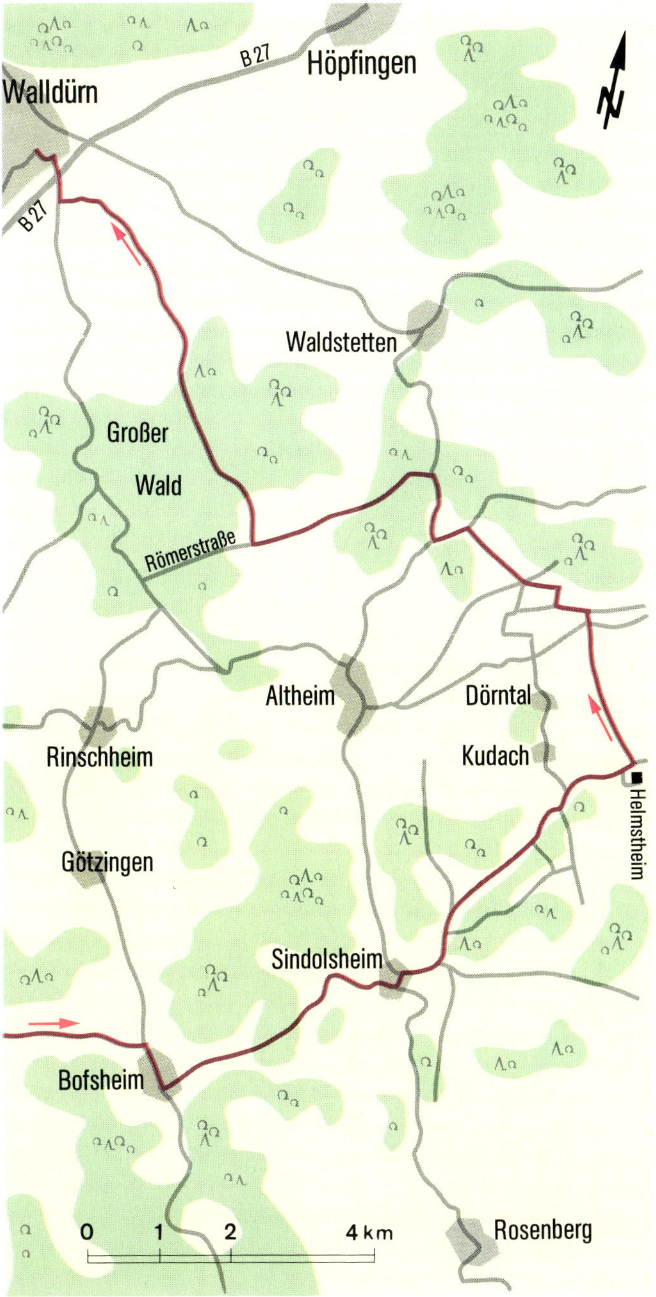

Walldürn
B 27
Höpfingen
B 27
Waldstetten
Großer
Wald
Römerstraße
Altheim
Dörntal
Kudach
Rinschheim
Helmstheim
Götzingen
Sindolsheim
Bofsheim
Rosenberg
0
1
2
4 km

Nach kurzer Zeit treffen wir bei einem kleinen *Wanderparkplatz* auf eine Straße; ihr folgt man ein paar Meter nach links, biegt dann in den *Waldweg* scharf rechts ein und hält sich nach 250 Metern (nächste Gabelung) nach links, um abwärts fahrend nach 1½ Kilometern den Ortsrand von *Eberstadt* zu erreichen. Wer höhlenkundlich interessiert ist, wird den kurzen Abstecher auf der erreichten Straße nach rechts zu der bekannten Eberstadter Tropfsteinhöhle (1½ Kilometer) nicht scheuen. Ansonsten halten wir uns von Eberstadt aus nach Osten und gelangen nach 3 Kilometern in das Dorf *Bofsheim.* Wir durchfahren den Ort und biegen am südlichen Ortsrand links ab, um auf ruhigem Sträßchen nach wenigen Kilometern *Sindolsheim* zu erreichen. Am nordöstlichen Ortsrand zeigt uns der Wegweiser »Gerichtstetten« den Weiterweg.

Man hält sich nun immer geradeaus und erreicht auf dem Seitensträßchen nach wenigen Kilometern die »Sindolsheimer Höhe« (knapp 400 Meter). Zunächst geht es noch geradeaus; wir passieren die Abzweigung zum rechts liegenden Gehöft Helmstheim und wenden uns 200 Meter nach dieser Kreuzung nach links! Auf fast schnurgerade verlaufendem Feldsträßchen trifft man nach 2 Kilometern auf eine Autostraße, die man vorsichtig (!) überquert.

Auf dem Querweg im *Talgrund* 500 Meter weit nach links, nach weiteren 500 Metern an der Feldwegkreuzung halbrechts abbiegen, um nach 1 Kilometer ein *Asphaltsträßchen* zu erreichen.

Zu Tour 46 **Bad Rappenau-Heinsheim, Schloß-Ruine Ehrenberg**
(Foto: Ulrich Schnabel)

Auf diesem Sträßchen geht es 500 Meter nach links, dann rechts ab (Richtung Waldstetten). Nach 700 Metern (rechts der Straße befindet sich eine Waldhütte) nach halblinks auf dem *Waldweg* weiter! Nach weiteren 300 Metern beschreibt unser Weg eine Linkskurve. Wir passieren ein *Militärdepot,* fahren nach Verlassen des Waldes etwa 1 Kilometer über freies Gelände und halten uns dann am gegenüberliegenden Waldrand nach rechts, um waldabwärts wieder nach Walldürn zu gelangen (6 Kilometer). Nach dem *Aussiedlerhof* kurz vor Walldürn hält man sich nach links, um die Straße zu erreichen; auf ihr geht es rechts ab in die Stadt.

46 Jugendherbergsfahrt 1: Bad Wimpfen – Heinsheim – Neckarmühlbach – Haßmersheim – Obrigheim – Diedesheim – Lohrbach – Sattelbach – Fahrenbach – Trienz – Limbach – Scheringen – Einbach – Oberneudorf – Buchen – Hainstadt – Walldürn

Tourenlänge 53 km.
Fahrzeit 5 Stunden.
Gesamte Steigung 450 m.
Wanderkarten 1:50000 Blatt L 6720 Mosbach, L 6520 Buchen (Odenwald) und L 6522 Walldürn.
Wissenswertes Bad Wimpfen ist nicht nur ein modernes Heilbad, sondern vor allem Stein gewordene Historie. Die ehemals Freie Reichsstadt war zuvor Sitz der größten staufischen Kaiserpfalz nördlich der Alpen. Die markantesten Bauwerke aus dieser Zeit sind der »Blaue Turm«, westlicher Bergfried der Kaiserpfalz und Wahrzeichen der Stadt und der »Rote Turm«, östlicher Bergfried und letzte Zuflucht im Falle einer Erstürmung der Pfalz. Außerdem das »Steinhaus«, das größte erhaltene romanische Wohngebäude Deutschlands (es enthält das stadtgeschichtliche Museum). Die herrlichen Doppelarkaden in der Nordwand des ehemaligen Palas sowie die Pfalzkapelle sind weitere hervorragende baugeschichtliche Zeugen aus staufischer Zeit. – In Wimpfen im Tal, das noch völlig von einer Wehrmauer umschlossen ist, befindet sich die berühmte Ritterstiftskirche Sankt Peter, einer der bedeutendsten Kirchenbauten Süddeutschlands: unter anderem herrlicher gotischer Kreuzgang, reich geschmückte Kapitelle. Seit 1946 beherbergt St. Peter die aus Schlesien vertriebenen Mönche der Benediktiner-Abtei Grüssau. – Die Stadt Buchen liegt an der Grenze

des Odenwaldes gegen das Bauland. 774 erstmals genannt. Stadtrechtsverleihung um 1255. Buchen gehörte bis zum Ende des alten Reiches zu Beginn des 19. Jahrhunderts zum Kurfürstentum Mainz, dann kam es an Baden. Sehenswürdigkeiten: Das »Alte Rathaus« im Stadtzentrum ist einer der schönsten Renaissancebauten Süddeutschlands. Reichhaltiges Heimatmuseum im »Steinernen Bau« (einstiger Sommersitz der Mainzer Fürstbischöfe, später – im Bauernkrieg von 1525 – Treffpunkt Götzens von Berlichingen mit den Odenwälder Bauern). Beghinenklösterle. Mariensäule am Platz »Am Bild«. Schöne Fachwerkhäuser. Reste der Stadtbefestigung.
Anmerkung Mosbach – es liegt an unserer Strecke – hat eine Jugendherberge (Am Sonnenberg 60).

Tourenbeschreibung Von der Wimpfener Jugendherberge radeln wir an der *Stadtkirche* vorbei auf der »Mathildenbadstraße« nach Westen; am Rand der Altstadt folgt man der Vorfahrtstraße nach rechts. Während der folgenden Kilometer dieser Tour hält man sich an die Beschilderung nach Obrigheim beziehungsweise Haßmersheim und gelangt auf der linken (d. h. verkehrsärmeren) Neckarseite über *Heinsheim, Neckarmühlbach* und *Haßmersheim* nach *Obrigheim.*

In Obrigheim radeln wir nach rechts über den Neckar (Wegweiser »Mosbach«). Vorsicht: Hochstehende Bordsteinkante am Beginn des Radwegs über die Brücke! Nach der *Brücke* hält man sich nochmals nach rechts, folgt aber nach wenigen hundert Metern in *Diedesheim* der Straße »Steige« nach links! Später geht es über die Bahnlinie hinweg, anschließend wieder nach links und – an der *Maschinenfabrik* Diedesheim vorbei – wieder aufwärts (weiterhin »Steige«).

Die weitere Strecke über *Lohrbach, Sattelbach, Fahrenbach* und *Trienz* nach *Limbach* ist durchweg ausgeschildert. Wir folgen in Limbach der Straße nach Buchen, biegen jedoch nach 2 Kilometern im unteren Ortsteil von *Scheringen* nach links ab (!) und gelangen über die »Schulstraße« hinauf zur oberen Ortshälfte, wo wir der »Dorfstraße« nach rechts folgen.

Im Dörfchen *Einbach* geht es auf der »Odenwaldstraße« nach rechts (anschließend nicht mehr nach links abbiegen!). Nach 1 Kilometer verläuft unser Sträßchen eine Zeitlang parallel zur B 27 nach Norden. Wir bleiben immer auf dem für Kraftfahrzeug-Verkehr freigegebenen Sträßchen und erreichen nach kurzer Zeit den schon sichtbaren Ort *Oberneudorf.* Am Ortsende folgt man dem 6-t-Weg nach rechts aufwärts und hält sich oben kurz vor Erreichen der Bundesstraße nach halblinks. Nach 3 Kilometern stetiger

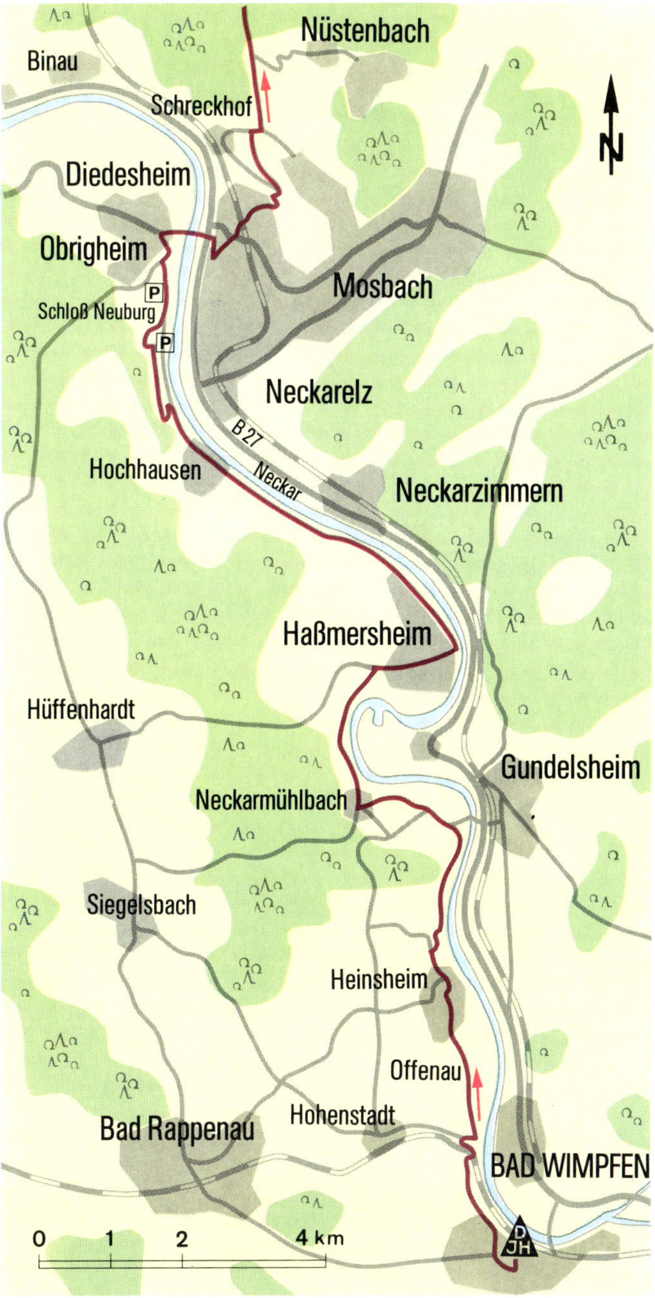

Nüstenbach
Binau
Schreckhof
Diedesheim
Obrigheim
Mosbach
P
Schloß Neuburg
P
Neckarelz
B 27
Neckar
Hochhausen
Neckarzimmern
Haßmersheim
Hüffenhardt
Gundelsheim
Neckarmühlbach
Siegelsbach
Heinsheim
Offenau
Hohenstadt
Bad Rappenau
BAD WIMPFEN
DJH
0
1
2
4 km
N

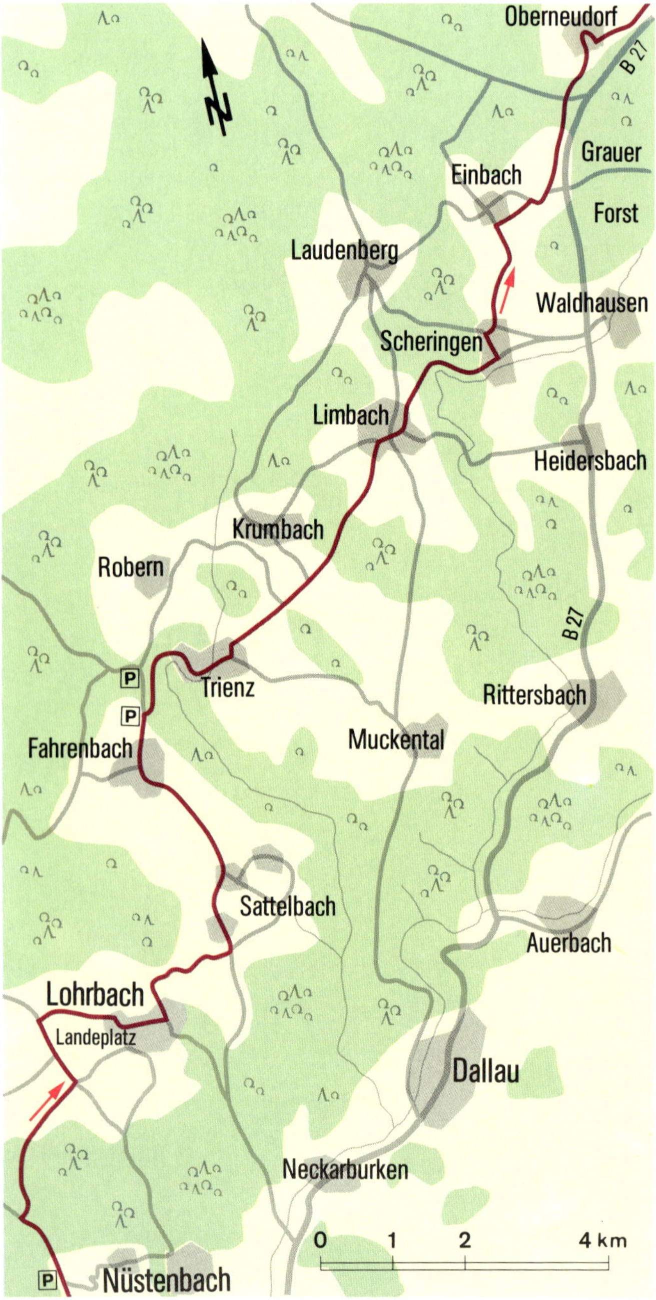
Oberneudorf
B 27
Grauer
Forst
Einbach
Laudenberg
Waldhausen
Scheringen
Limbach
Heidersbach
Krumbach
Robern
B27
P
P
Trienz
Rittersbach
Fahrenbach
Muckental
Sattelbach
Auerbach
Lohrbach
Landeplatz
Dallau
Neckarburken
0
1
2
4 km
P
Nüstenbach

Geradeausfahrt auf dem Landwirtschafts- beziehungsweise Forststräßchen erreicht man die Stadt *Buchen.*

Man hält sich in Buchen zunächst an den Wegweiser »Stadtmitte«, biegt beim Hotel »Prinz Carl« nach links ab und folgt dann beim Gasthaus »Löwen« der »Walldürner Straße« nach rechts. Nach gut 1 Kilometer geht es links ab in den Ortsteil *Hainstadt;* Achtung: Wir biegen unten in die »Buchener Straße« nach rechts ab und radeln dann geradeaus (nicht nach links!) weiter.

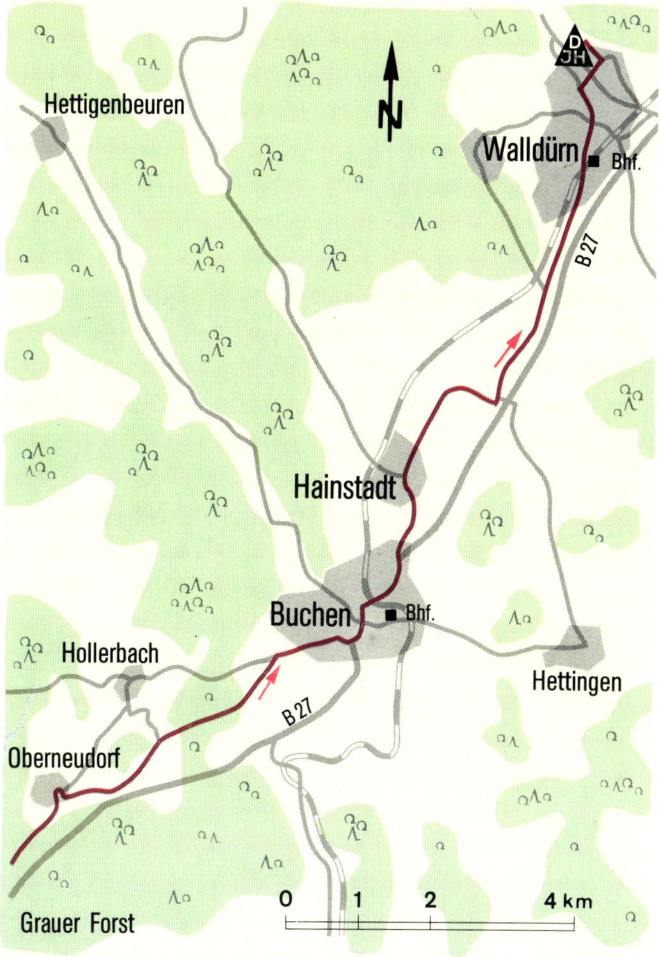

Später führt unser Sträßchen parallel zur B 27 ins nahegelegene *Walldürn*. In Richtung Miltenberg geht es durch die Walldürner Altstadt (»Hauptstraße«); gegen Ortsende folgen wir dem *Wegweiser* zur Jugendherberge nach rechts (Straße nach Wettersdorf), nach 500 Metern geht es links ab (»Auf der Heide«). Die Jugendherberge liegt ganz hinten am Waldrand (Auf der Heide 37).

Zu Tour 40, 41, 42, 47 **Wertheim, Blick zur Burg**
(Foto: Fremdenverkehrsamt Wertheim)

47 Jugendherbergsfahrt 2: Walldürn – Höpfingen – Schlempertshof – Vollmersdorf – Guggenberg – Riedern – Richelbach – Neunkirchen – Nassig – Wertheim – Waldenhausen – Bronnbach – Gamburg – Hochhausen – Tauberbischofsheim

Tourenlänge 53 km.
Fahrzeit 5 Stunden.
Gesamte Steigung 340 m.
Wanderkarten 1:50000 Rad- und Wanderkarte Main-Tauber-Kreis oder Blatt L 6522 Walldürn und L 6322 Wertheim.
Wissenswertes Walldürn siehe Tour Nummer 45. – Wertheim und Bronnbach siehe Tour Nummer 40. – Gamburg siehe Tour Nummer 38. – Tauberbischofsheim siehe Tour Nummer 36.
Anmerkung Wertheim hat eine Jugendherberge (Alte Steige 16).
Tourenbeschreibung Von der Jugendherberge radelt man vor bis zur Querstraße, auf dieser kurz nach links, dann rechts ab (Schild »Limes«) und 1 Kilometer geradeaus! Wir folgen zunächst der Beschilderung nach Waldstetten, biegen jedoch nach dem Ende der Unter- und Überführungen nach links in einen *Feldweg* ein (Schild »Hundesportplatz«), auf dem wir parallel zur B 27 nach 3½ Kilometern den Ort *Höpfingen* erreichen.

In Höpfingen biegt man vor dem Gasthaus »Ochsen« scharf links ab und fährt die »Bahnhofstraße« hinunter; unten geht es nach rechts und anschließend nach links über die *Gleise.* Nach wenigen Minuten passiert man den Weiler *Schlempertshof* und hält sich ½ Kilometer danach – die Straße beschreibt hier eine Rechtskurve – auf dem für Kraftfahrzeuge gesperrten Feldsträßchen geradeaus!

Nach Verlassen des Waldes geht es auf dem Verbindungssträßchen nach links in das nahegelegene *Vollmersdorf.* Bei der Kirche hält man sich nach links und folgt nach etwa 100 Metern dem Anliegersträßchen nach rechts. Nach 2½ Kilometern durchfahren wir das Dörfchen *Guggenberg,* anschließend geht es waldabwärts nach *Riedern,* wo man beim Gasthaus »Rose« vollends nach rechts ins Tal hinunterfährt.

Der Vorfahrtstraße im Tal folgen wir nur 200 Meter nach links und biegen dann nach rechts ab. Über *Richelbach, Neunkirchen, Nassig* und *Vockenrot* gelangt man auf bezeichneter Straße nach *Wertheim* am Zusammenfluß von Main und Tauber.

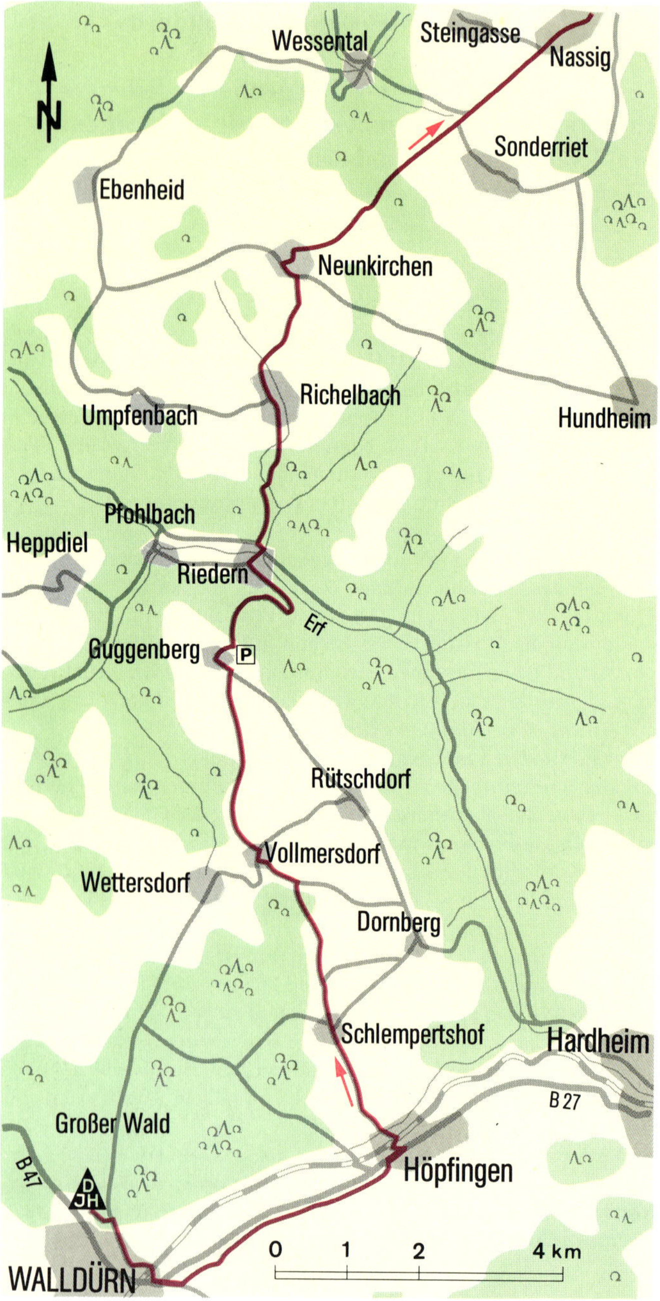

Wessental
Steingasse
Nassig
Sonderriet
Ebenheid
Neunkirchen
Richelbach
Umpfenbach
Hundheim
Pfohlbach
Heppdiel
Riedern
Erf
Guggenberg
P
Rütschdorf
Vollmersdorf
Wettersdorf
Dornberg
Schlempertshof
Hardheim
B 27
Großer Wald
B 47
DJH
Höpfingen
WALLDÜRN
0
1
2
4 km

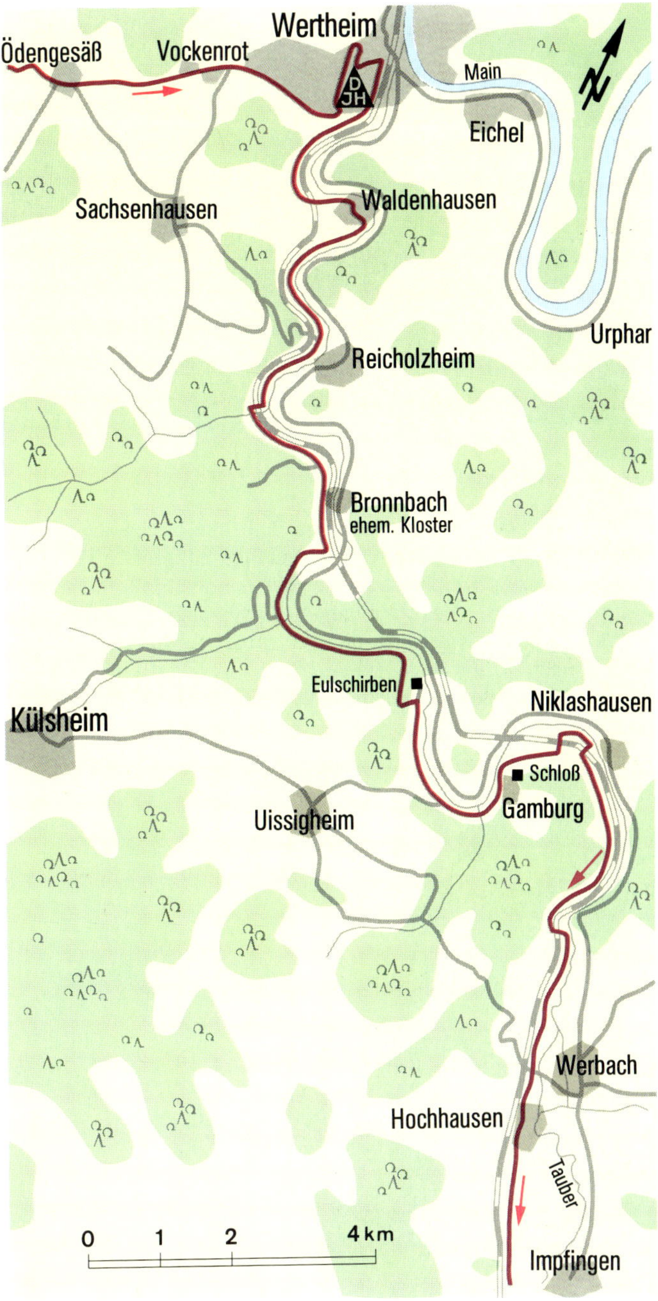
Wertheim
Ödengesäß
Vockenrot
D JH
Main
Eichel
Sachsenhausen
Waldenhausen
Urphar
Reicholzheim
Bronnbach
ehem. Kloster
Eulschirben
Niklashausen
Külsheim
Schloß
Gamburg
Uissigheim
Werbach
Hochhausen
Tauber
0
1
2
4 km
Impfingen

Radwandergruppe
(Foto: Klaus Puntschuh)

Die Wegstrecke von Wertheim nach Tauberbischofsheim ist so reizvoll wie leicht zu beschreiben: Auf dem mit grünen Täfelchen ausgeschilderten Taubertalradweg geht es – den Fluß zur Linken – weitgehend ohne Kraftfahrzeug-Verkehr über *Waldenhausen, Reicholzheim,* am Kloster Bronnbach vorbei, *Gamburg* und *Hochhausen* nach *Tauberbischofsheim.* Die Jugendherberge befindet sich im Westen der Stadt, ganz außerhalb am Hang (Schirrmannweg 2).

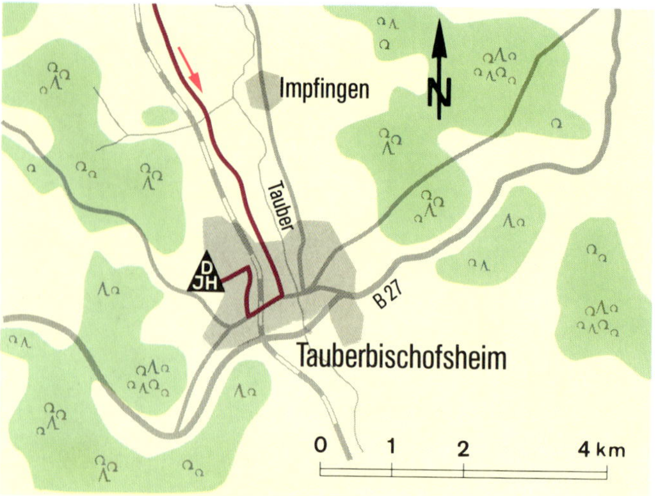

48 Jugendherbergsfahrt 3: Tauberbischofsheim – Dittigheim – Lauda – Königshofen – Unterbalbach – Edelfingen – Bad Mergentheim – Markelsheim – Elpersheim – Weikersheim – Tauberrettersheim – Röttingen – Bieberehren – Creglingen – Craintal – Archshofen – Tauberzell – Tauberscheckenbach – Bettwar – Detwang – Rothenburg ob der Tauber

Tourenlänge 61 km.
Fahrzeit 5 bis 6 Stunden.
Gesamte Steigung 320 m.
Wanderkarten Rad- und Wanderkarte Main-Tauber-Kreis (1:50000) oder 1:50000 Blatt L 6322 Wertheim, L 6324 Würzburg Süd, L 6524 Bad Mergentheim, L 6526 Uffenheim und L 6726 Rothenburg ob der Tauber.
Wissenswertes Tauberbischofsheim siehe Tour Nummer 36. – Lauda und Bad Mergentheim siehe Tour Nummer 31. – Weikersheim siehe Tour Nummer 29. – Creglingen siehe Tour Nummer 28. – Rothenburg siehe Tour Nummer 16.
Anmerkung Die Jugendherberge von Bad Mergentheim liegt genau zwischen Mergentheim und Igersheim am nördlichen Talhang (Erlenbachtalstraße 44). – In Weikersheim gibt es ein »Haus der Jugend«, es befindet sich in unmittelbarer Nähe des Schlosses und ist etwas teurer als eine reguläre Jugendherberge. – Die Creglinger Jugendherberge liegt im Osten des Städtchens, am Rand der Weinberge (Erdbacher Straße 30).
Tourenbeschreibung Von der Jugendherberge radeln wir hinunter zum Tauberbischofsheimer *Bahnhof,* überqueren die Gleise und fahren parallel zur Bahnlinie wenige hundert Meter nach Süden (Richtung Mosbach), dann folgen wir der »Dittigheimer Straße« nach links. Die grünen Täfelchen des Taubertalradwegs begleiten uns bis zum Endpunkt Rothenburg.

Unterwegs durchfahren wir folgende Orte: *Dittigheim, Lauda,* Königshofen bleibt links liegen, *Unterbalbach, Edelfingen, Bad Mergentheim,* Igersheim bleibt links liegen, *Markelsheim, Elpersheim, Weikersheim,* Schäftersheim bleibt ebenfalls links liegen, *Tauberrettersheim, Röttingen, Bieberehren, Creglingen, Archshofen, Tauberzell, Tauberscheckenbach, Bettwar* und *Detwang.* In Rothenburg empfiehlt sich ein längerer Aufenthalt, denn der Zauber dieser Stadt – der bei geringerer Touristenzahl allerdings noch beträchtlich größer wäre – vermag sich dem Besucher nicht an einem Tag zu erschließen.

DJH
TAUBERBISCHOFSHEIM
B 27
Dittigheim
A 81
Distelhausen
B 290
Gerlachsheim
Oberlauda
Lauda
Marbach
Beckstein
Königshofen
Tauber
Unterbalbach
Sachsenflur
Unterschüpf
Edelfingen
Dainbach
Schweigern
nach Igersheim
Bad Mergentheim
0 1 2 4 km

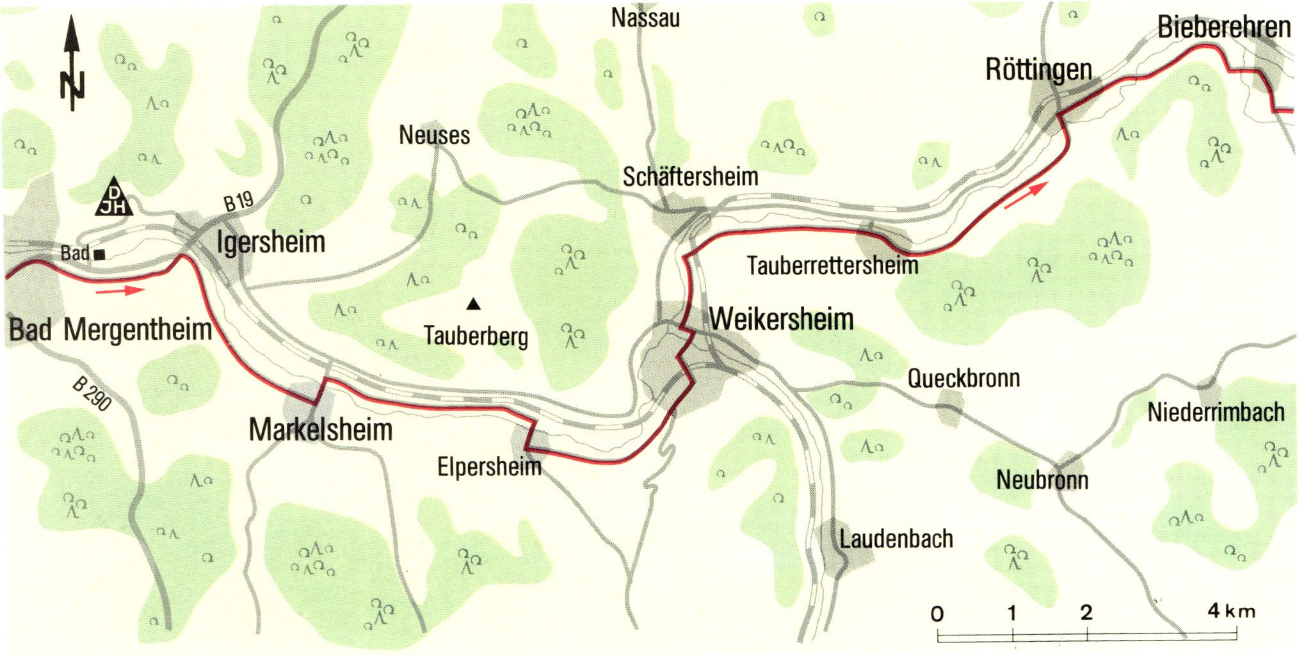
Nassau
Bieberehren
Röttingen
Neuses
Schäftersheim
DJH
B19
Igersheim
Bad
Tauberrettersheim
Weikersheim
Bad Mergentheim
Tauberberg
Queckbronn
B 290
Niederrimbach
Markelsheim
Elpersheim
Neubronn
Laudenbach
0
1
2
4 km

Rothenburg hat zwei Jugendherbergen (sie liegen beide im »Kappenzipfel«, also in der südlichen Altstadt): Spitalhof und Roßmühle.

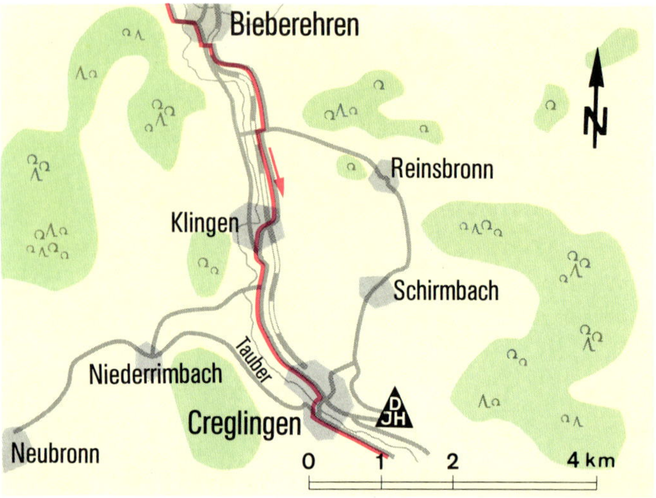

Zu Tour 28, 30, 33, 48 **Creglingen, Ulrichskapelle**
(Foto: Verkehrsamt Creglingen)

Schirmbach
CREGLINGEN
DJH
Freudenbach
Craintal
Archshofen
Schön
Münster
Neustett
Holdermühle
Tauberzell
Finsterlohr
Tauberscheckenbach
Schonach
Schmerbach
Wolfsbuch
Bettwar
Blumweiler
Weiler
Steinbach
Schwarzenbronn
Reutsachsen
Detwang
Rothenburg
ob der Tauber
DJH
0
1
2
4 km

49 Jugendherbergsfahrt 4: Rothenburg ob der Tauber – Kirchberg/Jagst – Schwäbisch Hall

Tourenlänge 63 km. **Fahrzeit** 6 Stunden.
Gesamte Steigung 600 m.
Wanderkarten Rad- und Wanderkarte Landkreis Schwäbisch Hall (1 : 50 000) oder 1 : 50 000 Blatt L 6726 Rothenburg ob der Tauber, L 6724 Künzelsau und L 6924 Schwäbisch Hall.
Wissenswertes Rothenburg ob der Tauber siehe Tour Nummer 16. – Kirchberg siehe Tour Nummer 12. – Leofels siehe Tour Nummer 11. – Schwäbisch Hall siehe Tour Nummer 10.
Anmerkung Jugendherbergen gibt es auf halber Strecke in Kirchberg an der Jagst und im Landturm bei Hörlebach.
Tourenbeschreibung Wir verlassen das »fränkische Jerusalem« durch die Tore der *Spitalbastei.* Nur kanpp 1 Kilometer folgen wir der ins Taubertal hinunterführenden Straße (Richtung Langenburg) und radeln dann nach rechts über die alte steinerne Doppelbrücke. Nach 500 Metern geht es beim »Oberen Felsenkeller« links aufwärts durch den Wald ins 3 Kilometer entfernte Leuzenbronn.

In *Leuzenbronn* halten wir uns nach links und fahren – immer geradeaus - über *Schnepfendorf* und *Bettenfeld.* Hier bei dem Telefonhäuschen nach rechts (Markierung »roter Strich«) und vor dem Bach nach links. 500 Meter südlich von Bettenfeld passiert man ein Stein- und Kieswerk (bei feuchter Witterung schmutzige Straße!). Über *Metzholz* erreichen wir Gammesfeld. In *Gammesfeld* nach rechts zur vorfahrtberechtigten Hauptstraße, auf dieser nach links und vor der Raiffeisenbank rechts ab (»Schloßstraße«). Nach 600 Metern halten wir uns nach dem Tümpel bei der Pappelgruppe nach links.

Auch in *Heufelwinden* geht es nach links weiter. 500 Meter nach Ortsende (kurz vor Erreichen der Autostraße) rechts ab und nach 300 Metern wieder links. Kurz darauf kreuzt man die Landstraße und durchradelt den Weiler *Ehringshausen;* hier am südlichen Ortsrand nach rechts (!) und nach 500 Metern wieder nach links.

Nach 1 Kilometer trifft man auf eine Landstraße, der man nach rechts folgt bis zum Ortsanfang von *Wiesenbach:* Hier biegt man nach links ein in das am Waldrand entlangführende 6-t-Sträßchen.

Nach knapp 2 Kilometern in *Herbertshausen* nur kurz nach links, dann rechts ab (Richtung Hilgartshausen); schon 700 Meter nach Herbertshausen biegt man nach rechts ab (!) und fährt nun knapp 2 Kilometer immer geradeaus. Nach den *Aussiedlerhöfen* der Autostraße nach rechts folgen und an Musdorf vorbei bis zur B 290 am südlichen Ortsrand von *Rot am See.* Wir folgen der Bundesstraße nur wenige hundert Meter nach links, dann geht es rechts ab (Rich-

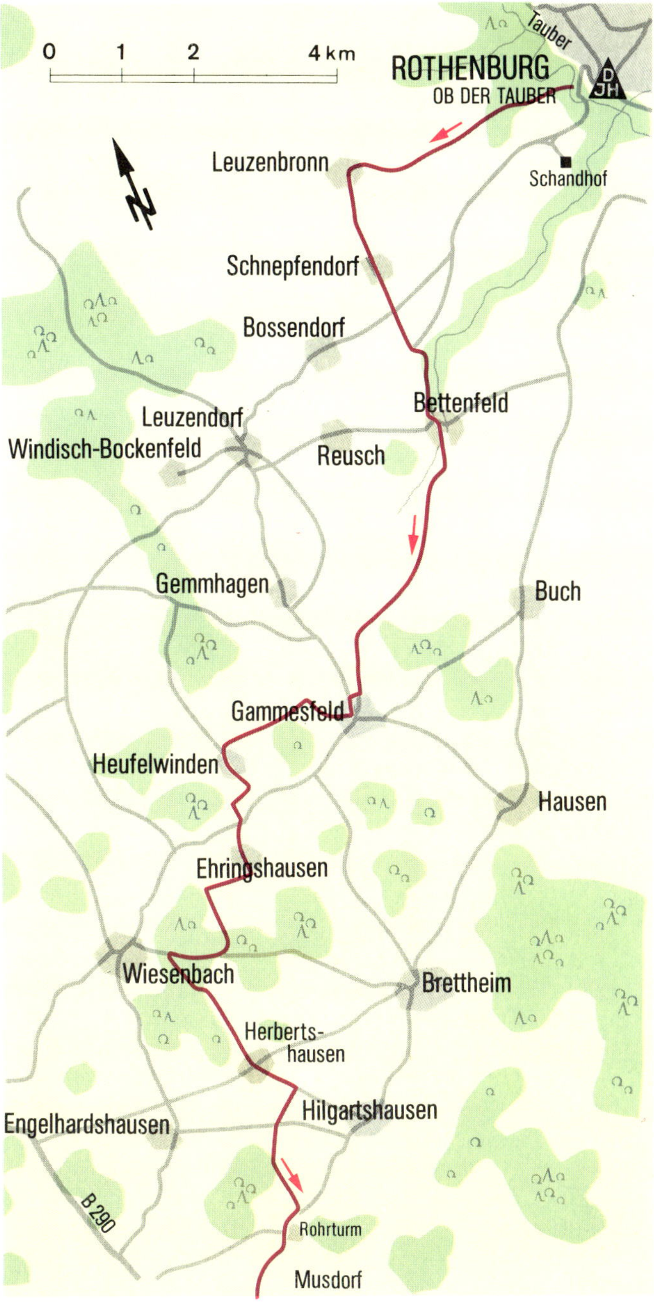
0
1
2
4 km
ROTHENBURG
OB DER TAUBER
Tauber
D
JH
Schandhof
N
Leuzenbronn
Schnepfendorf
Bossendorf
Bettenfeld
Leuzendorf
Windisch-Bockenfeld
Reusch
Gemmhagen
Buch
Gammesfeld
Heufelwinden
Hausen
Ehringshausen
Wiesenbach
Brettheim
Herberts-
hausen
Hilgartshausen
Engelhardshausen
B 290
Rohrturm
Musdorf

N
B 290
Brettenfeld
Rot
am See
Amlishagen
Oberwinden
Niederwinden
Beimbach
Lenkerstetten
Gerabronn
Heroldhausen
Weckel-
weiler
Gaggstatt
Kirchberg
a. d. Jagst
Elpershofen
Eichenau
Jagst
Lendsiedel
Dünsbach
Leofels
Dörrmenz
Ruppertshofen
Sandelsbronn
Landturm
DJH
A 6
Hörlebach
Ilshofen
Rudelsdorf
B 14
Reinsberg
0
1
2
4 km

tung Schwäbisch Hall/Kirchberg), aber schon nach 200 Metern wieder nach links und auf ruhigem Alleesträßchen nach Niederwinden.

In *Niederwinden* nach rechts fahren bis zur Ortsmitte, hier nur kurz nach links und wieder rechts ab; am »Eselsbach« entlang gelangt man nach *Gaggstatt.* Hier nach rechts über die Brücke, dann auf der Hauptstraße kurz nach links und anschließend rechts ab (»Brunnenstraße«). Man folgt dann zunächst (!) der Beschilderung »Weckelweiler« (nach links), fährt jedoch nach den letzten Häusern von Gaggstatt geradeaus (!) weiter nach Südwesten und gelangt nach wenigen Minuten in das reizvolle Städtchen *Kirchberg an der Jagst.*

Der beschilderte Weiterweg führt von Kirchberg über *Eichenau, Dörrmenz* und *Leofels* nach *Dünsbach.* Hier hält man sich links und gelangt über *Sandelsbronn* und *Landturm* (ehemaliger Grenzturm des Territoriums der Reichsstadt Hall) nach *Hörlebach,* das man in ganzer Länge geradeaus druchfährt.

300 Meter nach dem Hörlebacher Ortsende folgt man der Straße zur Autobahn nach rechts. 500 Meter vor der Autobahnauffahrt biegen wir nach links ab, überqueren zuerst die Autobahn, nach 800 Metern die B 14 und durchfahren den Ort *Rudelsdorf.* Auf der

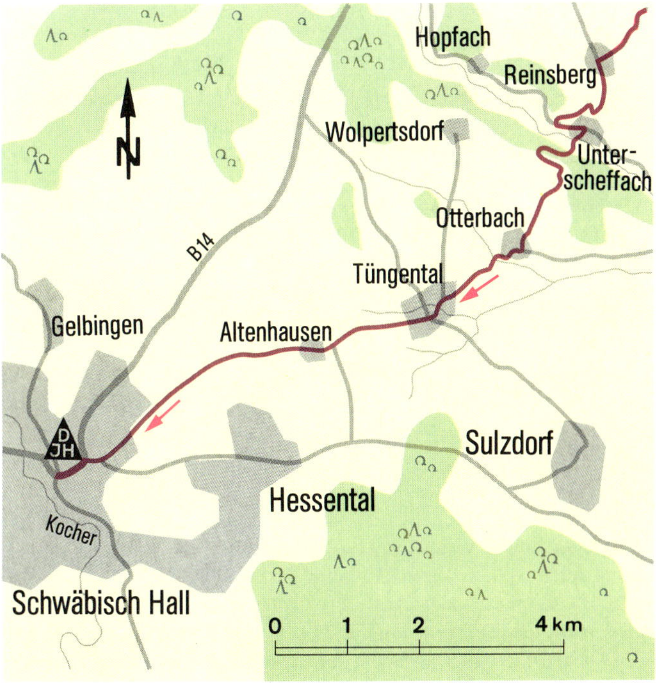

Landstraße geht es weiter über *Reinsberg, Unterscheffach, Otterbach, Tüngental* und *Altenhausen* nach *Schwäbisch Hall.* Wer zuerst die Jugendherberge ansteuern will, radelt nicht in die Altstadt hinunter, denn die Jugendherberge liegt rechts von der B 14, oben am Hang.

50 Jugendherbergsfahrt 5: Schwäbisch Hall – Bibersfeld – Hütten – Mainhardt – Brettach – Geddelsbach – Adolzfurt – Bretzfeld – Bitzfeld – Weißlensburg – Brettach – Cleversulzbach – Neuenstadt am Kocher – Kochertürn – Stein am Kocher – Oedheim – Bad Wimpfen

Tourenlänge 62 km. **Fahrzeit** $5^1/_2$ Stunden.
Gesamte Steigung 450 m
Wanderkarten 1:50000 Blatt L 6924 Schwäbisch Hall, L 6922 Sulzbach an der Murr, L 6722 Öhringen und L 6720 Mosbach, – Die Radwanderkarten Landkreis Schwäbisch Hall und Hohenlohekreis je 1:50000 decken nur den Streckenabschnitt bis Neuenstadt am Kocher ab.
Wissenswertes Schwäbisch Hall siehe Tour Nummer 10. – Neuenstadt am Kocher wurde ab 1325 erbaut. Von 1450 bis 1503 war es pfälzische Amtsstadt. 1504 Beschießung und Eroberung durch Herzog Ulrich von Württemberg. 1650 bis 1748 Residenz der Herzöge von Württemberg-Neuenstadt. 1945 stark zerstört. – Bad Wimpfen siehe Tour Nummer 46.
Tourenbeschreibung Von der Haller Jugendherberge geht es durch die reizvolle Altstadt (Fußgängerzone, deshalb absteigen) hinunter und aufs andere *Kocherufer* hinüber. Nach links passiert man bald den *Bahnhof,* anschließend gelangt man über die Bahnlinie nach rechts aufwärts. Nach $1^1/_2$ Kilometern queren wir die B 19 und radeln immer geradeaus – am Ortsteil *Raibach* vorbei – nach *Bibersfeld.* – Der Weiterweg auf der Landstraße ins sechs Kilometer entfernte Dorf Wielandsweiler ist bezeichnet.

In *Wielandsweiler* nach rechts und waldaufwärts über *Hütten* nach *Mainhardt* fahren. Hier geht es von der Bundesstraße rechts weg; wir folgen nur anfangs der Beschilderung nach Öhringen,

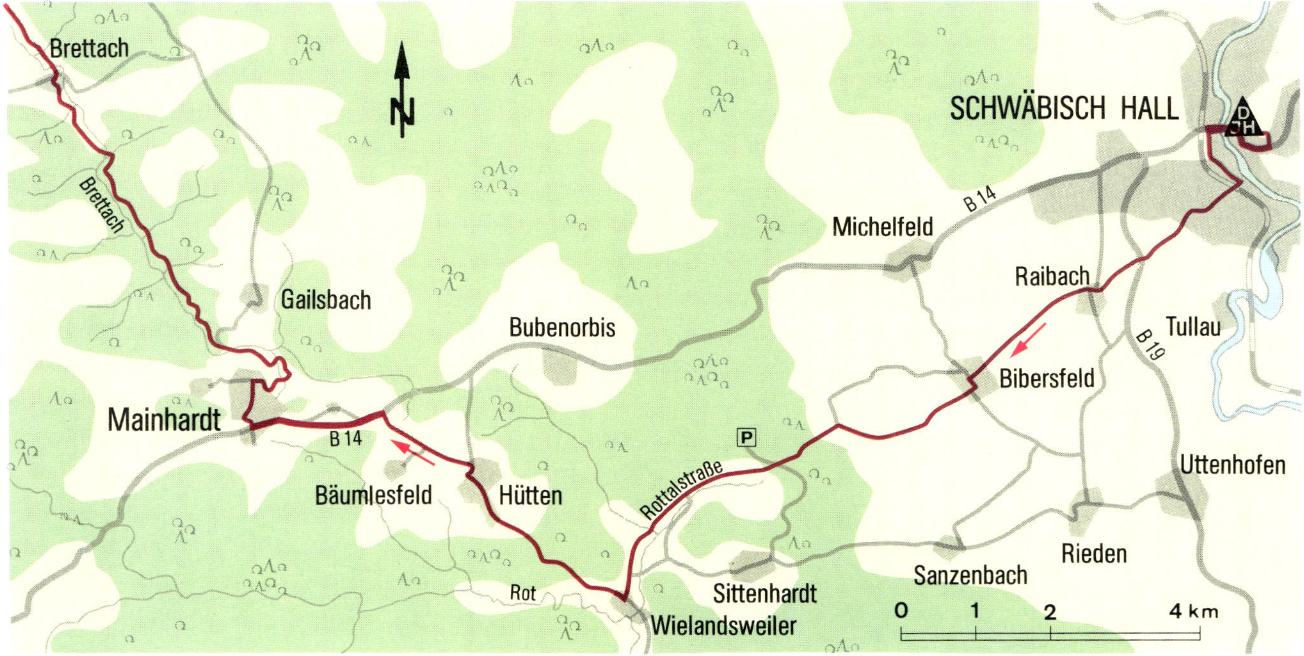
SCHWÄBISCH HALL
DJH
Brettach
Brettach
Gailsbach
Bubenorbis
Michelfeld
B 14
Raibach
Tullau
B 19
Bibersfeld
Mainhardt
B 14
Bäumlesfeld
Hütten
Rottalstraße
P
Uttenhofen
Rieden
Sanzenbach
Rot
Sittenhardt
Wielandsweiler
0
1
2
4 km

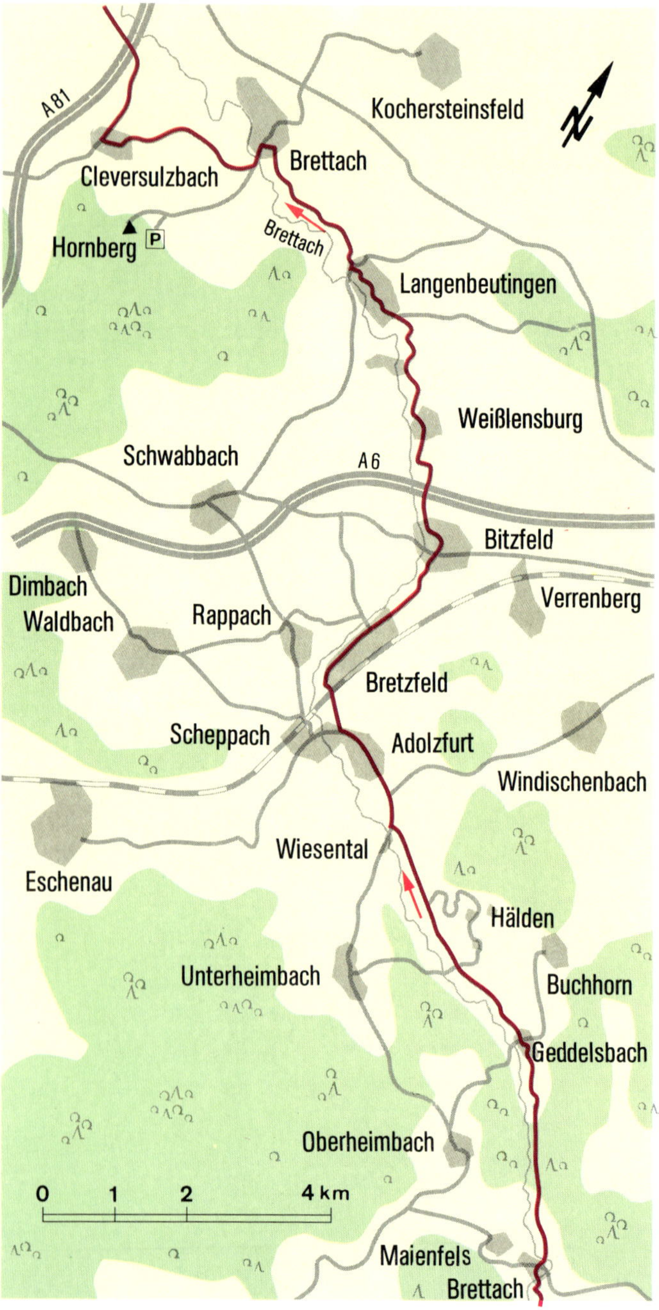

A 81
Kochersteinsfeld
Brettach
Cleversulzbach
Hornberg
P
Brettach
Langenbeutingen
Weißlensburg
Schwabbach
A 6
Bitzfeld
Dimbach
Verrenberg
Waldbach
Rappach
Bretzfeld
Scheppach
Adolzfurt
Windischenbach
Wiesental
Eschenau
Hälden
Unterheimbach
Buchhorn
Geddelsbach
Oberheimbach
0
1
2
4 km
Maienfels
Brettach

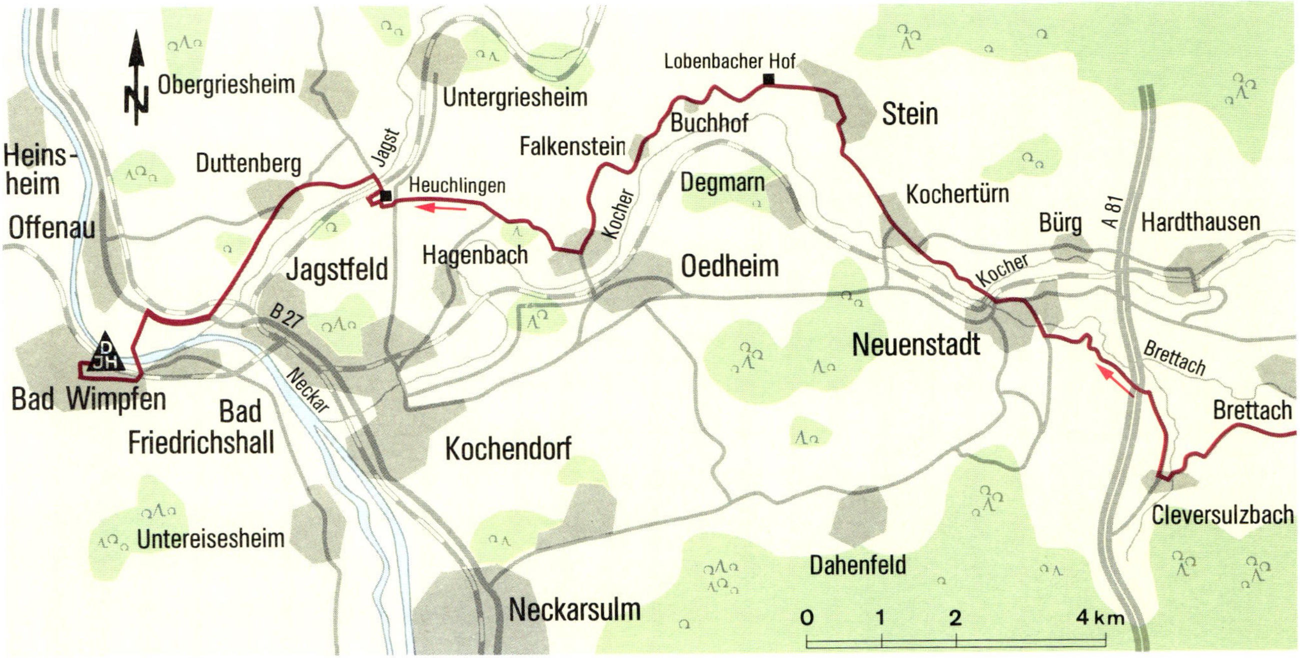
Obergriesheim
Untergriesheim
Lobenbacher Hof
Stein
Heins-
heim
Duttenberg
Jagst
Falkenstein
Buchhof
Heuchlingen
Degmarn
Kochertürn
Offenau
Kocher
Bürg
A 81
Hardthausen
Jagstfeld
Hagenbach
Oedheim
Kocher
B 27
D
JH
Neuenstadt
Brettach
Bad Wimpfen
Bad
Friedrichshall
Neckar
Brettach
Kochendorf
Cleversulzbach
Untereisesheim
Dahenfeld
Neckarsulm
0
1
2
4 km

Zu Tour 50 **Mainhardt**
(Foto: Ulrich Schnabel)

bleiben jedoch 1 Kilometer hinter Mainhardt an der Abzweigung weiter im Tal und immer geradeaus das Brettachtal hinunter.

Über *Brettach, Geddelsbach* und Adolzfurt erreicht man *Bretzfeld.* Auch der folgende Abschnitt unserer Tour führt uns weiterhin durch das Brettachtal: Über Bitzfeld, Weißlensburg und *Langenbeutingen* erreichen wir den zweiten Ort mit Namen *Brettach* (jetzt wie Langenbeutingen ein Teil der neuen Gemeinde Langenbrettach). Auch der Weiterweg über *Cleversulzbach* (Mörike-Stube »Zum alten Turmhahn«) nach Neuenstadt am Kocher ist ausgeschildert.

Am Ortsrand von *Neuenstadt* dem Wegweiser »Bürg« nach rechts folgen; später geht es durch das *Stadttor* nach Neuenstadt hinein. Am anderen Ende der Altstadt fährt man halbrechts über die Kocherbrücke weiter nach *Kochertürn* und Stein. In *Stein* folgen wir bei der Gaststätte »Grüner Baum« der »Lobenbacher Straße« nach links. Über den *Lobenbacher Hof,* den *Buchhof* und den Weiler *Falkenstein* gelangt man auf der rechten Kocherseite nach *Oedheim.* Hier folgen wir im Neubaugebiet dem »Märichweg« nach rechts und halten uns 350 Meter danach auf der Vorfahrtstraße abermals rechts.

Ständig geradeaus gelangen wir nach 2½ Kilometern hinter der Domäne *Heuchlingen* (ehemaliges Schloß) über die Jagst, halten uns anschließend links und erreichen wenige Kilometer nach *Duttenberg* die hoch über dem linken Neckarufer gelegene Altstadt von *Wimpfen am Berg.* Die Jugendherberge befindet sich ganz oben in der ehemaligen Kaiserpfalz (Im Burgviertel 21–23).

Anschriften

Deutsche Zentrale für Tourismus e. V. (DZT)
Beethovenstraße 69, D-6000 Frankfurt 1

Deutscher Fremdenverkehrsverband e. V. (DFV)
Beethovenstraße 61, D-6000 Frankfurt 1

Europäische Wandervereinigung e. V.
Reichsstraße 4, D-6600 Saarbrücken

Verband Deutscher Gebirgs- und Wandervereine e. V.
Reichsstraße 4, D-6600 Saarbrücken

Deutsche Wanderjugend
Wilhelmstraße 39, D-7263 Bad Liebenzell

Deutscher Alpenverein
Praterinsel 5, D-8000 München 22

Deutsches Jugendherbergswerk
Bismarckstraße 8, D-4930 Detmold

Touristenverein »Die Naturfreunde«
Bundesgruppe Deutschland e. V.
Großglocknerstraße 28, D-7000 Stuttgart 60

Landesfremdenverkehrsverband Baden-Württemberg
Bussenstraße 23, D-7000 Stuttgart 1

Zu Tour 8 **Schwäbisch Hall, Klosterburg Groß-Comburg**
(Foto: Ulrich Schnabel)

Fremdenverkehrsverband Neckarland-Schwaben e. V.
Wollhausstraße 14, D-7100 Heilbronn

Bund Deutscher Radfahrer e. V., Bundesgeschäftsstelle
Otto-Fleck-Schneise 4, D-6000 Frankfurt/M. 71

Badischer Radsportverband e. V.
Geschäftsstelle, Jahnstraße 98, D-6831 Oberhausen
Gertfred Sprotte, Fachwart Breitensport
Walldorfer Straße 21, 6832 Hockenheim

Württembergischer Radsportverband e. V.
Geschäftsstelle, Mercedesstraße 83, D-7000 Stuttgart 50
Alois Kathan, Fachwart Radwandern
Humpißweg 5, 7989 Argenbühl

Wichtiger Hinweis

Da Jugendherbergen und Wanderheime zum Teil während der Woche und zu bestimmten Zeiten des Jahres geschlossen sind, empfiehlt der Verlag, sich frühzeitig vor Beginn einer Wanderung mit den genannten Häusern in Verbindung zu setzen und die folgenden Angaben nur als Hinweise zu betrachten und sich zum Planen – besonders einer längeren Wanderung – folgende Verzeichnisse zuzulegen:
1. Deutsches Jugendherbergsverzeichnis
2. Naturfreundehäuser in Deutschland
3. Die Alpenvereinshütten

im jeweils gültigen Jahrgang. – Zu beziehen über den Buchhandel oder über eine der vorstehenden Adressen.

Jugendherbergen

D-7107 Bad Wimpfen
Im Burgviertel 21–23

D-6930 Eberbach
Richard-Schirrmann-Straße 6

D-7184 Kirchberg/Jagst
Alte Gaggstatter Straße 35

D-7170 Schwäbisch Hall
Langenfelder Weg 5

D-6972 Tauberbischofsheim
Schirrmannweg 2

D-6968 Walldürn
Auf der Heide 37

D-6992 Weikersheim
Haus der Musik, Im heiligen Wöhr

D-6980 Wertheim
Jugendherberge »Frankenland«,
Alte Steige 16

Naturfreundehäuser

Frankenbacher Naturfreundehaus (170 m)
Ziegelhälde, D-6954 Haßmersheim
(Information: Hilde Rommel, Siedlungsstraße 17,
D-7100 Heilbronn-Frankenbach)

Naturfreundehaus Schießhof mit Ferienhäusle Sonnecke (300 m)
D-7111 Zweiflingen-Schießhof
(Information: Siegfried Waldbüßer, Gustav-Schwab-Straße 3,
D-7110 Öhringen)

Naturfreundehaus Lemberg (490 m)
(Information: Postfach 100506, D-7170 Schwäbisch Hall)

Zu Tour 16, 48, 49 **Rothenburg ob der Tauber**
(Foto: Ulrich Schnabel)

10 Regeln beim Radfahren

1. Grundregel beim Radfahren auf der Straße ist das Verhalten des Radfahrers gemäß der Straßenverkehrsordnung.
2. Das Rad muß in Ordnung sein: Bremsen, Licht, Klingel, Rückstrahler usw. müssen funktionieren. Flickzeug und Pumpe nicht vergessen. Vor der Radtour das Flicken einmal üben. Zur Sicherheit gehört auch, den Zustand der Reifen zu kontrollieren. Reifen, die abgefahren oder brüchig sind, sollten ausgewechselt werden. Sind alle Schrauben fest angezogen?
3. Zur Sicherheit im Straßenverkehr empfiehlt sich eine knallig bunte Kleidung. Abstandshalter schützen nicht nur die Kinder. Für die Dunkelheit eignen sich neben den Rückstrahlern auch Seitenreflektoren in den Speichen.
4. Die Sitzposition auf dem Fahrrad muß stimmen. Der Sattel ist richtig eingestellt, wenn man, auf dem Fahrrad sitzend, bie ausgestrecktem Bein mit der Ferse auf dem Pedal stehen kann.
5. Die Kleidung soll grundsätzlich praktisch und bequem sein. Es gibt für Radfahrer kein schlechtes Wetter, ausgenommen, man ist falsch angezogen. Unterwäsche oder ein Trikot, das Schweiß aufsaugt, sowie ein guter Trainingsanzug sind ideal. Für längere Fahrten empfiehlt sich eine Fahrradhose, wie sie die Rennfahrer tragen. Auf der Sitzfläche ist ein weiches Leder eingenäht, das ein Wundreiben verhindert.
6. Nach Möglichkeit verkehrsreiche Straßen in den Städten, Bundesstraßen und befahrene Landstraßen meiden.
7. Anfänger sollten zunächst auf ruhigen Straßen und Wegen bis zu 10 Kilometer zurücklegen und nach und nach auf 15, 20 etc. Kilometer steigern, bevor man sich zu einer großen Tour entschließt.
8. Zum Radwandern werden möglichst gute Tourenkarten im Maßstab 1:50000 benötigt, um sich unterwegs genau orientieren zu können. Auch örtliche Radwegekarten sind dafür geeignet (beim Buchhander erhältlich!).
9. Zum Transport von Proviant, Regenbekleidung und Verbandszeug (was nie fehlen sollte) eignet sich bei kurzen Fahrten ein Korb, der auf dem Gepäckträger mit einem Gummiband verankert wird. Bei mehrtägigen Radtouren empfehlen sich Radtaschen am Hinterrad und eine kleine Gepäcktasche für Karten und Proviant, die am Lenker angebracht wird.
10. Bei Gruppenfahrten stets auf den »schwächsten« Teilnehmer achten. Von Zeit zu Zeit Treffpunkte ausmachen, wenn individuelles Fahren gewünscht wird.

Wandern mit Kindern und Jugendlichen

Wandernd die Natur erleben: Spiele, Abenteuerwanderungen, Wander-Rallye und viele weitere Möglichkeiten. Dargestellt von der Deutschen Wanderjugend.

Wandern mit Kompaß und Karte

und anderen Hilfsmitteln zur Orientierung. Beschrieben von Heinrich Streich.

Radwandern gut vorbereiten. Technik, Tips

Rund ums Rad. Kleine Geschichte des Fahrrades. Aufbau und Funktion. Pflegen – Reinigen – Warten. Das richtige Fahrrad. Verhalten im Verkehr.

Pflanzen und Tiere

an Bächen, in Flüssen und Seen.

Wandern gut geplant und vorbereitet

Ratgeber und Wanderregeln. Beschrieben von Friedrich Schuhmacher.

Auf den Spuren der Römer im Rheinland

Ausflüge zu Überresten aus römischer Zeit. Beschrieben von Werner Schönhofen.

Auf den Spuren der Römer vom Main zur Rems

44 Rundwanderungen zu den schönsten Limesstrecken und zu sehenswerten römischen Bauresten. Beschrieben von Karlheinz Eckardt.

Auf den Spuren der Römer von der Rems zur Donau

44 Rundwanderungen zu den schönsten Limesstrecken und zu sehenswerten römischen Bauresten. Beschrieben von Karlheinz Eckardt.